楚國文化研究叢刊　　　　　　　　　　　劉玉堂◇主編

楚國水利研究

劉玉堂 袁純富○著

昌明文化

楚國文化研究叢刊

楚國水利研究

著　　作　劉玉堂　袁純富
版權策劃　李　鋒

發行人　陳滿銘
總經理　梁錦興
總編輯　陳滿銘
副總編輯　張晏瑞
編輯所　萬卷樓圖書 (股) 公司
排　　版　雙子設計公司
封面設計　雙子設計公司
印　　刷　百通科技 (股) 公司

出　　版　昌明文化有限公司
桃園市龜山區中原街 32 號
電話 (02)23216565
發　　行　萬卷樓圖書 (股) 公司
臺北市羅斯福路二段 41 號 6 樓之 3
電話 (02)23216565
傳真 (02)23218698
電郵 SERVICE@WANJUAN.COM.TW
大陸經銷
廈門外圖臺灣書店有限公司
電郵 JKB188@188.COM

ISBN　978-986-94604-8-4(平裝)

2017 年 8 月初版二刷
2017 年 3 月初版一刷

定價：新臺幣　370 元

如何購買本書：
1. 劃撥購書，請透過以下帳號
　 帳號：15624015
　 戶名：萬卷樓圖書股份有限公司
2. 轉帳購書，請透過以下帳戶
　 合作金庫銀行古亭分行
　 戶名：萬卷樓圖書股份有限公司
　 帳號：0877717092596
3. 網路購書，請透過萬卷樓網站
　 網址 WWW.WANJUAN.COM.TW
大量購書，請直接聯繫，將有專人為您
服務。(02)23216565 分機 10

如有缺頁、破損或裝訂錯誤，請寄回
更換

國家圖書館出版品預行編目資料

楚國水利研究 / 劉玉堂著 . -- 初版 . --
桃園市 : 昌明文化出版 ; 臺北市 : 萬
卷樓發行 , 2017.03
面 ; 公分 . -- (楚國文化研究叢刊 ;
A0201009)
ISBN 978-986-94604-8-4(平裝)
1. 文化史 2. 楚國
631.808　　　　　　　　106003980

目 次

總　序[①]

　　春秋戰國時期領異標新、驚采絕豔的楚文化，為中華文化的形成與發展完美地奉獻出了自己的珍藏。楚學的使命就是對這一稀世珍藏進行廣泛而深入的挖掘、整理和研究。這是一項異常艱辛而又充滿愉悅的工作，需要眾多的志士仁人協力同心共同完成。

　　楚文化是古老的，它的誕生在三千年以前；但楚學是年輕的，人們有幸對它進行系統的科學研究至今還不過百年光景。

　　楚文化的遺存埋藏在地下達三千年之久，直到20世紀20年代至40年代才被盜墓者「驚起」。當時，在安徽壽縣和湖南長沙出土了大量戰國時期的楚國銅器和漆器，其工藝之精絕，風格之獨特，令史學家和古董商歎為觀止。但這還只是「小荷才露尖尖角」，人們一時還很難捕捉它們的意態風神。從20世紀50年代起，楚文化的遺存在湖南、

①　簡體版由湖北教育出版社於二〇一二年出版。今繁體版於臺灣重新編輯印刷，因考量兩岸學術寫作習慣不同，故在編輯體例上作出些微調整，以符合繁體區的閱讀方式與學術格式。茲向讀者說明如下：
　　1.若遇特殊名詞，則改為繁體區習慣用語。如：「釐米」，改為「公釐」。「米」，改為「公尺」。其他以此類推。
　　2.本套書各冊之〈總序〉、〈序〉與〈後記〉，皆照錄簡體版之原文。
　　3.原書的簡體字，如「杰」、「云」……等，皆改為相應之繁體字。
　　4.字體簡繁轉換，造成用字不同，皆以該單位原有繁體之名稱為準。如：「岳麓書社」，改為「嶽麓書社」。

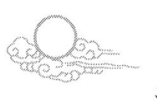

湖北、河南、安徽等地一批又一批地被考古學家喚醒，引起學術界和文藝界一陣又一陣的狂歡。「驚起卻回首」，人們重新審視哲學史上的老莊和文學史上的屈宋，徹然大悟，原來它們也都是楚文化的精華。

楚文化因楚國和楚人而得名，是周代的一種區域文化，集中了東周文化的大半精華。它同東鄰的吳越文化和西鄰的巴蜀文化一起，曾是盛開在長江流域古區域文明的奇葩。與並世共存的先進文化相比，楚文化可以說是後來居上。當楚文化跡象初露之時，它只是糅合了中原文化的末流和楚蠻文化的餘緒，特色不顯，影響不大，幾乎無足稱道。到了西周晚期，它才脫穎而出，令北方有識之士刮目相看。及至春秋中期，它竟突飛猛進，已能與中原文化競趨爭先了。楚文化不僅有爐火純青的青銅冶鑄、巧奪天工的漆木髹飾和精美絕倫的絲織刺繡，而且還有義理精深的老莊哲學、鑠古切今的屈宋辭賦和出神入化的美術樂舞。透過這耀眼的紛華，我們還能領悟到楚人進步的思想精髓和價值追求：「篳路藍縷」的進取精神、「撫夷屬夏」的開放氣度、「鳴將驚人」的創新意識、「和眾安民」的和合理念以及「深固難徙」的愛國情結。它們無疑是楚人留給世人的最寶貴的文化遺產。

為了對楚文化研究成果進行階段性總結和集中展示，20世紀90年代中期，湖北教育出版社推出了由張正明先生主編的大型學術叢書「楚學文庫」（18部），在學術界產生了強烈而持續的影響，「楚學」至此卓然而立，蔚為大觀。

自「楚學文庫」出版至今十數年間，隨著湖北棗陽九連墩大墓、河南新蔡葛陵楚墓、湖北隨州葉家山西周墓群的發掘，尤其是湖北荊門郭店楚簡、上海博物館珍藏的戰國楚竹書和清華大學藏戰國竹簡等出土文獻的陸續問世，以及新的研究方法和新的技術手段的推廣與運用，楚學研究出現了「驚濤拍岸」的高潮，眾多的楚學研究成果如浪花般噴珠濺玉，美不勝收。面對楚學研究的空前盛況，湖北教育出版

社以弘揚學術、嘉惠士林的遠見卓識，約請我主持編纂大型學術叢書「世紀楚學」（12部），這對於全面、系統、深入地探討楚文化的內涵與精蘊，及時展示楚學研究的最新成果，繼承和弘揚楚文化乃至中華文化的優秀傳統，促進社會主義文化強國和中華民族共有精神家園建設，既具有重要的理論意義，又具有重大的實踐價值。

「世紀楚學」選題嚴謹，內容宏富，研究範圍包括楚簡冊、政治、法律、禮儀、思想、學術、文學、地理、農業、水利、交通、飲食、服飾和名物等，大都是楚學研究中十分重要且「楚學文庫」未曾涉及或涉而不深的議題。因此，「世紀楚學」既是對「楚學文庫」的賡續、豐富和完善，又是對「楚學文庫」的延伸、拓展和推進。

之所以將叢書定名為「世紀楚學」，所思者有三：一是現代意義的楚學研究始於20世紀20年代，迄今已近百年；二是本叢書是21世紀推出的第一套大型楚學叢書，帶有鮮明的新世紀的印記；三是「世紀」也可泛指「時代」，意在誡勉本叢書切勿有負時代之厚望。

作為國家出版基金資助專案和湖北省社會公益出版專項資金資助專案，「世紀楚學」致力於從新視角、新構架、新材料、新觀點四個方面，實現楚學研究的新突破、新跨越、新發展，奮力開創楚學研究的新局面！

我忝任主編，限於學識和俗務，時有力不從心之感，幸有張碩、靳強先生襄助，諸事方才就緒，令我心存感念！

任何有益於本叢書的批評和建議，我們都竭誠歡迎！

劉玉堂

2012年2月於東湖之濱

總序

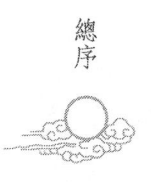

第一章　楚國自然地理特徵

　　春秋戰國時期，楚國轄境內地勢起伏較大，地貌類型較為複雜，具有高山、中山、丘陵、湖澤、河流、平原等多種地貌類型。但是，由於楚國是由小至大、由弱至強，其發展時期不同，楚人轄境複雜範圍內所處的環境地貌也各不相同。例如，楚人立國之初，地僻民貧，主要活動在林特資源豐富的山區，如《左傳　昭公十二年》記楚靈王時右尹子革說：「昔我先王熊繹，僻在荊山，篳路藍縷，以處草莽。跋涉山林，以事天子。唯是桃弧、棘矢，以共御王事。」此時楚人主要活動在睢山與荊山之間的地理環境之中①。進入春秋時期，楚人從山區走向平原，並先後在今湖北境內的江漢平原、河南南陽盆地、淮水流域的西部平原以及湖南北部的洞庭湖一帶，建立了自己的勢力範圍，楚國的版圖及地貌也相應擴大了新的內容，即楚人主要活動在山地、平原、湖汊交錯的地理環境中。至戰國時期，楚國的版土雖向南、向東有較大拓展，但其地貌類型則無大的變化。由此可見，春秋戰國時期，楚國已經擁有資源豐富、土地肥沃、氣候溫暖的適宜人們生存發展的自然地理條件與優勢。這種地理優勢，無疑為楚國的政治、經濟、軍事、文化的發展，奠定了堅實的基礎。

---

① 　張正明：《楚文化史》，上海人民出版社1987年版，第17頁。

第一節　地貌類型多種多樣

由於西周時期楚國的地貌基本上是以山地為主，比較單一，故本章的論述以楚國春秋戰國時期的地貌類型為主。

春秋戰國時期，楚國的地貌首要特徵是類型多種多樣，其大體上可分為八種類型，即高山、中山、低山、丘陵、崗地、河流、湖沼、平原，其大致分布如下：

高山與中山主要分布在楚國的西南部（即今湖北省的西南與湖南省的西部）、西北部（即今湖北省的西北武當山、荊山、大神農架諸山）和東部（即今湖北省東部大別山、江西省的廬山）與東南部（即今安徽省南部的黃山、江西省與福建省交界的武夷山以北）地區，而楚的中北部即今湖北與河南交界的桐柏山地區則屬於典型的中山地貌。在這些高山與中山的區域內，尚有大片的600公尺—1000公尺的低山與丘陵。這些山區的面積，約占春秋戰國時期楚國版土總面積的二分之一[①]。可見，楚人是活動在山區居多的地理環境之中的。

湖沼主要分布在楚國的中部和東部。楚國的中部包括今湖北江漢地區以及豫南的南陽地區、湖南北部的洞庭湖地區、江西的鄱陽湖地區，其東部有今安徽的六安地區和巢湖地區、江蘇的洪澤湖地區和太湖地區。

春秋戰國時期，楚國境內的湖沼除了有一部分係漫長的地質構造運動所致外，大部分皆因該地區自然水系交錯且不斷地發生自然變化和人為活動所造成。這就是說，在春秋戰國時期，楚國境內也有不少因河道發生變化而演變成壅塞湖泊的，其中芍陂湖澤即是一例，《水經注　肥水》即說它是因斷神水東北逕白芍亭東「積而為湖，謂之芍陂」。換而言之，楚國的湖沼之地多與當時楚國境內的水系分布有著

①　根據譚其驤主編：《中國歷史地圖集》第一冊中戰國時期楚越版圖以及各分省地形圖標定。

密切的聯繫。

平原主要分布在楚國的江漢流域、淮水流域、潁水流域、湘江流域、贛江流域，以及長江中下游地區和河南南陽盆地。

在江漢流域，雖然江漢平原在春秋戰國時期屬楚國湖沼水系甚多的地方，但仍有楚人尚未開發的大片平原陸地。《尚書　禹貢》記：「沱、潛既道，雲土、夢作乂。」說明當時那裡的土地至遲在春秋戰國時期已經可供楚人耕種和狩獵。因此，江漢平原在春秋戰國時期，並非像有人所說的是一片浩瀚的湖泊。據考證，先秦時期的江漢平原除有大小不等的低窪沼地外，其地貌還是可供人們耕種的平原[1]。《左傳　昭公三年》記：「十月，鄭伯如楚，子產相。楚子享之，賦《吉日》。既享，子產乃具田備，王以田江南之夢。」也可以說明這個問題。又《史記　貨殖列傳》記：「江陵故郢都，東有雲夢之饒。」即是對這一地區的地貌最真實的描述。

在楚國東北部的淮水流域，《左傳　昭公九年》中有這樣一段記載：「二月庚申，楚公子棄疾遷許於夷，實城父，取州來淮北之田以益之。伍舉授許男田。然丹遷城父人於陳，以夷濮西田益之。」說的是淮水流域在當時不僅具備農耕的地理條件，且有大片肥沃的土壤。據《水經注　潁水》記載，潁水流域亦是適宜楚人農業耕種的地方。

在湘江流域，楚人的勢力大抵在春秋早期就已進入了湖南省的北部。因為楚滅羅後，楚文王即將羅由枝江遷徙至湖南汨羅[2]。至戰國時，湖南全境基本上為楚人所占有，其勢力範圍甚至包括「南有桂林之饒[3]」。在春秋戰國時期，湘江流域雖然河網交錯，但這一地區仍然是楚國一片較為富饒的廣闊平原。尤其是在湘、資、沅、澧的下游，根本不存在所謂的八百里洞庭湖，實際上是一派河網交錯的平原風

---

① 袁純富：〈試論江漢地區原始文化的地理諸問題〉，《考古》1987年第9期。
② 《水經注　江水》。
③ 《鹽鐵論　通有》。

7

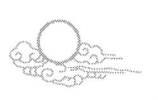

光。《莊子・天運》載：「帝張咸池之樂於洞庭之野。」又同書〈至樂〉云：「咸池九韶之樂，張之洞庭之野。」野即平原，《莊子》兩次提及「洞庭之野」，可見春秋戰國時期洞庭地區確係楚之江南平原[1]。洞庭湖大面積水域的形成，當在東晉南朝之際。當時隨著人為因素的不斷加強，荊江江陵河段金堤的興築，以及荊江三角洲的擴展和江漢平原水系的萎縮，在公安油口下游的荊江南岸，開始出現景口、淪口兩股長江分流匯合而成的強盛淪水，穿越沉降中的華容隆起的最大沉降地帶，進入凹陷下沒中的洞庭沼澤平原，開始干擾洞庭水系，使洞庭地區的地表形態產生重大變化，洞庭平原景觀迅速演變成唐代人所說的跨大江南北一片汪洋浩渺的洞庭大湖。因此，今洞庭湖在先秦時期並無一片汪洋湖泊可言[2]。湘江流域當是適宜楚人「飯稻羹魚，或火耕而水耨」的地方[3]。

在贛江流域，楚人至遲春秋中期佔領其地，《左傳・昭公六年》記：「令尹子蕩帥師伐吳，師於豫章，而次於乾溪。」酈氏以為豫章在「南昌縣故城西」。至戰國時，越滅吳，楚滅越，江西全境皆屬楚地[4]。1973年，我們曾多次至贛江中下游一段進行實地地貌調查，從調查的情況看，南昌地區瀕臨贛江與撫河下游，處江湖之間，其東、西、南三面皆為河流沖積平原。同時據當地考古工作者對這一地區的考古調查表明，贛江流域的清江地區在殷代就已經發展了農業生產，並達到一定的水準[5]。進入戰國時期，這裡盛產水稻，新干縣界埠糧倉遺址的發現，即是很好的物證[6]。因此，在春秋戰國時期，贛江流域的中下游地區儘管河汊縱橫、水網密布，但就其地貌來說，仍屬於可

① 《史記・貨殖列傳》。
② 張修桂：〈洞庭湖演變的歷史過程〉，《歷史地理》第2輯，上海人民出版社1981年版。
③ 《史記・貨殖列傳》。
④ 清《南昌府志・沿革》。
⑤ 趙峰：〈清江陶文及其所反映的殷代農業和祭祀〉，《考古》1976年第4期。
⑥ 江西省博物館：〈江西考古三十年〉，《文物考古工作三十年》，文物出版社1979年版。

供人們耕種的廣闊平原。《水經注 廬江水》引孫放〈廬山賦〉云：「尋陽郡南有廬山，九江之鎮也。臨彭蠡之澤，接平敞之原。」說的就是廬山的東部和南部，皆是土地肥沃的大平原。

　　在長江中下游地區，雖然春秋戰國時這裡水系交錯，湖泊居多，是楚人「陸事寡而水事眾[1]」的地方，但其地也並非完全沒有可供人們從事農耕的平原陸地。當時長江自湖北枝城以下，兩岸基本上已形成面積大小不等的河流沖積平原。雖然當時長江下游的江面比今要寬闊，但其沙洲甚多且面積較大，同樣可供古代人們在上面發展農耕[2]。尤其是在長江的下游地區，在春秋戰國時，這裡已經形成一片廣闊的沼澤平原。在這片廣大的地域內，「三江既入，震澤致定。竹箭既布，其草惟夭，其木惟喬，其土塗泥。」[3]這就是《逸周書 職方》所解謂：「東南曰揚州，其山鎮曰會稽，其澤藪曰具區，其川三江，其浸五湖，其利金、錫、竹箭，其民二男五女，其畜宜雞、狗、鳥、獸，其穀宜稻。」事實上，從考古材料證明，自新石器時代以來，江蘇、浙江境內的古代居民就一直以種植水稻為主[4]。吳越立國以後依然如此。《國語 越語》記載越王勾踐從吳國回越後，為了使越國富強，報滅國仇，曾親自「載稻與脂以行」，鼓勵農耕。同時，在春秋時期，吳越之地的陸路交通也基本形成，《史記 吳太伯世家》就有楚人「教吳用兵乘車」的記載。有人通過對該地區的考古資料進行分析後得出這樣的結論：五六千年前，人們的聚落仍然是分布在古老的長江三角洲上的[5]。結合有關水文資料看，這種看法是頗有見地的。這就是說古長江三角洲的形成，為後來春秋戰國時期人們在

---

① 《淮南子 原道訓》。
② 《水經注 江水》及《沔水》。
③ 《史記 夏本紀》。
④ 王文清：〈試論吳越同族〉，《南京博物院集刊》1982年第4期。
⑤ 張正祥：〈五六千年前江蘇的江海水位〉，《南京博物院集刊》1980年第2期。

第一章 楚國自然地理特徵

9

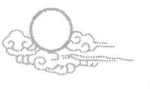

這塊肥沃的土地上進行經濟開發，創造了良好的地理條件。

在春秋戰國時期，楚國的北部也有一大塊土地肥沃的南陽平原。該平原位於豫西山地與豫南山地之間，係漢江支流唐河、白河的侵蝕及沖積平原，其面積為26000平方公里。據《史記 楚世家》記載，楚文王在位時，今河南南陽地區已為楚人所占有，並且一直為楚國重要的產糧基地。《左傳 成公七年》中有這樣的一段記載：「楚圍宋之役，師還。子重請取於申、呂以為賞田，王許之。申公巫臣曰：『不可。此申、呂所以邑也，是以為賦，以禦北方。若取之，是無申、呂也。晉、鄭必至於漢』。王乃止。」申，按《讀史方輿紀要》卷一〈形勢一〉云：「今南陽府北二十里有申城，即故申國都也。」呂，按《中國古今地名大辭典》云：「在今河南南陽縣西。」可見，申、呂之國皆在今河南南陽地區。據文獻記載，申、呂之國在西周時期為周宣王所封姜姓侯國，《詩 蕩之什 崧高》云：「王命申伯，式是南邦；因是謝人，以作爾庸。王命召伯，徹申伯土田。」說的是周天子派大臣召伯虎在南陽一帶開拓疆土，發展農業經濟，作為向南發展的基礎。周天子之所以注重南陽地區的經濟發展，是因為他看到了此地在當時具有良好的自然地理條件。有關資料表明，南陽地區屬於東、西、北三面高而南面低的扇形盆地，漢江最大支流唐白河水系及其他眾多的支流散佈全境，這些河流呈扇狀從東、西、北三個方向集中於盆地，並匯合唐白河而注入漢江[1]。很顯然，這樣的地形地貌最易於形成河流徑流的驟發驟損，即有雨則澇、無雨則旱的局面。因此，在春秋戰國以至秦漢時期，南陽盆地一直是人們重點開展水利建設的平原地區。

據初步統計分析，在春秋戰國時期，楚國境內高山地的面積約占10%，中山地約占25%，崗地、平原、沼澤平原約占55%，河流與湖泊

---

[1] 《河南省地質地圖》，1973年制。

面積約占10%。在這塊面積廣袤的土地上，楚人設城邑約460多座，人口約2200多萬，約占當時全國總人口的六分之二，可供人們耕種的土地面積約82000多萬畝[①]。

第二節　自西南向東北傾斜呈層狀分布

春秋戰國時期，楚國地貌第二個明顯的特徵是由其西部、南部、東南部山地，向北部和東北部傾斜，形成西南高、東北低的宏觀地貌形勢。但是，在當時楚國中西部、東部、南部地域內，其地貌特徵又有所不同。而對春秋戰國時期楚國所轄的各地區的地貌情況進行具體分析，有利於了解楚國水系資源的來源和流向。

楚國中西部地區，大體上包括今湖北省的全部、河南省的南部和重慶市的東部，以及安徽省的西部。在該地區內，其地貌特徵為西高而東北、東南低，其中北部有桐柏山、大別山自西向東南呈帶形分布，西南部為南陽盆地和江漢平原。據有關考古與地質水文資料表明，在春秋戰國時期，河南南陽盆地中部的海拔高度比今天要低2公尺—3公尺，江漢平原地區中部的地勢比南陽盆地的地勢更低。據我們實地考古調查，在江漢平原的西部即今沙市、潛江以及公安的北部，春秋戰國以至秦漢時期的文化遺址，均在離今地表2公尺—3公尺之間，如潛江西南部發現的春秋時期楚章華臺遺址，就在離今地表3公尺之下。同時在江漢平原的中部和北部，即今監利、洪湖、仙桃、漢川等市縣所發現的古文化遺址一般都在地表5公尺—10公尺以下。如監利縣的柳關和福田遺址，其地表覆蓋層4.5公尺至5公尺，土質為淤沙和黃

① 梁方仲：《中國歷代戶口、田地、田賦統計　總序》及《正編》，上海人民出版社2008年版，第14頁。

11

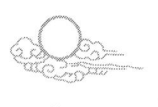

土^①。又如在雲夢縣西南的清明河鎮伍家臺遺址的東、西面離地表10公尺處發現有三棵柏樹淹沒在泥中，遺址中部離地表10公尺以下發現一隻小鹿的骨架等其他遺物。除此以外，在漢川這個與洪湖、仙桃接壤被人稱為「水窩子」的地方，發現7處新石器時代遺址和10處西周遺址，這些遺址均在今地表6公尺—10公尺之下^②。這說明，江漢平原在春秋戰國時期的海拔（按現在的海拔高度）高度，約在40公尺以下。其平原的邊緣為60公尺—200公尺崗地，這些長期經流水切割而成的帶形正負地貌相間的崗地往往崗沖相排列，其延長方向都是指向江漢平原的中部，以致形成崗地的高度向著平原緩慢降低。因此，江漢地區的水系流向從總體上講，大都是向東北和東南呈扇狀散流。因此，《水經注》中的〈沔水篇〉、〈江水篇〉、〈夏水篇〉分別記載古代的揚水東流和東北流、江水東流和東南流、夏水東流並東南流和東北流，即是該地區的地勢在古代向東和東南傾斜的緣故。所以，酈道元《水經注》所記江漢地區水系的流向，大體上是與這裡西北高而東南低的地勢情況相吻合的。

　　但是，由於江漢地區的崗沖相排列，便出現有山嶺連綿起伏且山高谷深、寬谷低丘的特點。因此，在寬谷低丘地區的水系流向因受複雜地勢的影響而出現流向不等的差異。比如在江漢地區的西部山地，其香溪水即是由北向南流，漳河水系也是如此；在江漢地區的北部，因受桐柏山與大洪山山地的影響，其主要水系的流向也是自北向南流。而在江漢平原的中部，由於先秦時期江漢兩岸尚未始設堤防，故其水系流向大體上皆是呈扇狀分注於長江和漢水。也就是說，在先秦時期，江漢平原的水系是可以向東和東北流的。從目前我們在這一地區實地踏勘的情況看，今江陵附近的長湖水、太湖

---

① 荊州博物館：《監利縣柳關和福田新石器時代遺址試掘報告》，《江漢考古》1982年第2期。
② 孝感地區博物館：《孝感地區文物概況》。

港水、豉湖渠水、五岔河水等，皆是東流和東北流。有人認為《水經注》中提到的江陵附近水系是東北流，並且一直流到秦漢時期的竟陵附近，這是難以成立的①。

在楚國西部地區，即今湖北省的西部及重慶市的東部一帶，基本上屬於楚國與巴蜀接壤的山區地帶。在地勢高峻的鄂西地區，除部分低山帶之外，主要分布著中山和高山兩帶，其海拔高度都在1000公尺以上，並且有不少山峰還高於2500公尺，如神農架林區的大神農架海拔達3052公尺，房縣的猴子石海拔2967公尺，興山的老君山海拔2936公尺等。這裡崇山峻嶺連綿不斷，高山峽谷處處皆有，急流險灘層出不窮，生存環境較差，開發難度甚大。但是，雖然在當時楚的西部地區的土質耕種條件不及平原或其他地區，但其水利資源和其他自然經濟資源則是十分豐富的。因此，有人認為楚國西部地區是不適宜楚人生息的地方，我們則不以為然。因為從考古工作者在鄂西山區的實地調查情況看，這裡仍是楚人活動頻繁、楚文化發展較為重要的地區。文獻記載也是如此。如《左傳 僖公二十六年》記：「夔子不祀祝融與鬻熊，楚人讓之，對曰：『我先王熊摯有疾，鬼神弗赦而自竄於夔。吾是以失楚，又何祀焉？』秋，楚成得臣、鬥宜申帥師滅夔，以夔子歸。」又《水經注 江水》記：「秭歸蓋楚子熊繹之始國……江水又東逕一城北，基城憑嶺作固，二百一十步，夾溪臨谷，據山枕江，北對丹陽城。城據山跨阜，周八里二百八十步，東北兩面，悉臨絕澗，西帶停下溪，南枕大江，險峭壁立，信天固也，楚之熊繹始封丹陽之所都也。」1960年，中國科學院考古研究所考古隊在西陵峽地區進行了考古調查，並試掘了秭歸鰱魚山遺址、宜昌三斗坪遺址、秭歸柳林溪遺址等多處遺址，得出的結論是：「西陵峽地區的古文化遺存，大

① 石泉：〈古竟陵城故址新探〉，《長江考古》1980年第1期；袁純富：〈江陵附近長江注入江水河道復原〉，《中國地理》人大復印資料1985年第8期。

致屬於楚文化系統。」①爾後，湖北省文物考古工作隊又對秭歸鰱魚山遺址進行了重點調查，結論是鰱魚山遺址距秭歸縣城約七里，與《水經注》所記楚都丹陽城的位置大體相符，有可能就是楚都丹陽所在地②。因此，儘管楚都丹陽城的地理位置在目前史學界尚有安徽當塗、湖北秭歸和枝江、湖北與河南交界處的丹淅四說之爭，但至晚在西周晚期，楚國的西部山區就與中原地區有著密切的聯繫。事實上這種聯繫可能更早，在甲骨文中，就有商王征伐「歸國」的記載，西周銅器銘文也有周王巡視南國在「夒」的記錄，這說明商周以來，秭歸一帶是楚人活動的一個重要地方③。

楚人在商周時期，因種種原因由中原地區經丹淅之丹陽、荊山之丹陽而分別遷徙至秭歸和枝江④，除了該地區在當時有大量尚未開發的荒僻之地外，楚人主要是根據自己的弱小勢力而看到了鄂西山區具有獨特的自然地理條件。鄂西山區雖然整體上地勢很高，但也間或有適合農業耕種的坪壩，而秭歸正處於山間盆地。該地海拔800公尺以下的地區，土質為黃壤，主要分布在低山及河谷地區，適宜種植柑橘；800公尺─1800公尺的地方屬黃棕壤，適於旱作物種植。此外，這裡尚有七大水系，即洩灘河、叱溪河、青幹河、香溪河、董莊河、九畹溪河、茅坪河，分別由北向南和由南向北注入長江。因此，秭歸地區的自然資源是十分豐富的。這就是說，在今鄂西一帶的大山區內，仍然是適合楚人生存、發展的地方。新中國成立以來考古工作者在鄂西山區發現甚多楚人和巴人活動的遺址和遺物⑤。由此也可證明楚人發展的規律也是從山區走向平原。

① 〈長江西陵峽考古調查與試掘〉，《考古》1961年第5期。

② 文必貴：〈秭歸鰱魚山遺址與楚始都丹陽〉，《江漢論壇》1980年第2期。

③ 郭沫若：《殷契粹編》和《兩周金文辭大系考釋》。

④ 袁純富、王耀明：〈試論春秋時楚國的陸路交通〉，《公路編史研究》1989年第3期。

⑤ 《文物考古工作三十年》，《湖北省文物考古工作新收穫》，文物出版社1979年版。

春秋戰國時期楚國北部地方，主要包括今河南省的中南部和安徽省的西北部。在這個區域內，其地貌特徵與楚國西部地區有著很明顯的差別。楚國西部地區因為是由武當山、荊山、巫山等山脈組成，故山間溝谷深地且谷地、峽谷、盆地相間分布，各盆地皆為適合古代農作物生長的地區，屬於地勢高峻、山頂平坦、盆地相布其間的地貌狀況。但是，楚國中北部地方就與其不同，其地貌特徵是，西側因豫西、豫南山地環抱形成南陽盆地，東側則屬於黃淮平原和淮北平原交會之地，總的地勢是西高東低。這一地區主要的山地豫西山地為秦嶺東延餘脈，由崤山、熊耳山、外方山、伏牛山和豫南的桐柏山、大別山等組成，山勢西高東低，向東展寬呈摺扇面狀，海拔為500公尺—2000公尺，最高峰不超過2500公尺。在豫南山地，一般海拔800公尺左右，是長江、淮河流域的分水嶺，華北平原的南界，同時也是春秋時期楚國北進中原的重要關隘之地[1]。由於豫南山地自西向東南橫穿春秋戰國時期楚國的腹地，桐柏山與大別山以北的水系一般都是自西向東和東北流，因此，豫南山地以北和以東，皆是楚國的肥沃平原。

　　據史籍記載，「鄭，祝融之墟也。」[2]當年的鄭，在今豫南山地區以北的中原腹地河南新鄭縣[3]。《國語　鄭語》和《史記　楚世家》都說楚人是祝融的後裔。史實證明，楚的先人是由中原地區遷徙至今豫西南和鄂西北一帶來的[4]。這說明在豫南山區北部的平原地區，是楚人開發、經營最早的地方。但是，在商周時期，由於生產力不甚發達，在豫南山區以北和以東地區，尚有沒有開發的大片荒澤之地。如潁水流域在當時是「淵潭相接[5]」；汝水流域更是一片荒野

①　宋煥文：〈從應山春秋墓看楚三關的地位和作用〉，《江漢考古》1987年第3期。
②　《左傳　昭公十七年》。
③　《讀史方輿紀要》。
④　張正明：《楚文化史》，上海人民出版社1987年版，第4頁。
⑤　《水經注　潕水》。

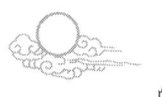

的景象，文獻記其為「狐狸所居、豺狼所嗥」之地[①]；淮、泗地帶，也是湖網交錯，草木叢生，人煙稀少的地方。至西元前964年，即周穆王時期，淮、泗地區的經濟活動才逐漸活躍起來。尤其是徐戎佔據淮、泗地區稱偃王之後，這裡更發展到有「陸地而朝者三十六國」的周王朝封國[②]。這是由於先秦東夷之域的地勢「最為平坦，土地肥沃，土宜五穀」的緣故。然而，豫西山區亦是古代戎人分布甚廣的地區。據《後漢書　西羌傳》統計，商周之際，豫西山地分布各種戎人有十餘種，他們的生活狀況是，「所居無常，依隨水草，土少五穀，以產牧為業」，並且主要是「依山伐、多禽獸，以射獵為事[③]」。至春秋戰國時期，這裡已是「多有礦徒，長鎗大矢、裹足纏頭，專以鑿山為業[④]」。從考古調查情況看，豫西山區也發現有古人在此進行過大面積金屬冶煉的遺址[⑤]。這就是說，由於各個地區的地貌情況與地理環境不同，人們的生活習俗和生產方式也就不大一樣。

　　楚國南部地區，大體上包括今湖南、江西兩省和廣東大部以及廣西東北部。在這一區域內，其地貌特徵與楚國中西部大不相同。該地區是山多而平地少，並且其中夾有兩大塊不規則的湘江盆地和贛江沖積盆地。具體說來，在楚國南部的西側為山區地貌，主要由武陵山、雪峰山組成，山脈呈東北─西南走向，一般海拔在1000公尺以上，其間夾有沅江、資水形成的沿河各小型沖積盆地。盆地中有紅色岩層分布，相對高差不大，是楚國南部西側發展農業和其他經濟條件最好的地方。酈道元在《水經注》中，曾對沅水流域的農業狀況作了這樣的描述：「沅水又東逕辰陽縣東……與序溪合，良田數百頃，特宜稻，

---

① 《左傳　僖公二十二年》。
② 《後漢書　東夷傳》。
③ 《後漢書　西羌傳》。
④ 《廣志繹》卷之三。
⑤ 《文物考古工作三十年》，文物出版社1979年版。

修作無廢。」①《華陽國志　巴志》也說該地區盛產竹木、桑、蠶、麻、紵，屬「川崖惟平，其稼多黍」的山區產糧之地。在商周時期，這裡曾是槃瓠之後即「雄谿、樠谿、辰谿、酉谿、午谿謂之五谿蠻」所活動的地方②。這說明在楚國南部的西側山區，還是有適合楚人活動的自然經濟地理條件的。

在楚國南部的南面，分布有八面山、陽明山，湘桂邊界有越城嶺、都龐嶺、萌諸嶺，湘粵之間有騎田嶺，湘贛之間有諸廣山、萬洋山，贛南有九連山、大庾嶺等，皆屬南嶺山地。其山脈呈東北─西南走向，一般海拔1000公尺─1500公尺。大庾嶺為五嶺之一，山間小梅關海拔300餘公尺，為先秦南北交通之咽喉。該地區山間紅色地層多形成大小不等的盆地，且水系資源十分豐富。據《水經注》中的〈湘水〉、〈贛水〉等不完全統計，在先秦時期，楚國南部的南緣地區大的水系就有6條，其流向大體上都是自西南向北流。據文獻記載，「吳起相悼王，南並蠻越，遂有洞庭、蒼梧。」③戰國時期的「蒼梧」即湘南粵北的九嶷山地區，以盛產「羽、翮、齒、革、曾青、丹干」著稱於世④。商周時這裡主要是揚越人所分布的地方，他們根據山前沖積大平原的地貌特徵，利用南嶺地區豐富的自然經濟資源，開發了南嶺地區，發展了具有南方特色的揚越文化。考古工作者在湖南省大部、江西省中部、廣東省北部和廣西壯族自治區東北部，發現了數十處大體具備揚越考古文化主體的遺址和墓葬，即可證明這個問題⑤。

楚國南部的東側地區，從地貌角度上看，屬黃山、武夷山脈向西南傾斜而形成的山前河流沖積大平原地貌。黃山、懷玉山、武夷

---

① 《水經注　沅水》。
② 《宋書》。
③ 《後漢書　南蠻列傳》。
④ 《荀子　王制篇》。
⑤ 劉玉堂：〈論揚越的地域〉，《湖北少數民族》1986年第4期。

山，大體為東北—西南走向，北部山地海拔不過500公尺—1000公尺，向西南沒於鄱陽湖平原。武夷山綿延於贛閩省界，全長約500公里，一般海拔1000公尺—1500公尺，主峰黃崗山海拔2158公尺，為楚國南部東側最高峰。該地區在長江以南的東北至西南一線皆為山區，此線西均為河流沖積、湖泊沉積平原。其地水系交錯，礦物與其他自然資源豐富。在楚國南東側地區的長江以北即安徽南部地區，係大別山、黃山餘脈形成的山區、丘陵間的長江沿岸較狹窄的沖積平原，其地貌特徵與江南的贛江中下游流域略同。據文獻記載，楚國南東側地區以西的鄱陽、洞庭一帶，在夏商及其以前皆為三苗之地[①]。但以其整個地區古代文化的屬性看，當屬越文化的發展之地[②]。《漢書　嚴助傳》有過這樣的記載：「越非有城郭里邑也，處溪谷之間、篁竹之中，習於水鬥，便於用舟，地深昧而水多險，中國之人不知其勢阻而入其地，雖百不當其一。」很顯然，這種生活的特點，是與該地區的山區地貌等地理環境的影響密不可分的。

　　楚國南部的中心地區，其地貌基本上屬於山區，這裡分布有幕阜山、九嶺山、武功山等，山脈為東北至西南走向，一般海拔500公尺—1500公尺，是洞庭湖盆地和鄱陽湖盆地的分水嶺。在九嶺山東北，有廬山，又稱之為匡山、匡廬，其主峰海拔1474公尺，聳峙於鄱陽湖畔。武功山，酈道元《水經注　廬江水》云「昔禹治洪水，至此刻石紀功」。在武功山之南，有羅霄山，一般海拔在1000公尺—1500公尺，個別山峰可達2000公尺以上。中部丘陵一般在海拔300公尺—600公尺，丘陵間多紅色盆地，並以吉安盆地為最大。該地區不僅適合種植水稻[③]，而且「豫章出黃金，長沙出連、錫」，其他自然經濟資源也十分

---

① 《史記　五帝本紀》裴駰《集解》。

② 蒙默：〈揚越地域考〉，《百越民族史論》，廣西人民出版社1985年版。

③ 見江西省吉安地區博物館館藏發掘資料。

豐富[1]。

　　總之，綜觀楚國南部的整個地理形勢，它有一個十分明顯的特徵，即山多、水多、平地少，並且雨量充足、氣候濕潤，特別適合楚人對水資源的利用和開發。同時，幕阜山、九嶺山、武功山、羅霄山自然向北，形成間夾小塊洞庭湖流域沖積平原和鄱陽湖流域沖積平原，尤其適合發展農耕水利。這些山脈在南楚地區大體上呈「山」字形分布，其盆地均向北傾斜展開，並與江淮平原呈連接趨勢。這一地貌特徵，則給了我們一個啟示：楚人在春秋早期，儘管周天子曾「賜胙，曰：『鎮爾南方夷越之亂，無侵中國。』於是楚地千里[2]」。但楚人卻仍不甘心，並多次征伐中原，這或許除了楚國先民是來自於中原故土的原因外，還有一個因素，即南方多山多水，北方平原廣闊，南方發展比北方發展較為艱難的緣故。因此，大山區固然可以供古代人們生息，但要快速開拓、發展和壯大，則要走向廣闊平原。這或許是古人爭霸活動中的一個自然規律。

　　楚國東部地區，大體上包括今安徽省的東南部、江蘇省的全部和浙江省的北部地方。其面積約占當時全楚面積的25%，地域範圍明顯小於楚國中西部和南部。該地區地貌特徵是東臨東海、南靠武夷山脈和黃山山脈、西有局部殘丘、北有蘇北黃淮平原，整個地勢是東北低而西南高。但在楚國東部的各個區域，其地貌又有較大的差異。在楚國東部的西側一帶，大體上為丘陵、山地與平原相間地貌。丘陵主要分布在徐州（即彭城）地區，為今山東省的低山、丘陵向南延續的侵蝕殘丘，一般海拔在200公尺左右；另一部分丘陵分布在江蘇省的西南部鎮江等地的西部，主要有寧鎮山地和茅山丘陵，一般海拔在200公尺—400公尺，紫金山（鍾山）、湯山、棲霞山、青龍山和茅山為

---

① 《史記　貨殖列傳》。
② 《史記　楚世家》。

第一章　楚國自然地理特徵

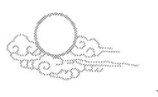

其主峰。此外，還有皖南低山丘陵，主要分布在長江以南地區，大部分海拔在200公尺—600公尺，黃山、九華山，為其高峰。黃山最高峰海拔1800餘公尺，九華山最高峰海拔也在公里以上。顯然，楚國東部西側一帶的丘陵山地大體上可分為兩大部分，即北部徐州地區與長江三角洲西部地區，並且江南山地切割較深，山體破碎。但是，在這兩塊丘陵、山地之間，仍夾有面積不等的河流沖積平原和湖泊。這就是說，楚國東部西側一帶的地貌特徵，是丘陵、山地及其向東北呈緩衝趨勢而形成的河谷沖積廣澤平原。

春秋時期，楚國東部西側一帶基本上為楚、吳邊境地區。《史記　吳太伯世家》曾有如是記載：「九年（西元518年），公子光伐楚，拔居巢、鍾離。初，楚邊邑卑梁氏之女與吳邊邑之女爭桑，二女家怒相滅，兩國邊邑長聞之，怒而相攻，滅吳之邊邑。」這說明春秋時，楚國的東境基本上已擴展到今安徽省的鳳陽、巢縣、蕪湖一線[1]。但是，在楚人勢力未發展到此地之前，這裡仍為「百越」和淮夷雜居之地[2]，其習俗大體上與楚相同。而與之相鄰的今江蘇北部和山東南部，其「俗則齊[3]」。其原因我們認為與地理環境不無關聯。《越絕書》卷八記越人「水行而山處」。《淮南子　精神訓》謂「越人以蚺蛇以為上肴」。《太平御覽》卷九百九十六說「越人能水中潛行數十里，能水底持刀刺捕取魚，其人口嚼食並鼻飲水」。《逸周書　王會解》記：「東越海蛤，甌人蟬蛇，蟬蛇順食之美，於越納，姑妹珍，且甌文蜃，共人玄貝。」很顯然，若江南之地不是江湖交錯，地濕山饒，越人豈能得蚺蛇、海蛤以為上肴之俗。史實證明，楚越人習俗的形成，同楚越人所處的自然地理環境是聯繫在一起的。

在楚國東部的南緣，大體上為山前河流沖積平原地貌。山地主要

---

① 《史記　越王勾踐世家》張守節《正義》。
② 蒙文通：《越史叢考》，人民出版社1983年版。
③ 《史記　貨殖列傳》。

分布在浙江省的西部和南部，從總體上講屬黃山向東和武夷山向東北延伸的餘脈，其間夾有錢塘江流域沖積盆地。其地貌總的趨勢是西北高、東北低。其中丘陵、山地約占70%，平原、盆地約占30%。山地主要有雁蕩山、括蒼山、仙霞嶺、天台山、四明山、會稽山、天目山等，海拔在200公尺－1000公尺。其中黃茅尖海拔為1920餘公尺，是這一地區的最高峰。山脈一般呈東北至西南走向，並且向沿海逐漸降低，致使該地區的水系大致上平行山脈走向或切割山嶺，穿行於大小盆地之間，形成格子狀水系，東流入海。因此，該地區的平原一般向東或東北呈條塊狀分布，並且主要集中在杭州灣以北和以南一帶。這裡的平原由於係河流沖積、湖泊淤積而成，其地勢十分低下，一般海拔在20公尺以下。但是，河流西南部地區的盆地地勢則明顯高於杭嘉湖平原和寧紹平原，一般海拔在50公尺－250公尺，如金衢盆地、新嵊盆地等。這些平原與山間的盆地皆為重要的糧食和其他經濟作物產區。新中國成立後，考古工作者在這一地區做了大量的考古發掘工作，從目前已獲得的考古資料看，該地區不僅原始文化遺址分布密集，而且商周時期的出土文物亦十分豐富。由此他們得出了這樣一個結論：即周文化已進入楚國東部南緣的浙江一帶[1]。由此可見，該地區的自然地理環境以及氣候條件，在當時都是適宜於越人和楚人生息勞作的。

據文獻記載，楚國東部南緣一帶先民，商周時為「先禹之苗裔」，並「封於會稽，以奉守禹之祀[2]」。其地為越人聚居，其俗「文身斷髮」，迷信鬼神。《史記　封禪書》載：「是時既滅兩越，越人勇之乃言：『越人俗鬼，而其祠皆見鬼，數有效。昔東甌王敬鬼，壽百六十歲，後世怠慢，故衰耗。』乃令越巫立越祝祠，安臺無壇，亦祠天神上帝百鬼，而以雞卜，上信之，越祠雞卜始用。」雞

---

① 浙江省博物館：《文物考古工作三十年》，文物出版社1979年版。

② 《史記　越王勾踐世家》。

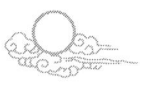

卜，繫南方人占法。周時越人崇拜蛇圖騰。《吳越春秋》記載：越王從大夫文種計謀，「乃使木工三千餘人入山伐木⋯⋯一夜天生神木一雙，大二十圍，長五十尋，陽為文梓，陰為楩柟，巧工施校，制以規繩，雕治圓轉，刻削磨礱，分以丹青，錯畫文章，嬰以白璧，鏤以黃金，狀類龍蛇，文彩生光，乃使大夫種獻之於吳王。」同書又載：「子胥乃使⋯⋯建築大城，⋯⋯立蛇故門者以象地戶也。闔閭⋯⋯欲東並大越，越在東南，故立蛇門，以制敵國。⋯⋯越在巳地，其位蛇也，故南大門上有木蛇，北向首內，示越屬吳地也。」《史記　越王勾踐世家》〔正義〕引《吳越春秋》云：「禹周行天下，還歸大越，登茅山以朝四方群臣，封有功，爵有德，崩而葬焉。至少康，恐禹跡宗廟祭祀之絕，乃封其庶子於越，號為無餘。」《越絕書》云：「無餘都，會稽山南故越城是也。」結合該地區的考古資料看，楚國東部南緣是越人開發最早的地方。有人根據民族的形成和各地區的歷史考察情況，結合今東南地區發現的大量新石器時代原始文化，提出百越各族形成和建國的時間比起史書記載的時代還要早[①]。這種說法是十分精當的。

　　楚國東部東側一帶，地處長江下游，瀕臨大海，其地貌特徵為當時楚境內地勢最低平的廣澤平原地區，從現在的地勢情況看，絕大部分地區在海拔50公尺以下，長江三角洲西起鎮江，北接蘇北平原，一般海拔在2公尺—8公尺。在大運河和串場河之間的廣闊平原，即人們稱為里下河地區，地勢四周高，中間低，中心海拔不到2公尺，素有「鍋底」之稱。里下河地區和太湖平原，在地理上屬於長江三角洲地形特徵的南北兩個大型的碟形窪地。這兩塊窪地，在馬家浜和青蓮岡文化時期比現在還要低下，而且都已分布著人類的聚落[②]。很顯然，當時楚國東部東側的江海水位比今天更為低下。

①　蔣炳釗：《百越史研究》，貴州出版社1987年版。

②　南京博物院：〈太湖地區的原始文化〉，《蘇州文物資料選編》，1979年蘇州博物館編印。

該地區在商周時期，屬越人聚集之地，古越人利用當地湖泊眾多、河網稠密、水利資源豐富的自然地理條件，「以船為車，以楫為馬[①]」，克服水害，發展自己的經濟和民族文化。據考古資料表明[②]，楚國東部東側地區早在四五千年前，就已經有人從事耕種和捕魚活動。尤其是進入西周時期，中原地區的文化對江南一帶有著巨大的影響，如江蘇丹徒、句容、丹陽、溧水、武進、江寧、浦口等地，都發現有西周時期的青銅器。這些青銅器據有關專家分析，從總的特點來看，和中原西周文化大體上相一致[③]。《穆天子傳》卷二記：「赤烏氏先，出自周宗，大王亶父之始作西土，封其元子吳太伯東吳，詔以金刃之刑，賄用周室之璧。」又《吳越春秋》卷一說：「古公病，二人託名采藥於衡山，遂之荊蠻，斷髮文身，為夷狄之服，示不可用。古公卒，太伯、仲雍歸赴喪畢，還荊蠻，國民君而事之，自號為勾吳。……從而歸之者，千有餘家，共立以為勾吳。數年間，民人殷富。」說明是周人吳太伯在開發吳越之地的同時，也帶去了周文化。這就是說，儘管楚國東部東側一帶的地勢在當時十分低下，江河湖泊交錯，但仍然是適宜人們生產生活的。《史記　貨殖列傳》記：「夫吳自闔廬、春申、王濞三人招致天下之喜遊子弟，東有海鹽之饒、章山之銅，三江、五湖之利，亦都會也。」即是對這一地區的自然經濟資源以及人文活動比較真實的描繪。

　　楚國東部的北緣，其地貌基本上屬湖澤平原，唯今徐州及連雲港附近有丘陵分布，近海處有鹽鹼地分布，為古代盛產食鹽的地方。徐州和連雲港一帶丘陵，係泰山山脈的餘脈，兩地丘陵皆呈南北走向，中間夾有廣闊平原。連雲港一帶丘陵一般在海拔200公尺左右，其中雲臺山高達625公尺，為該地區最高峰。這一地區的水系流向一般為東

---

① 《越絕書》。

② 石興邦：〈關於中國新石器時代文化體系的問題〉，《南京博物院集刊》1980年第2期。

③ 紀仲慶：〈淺談吳文化和先吳文化〉，《南京博物院集刊》1982年第4期。

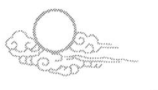

北流，而河道附近大都地勢較高，兩側多窪地，比較適宜人們引水灌田，發展農業生產。

該地區在春秋戰國時期，水利資源豐富，土地肥沃，曾一度為楚國令尹春申君的封地。後來因「淮北地邊齊，其事急，請以為郡便」，而春申君「並獻淮北十二縣，請封於江東」，將封邑遷至「故吳墟，以自為都邑①」。總之，楚國東部北緣在春秋時屬故吳地，是吳人經營、開發最早的地方。爾後越滅吳，楚又滅越，楚人在吳越人開發的基礎上又花費了大量的人力和物力，進一步開發、治理了這一地區，為戰國晚期楚國提供了戰略後方。史實證明，楚國東部北緣地區在先秦時期，先後是吳、越、楚人重點開發的經濟區。

第三節　向北、東敞開的平原盆地

由於春秋戰國時期楚國的地貌具有自西南向東北傾斜呈層狀分布的特點，故楚國境內的平原形狀一般都受山地的約束而形成不規則的平原盆地。這些平原盆地的特徵，一般說來皆地勢低下，容易淤積成湖或水盛成澇，其走向大體上都是自西向東、自南向北、自西南向東北敞開。具體而言，楚國境內長江以北和以南地區的平原盆地的形狀與走向就各不相同，而黃淮流域和長江中下游地區的平原盆地的地理特徵，與長江三角洲西部地區的平原盆地又有較大的差別。但總的說來，春秋戰國時期楚國的平原盆地都具有多邊形而不完整的特徵。這種特徵，在楚國的南方尤為突出，它對於楚人開發南方或多或少帶來了一些不利的因素。從文獻屢屢記述楚人在春秋時征伐北方，而很少描述其對湘、贛地區的經濟開發，很可能是楚人考慮到湘贛地區的地

---

① 《史記　貨殖列傳》。

理環境對楚人的勢力發展，以及欲圖稱霸中原的政治目的不甚有利。因此，認識楚國平原盆地的地理特徵，對於我們了解當時楚人的政治活動和經濟發展，都不無裨益。

春秋戰國時期，楚國的平原盆地大體上可分為七大塊，即江漢流域平原盆地、南陽平原盆地、湘江流域平原盆地、贛江流域平原盆地、皖中平原盆地、錢塘江流域平原盆地和黃淮大平原盆地。下面，我們就對這些平原盆地的地理特徵作些具體分析。

江漢流域平原盆地在今湖北省境內，春秋戰國時為楚國中西部地域，該平原盆地係西、北、東三面為武陵山、巫山、大巴山、桐柏山、大別山、幕阜山等山地環抱而成，整個地勢呈三面高起，中間低下。平原盆地南面長江穿過其境，並與湘江流域平原盆地相連接，以形成向東南敞開的不完整平原盆地。平原盆地西面由長江三峽谷地與四川相通；東面通過鄂東沿江漢平原與長江下游皖南平原盆地相連；北面可經襄陽與河南南陽盆地相接，是春秋時楚人北進中原的重要交通要道。

該地區在遠古時期，由於受長江、漢水幹流及其大小支流的不斷沖積，形成許多東西向長形窪地和平陸。這就是《尚書・禹貢》所說，江漢平原地區「沱、潛既道，雲土夢作乂」，可供人們耕種。到了春秋戰國時期，隨著河流泥沙的不斷沖積，以及楚人不斷地在此地苦心經營，江漢平原的湖泊大為減少。《史記・河渠書》載：「於楚，西方則通渠漢水、雲夢之野。」意即楚人引水灌溉雲夢之田。又《戰國策・楚一》載：「楚王游於雲夢，結駟千乘，旌旗蔽日，野火之起也若雲蜺，兕虎嗥之聲若雷霆，有狂兕辚車依輪而至，王親引而射，壹發而殪。」如果真如有人所言：「春秋時期，江陵與武漢之間的大小湖泊仍連在一起，水域浩瀚[1]」，文獻就不會記載這裡「沱、

<hr />

① 《祖國的奇山異水》，河南人民出版社1987年版，第278頁。

潛既道、雲土夢作乂」，楚人也不會在江漢平原引漢水灌「雲夢之野」。而只有湖泊甚少，江漢平原具有廣闊的平陸地貌，楚人才能跑到江陵以東的「雲夢」地區去狩獵。同時就該地區的湖泊分布情況看，主要有長江與東荊河之間的三湖、白露湖、洪湖，東荊河與江漢堤防間的排湖、鯽魚湖、蘆林湖、漢北河以及汈汊湖等。這些湖泊窪地大都是在秦漢時期形成的。有的湖泊形成更晚，如洪湖即是一例[①]。但是，分布在長江沿岸及漢江下游的沿河地區的湖泊，則是在江漢內陸三角洲形成過程中，網狀分流被泥沙淤積後岔流改道形成的河流遺跡湖泊。這些湖泊的形成年代，大抵是在漢魏時期[②]。而這一時期是江漢地區湖泊發育既活躍又不穩定的時期，尤其是在兩晉之後，隨著江漢堤防大規模的興起，穴口堵塞，江漢地區眾多河流大部逐漸演變成壅塞湖泊。至隋唐時期，在漢江地區的東南部，才逐漸形成所謂跨大江南北的雲夢澤區，出現「山隨平野盡，江入大荒流[③]」的地貌狀況。除此之外，在江河沿岸還有一種因堤垸潰口沖刷所形成的決口湖泊。這類湖泊形成的時間，一般來說是在堤防始建之日，屬於較晚的。據20世紀50年代初期統計，江漢地區自先秦以來因各種原因所形成的各種不同類型的湖泊有1065個，高水位時湖泊面積達7922平方公里（百畝以下小湖不包括在內）。可見，江漢平原近千年來的地貌與此前二三千年的地貌是大不相同的。前期地貌特點是地面有所起伏，水系紊亂，森林植被茂密，氣候溫暖濕潤，擁有喜熱的象、犀等動物；後期地貌特點是地勢平坦，湖泊面積逐漸增大，洪澇問題越來越嚴重。但是，就江漢平原盆地總的地貌特徵來說，改變並不是特別大，這是由於地質構造所形成的盆地是周高中低，自西北微向東南傾斜的緣故。因此，在先秦時期，江漢平原盆地的水系皆呈扇狀散

① 田百川：〈洪湖成因初探〉，《水利史志專刊》1985年第5期。

② 袁純富、劉玉堂：〈武漢古湖泊的成因及其演變過程〉，《社會科學論叢》1988年第3—4期。

③ 《李太白全集　渡荊門送別》。

流，根本不存在江陵與武漢間的大小湖泊連在一起，水域浩瀚，一片
汪洋湖泊的景象。史實證明，江漢平原盆地至遲在春秋以前，已可供
人們從事農業和漁獵，也是後來楚人利用水資源發展水利、水運的理
想場所。

由於江漢平原盆地在先秦時期具有得天獨厚的豐富的自然資源，
故楚人一來到湖北境內的荊山，就發現這裡是他們必須開發的重要經
濟區。於是，他們先後在江漢地區設楚都丹陽、郢，營造了「江漢間
民和」之地[1]，充分利用這裡的水利資源和其他自然經濟資源，把楚國
建設成為當時南方最大的強國。這就是說，楚人在最初發展時期，若
無江漢平原這塊富饒的物資之地作其經濟基礎，楚人想「問鼎周室」
「飲馬黃河」，則是不可想像的。

南陽平原盆地，習稱為南陽盆地，位於今河南省的西南部，春秋
戰國時期為楚國中西部北緣，該盆地係西、北、東三面為熊耳山、伏
牛山、桐柏山、方山等山地環抱而形成，整個地勢呈三面高起，中間
低下。盆地呈橢圓形，漢水支流唐、白河及其他諸水系大多自北向南
流。該盆地北、東通過較窄的葉縣一帶平地與豫東黃淮平原相接，南
部通過襄陽盆地與湖北省的江漢平原盆地相連，以形成略向西南敞開
的不完整平原盆地。盆地中間有一條文獻記載楚人開發最早的通往中
原各國的「夏路」，後人稱之為「秦楚大道[2]」。在此道即南陽盆地
的東北端為著名的「南襄隘道」，向為楚人北進中原的孔道。

南陽盆地在春秋戰國時期，地勢平坦，起伏不大，境內河流、湖
泊眾多，陂池尤以南陽以北最為密集。這是由於南陽地區是一個東、
西、北三面高而南面低、境內河流徑流量大，如扇子一般從東、西、
北三個方向集中於盆地中央的緣故。地理環境決定了南陽地區自古以

---

① 《史記　楚世家》。
② 袁純富、王耀明〈試論春秋時楚國的陸路交通〉，《公路編史研究》1989年第3期。

第一章　楚國自然地理特徵

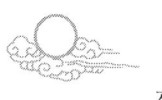

來就是人們重視水利建設的地方。尤其是在春秋時期，楚人在「伐申、過鄧」，控制了南陽盆地之後，在此大力發展農業，興修水利，使得原申、呂之國的地盤，變為楚人重要的農業經濟基地[1]。同時，由於南陽盆地在地理上具有東北經「南襄隘道」可與豫東黃淮平原相通、南經襄陽盆地可與江漢平原相連，即平原盆地略向西南敞開的特點，從而為中原文化向楚地的滲入提供了有利的地理條件。因此，在江漢平原出土大量具有中原文化影響的青銅器和發現商周時期北方呂字型房屋基礎遺址[2]，不能說沒有地理特徵的影響。事實上，地理條件對於人們的文化發展和交往是起著重要的作用的。尤其是在長江以南的各個平原盆地地區，這個問題就顯得更為突出。

湘江流域平原盆地，習稱為洞庭湖平原。該平原西由武陵山和雪峰山、南由南嶺和九嶷山、東由羅霄山和武功山及八面山三面環山組成，呈不規劃的長方形，湘江自西南向北橫貫其間，地勢是東、南、西三面為山地、丘陵，中北部低緩，具有向北傾斜敞開的地貌特徵。該平原河網密布，據不完全統計，有大小河流4700多條，幾乎全屬洞庭湖水系。該平原係湘、資、沅、澧諸水系長期沖積所致，是春秋戰國時期楚國南部地區水利資源最豐富的地區之一。

湘江流域平原盆地由於受山多水多陸地少的地理條件限制，故楚人在完全控制江漢平原之後，大約在春秋早中期才開始順江進入湘江下游的平原地區。近年來，經考古工作者調查，在湖南湘陰曬網場曾發現一處西周末期至春秋早期遺址，有關學者認為這無疑是西周末期至春秋早期楚人已到達今洞庭湖南岸的物證[3]。事實上，在文獻中對此亦有記載，《水經注　江水》云：「羅城居宜城西山，楚文王又徙之於長沙，今羅縣是矣。」羅城，據考古工作者調查，在今湖南汩羅河

① 《左傳　成公七年》。
② 沙市博物館：〈湖北沙市周梁王橋遺址試掘簡報〉，《文物資料叢刊》總第10期。
③ 高至喜：〈楚人入湘的年代和湖南越楚墓葬的分辨〉，《江漢考古》1987年第1期。

市①。這裡現有一處春秋時期的遺址，所出陶片以夾砂灰陶為主，還有少量夾砂紅陶和褐色陶。器形主要是高柱足的鬲、豆和罐，完全是春秋時期楚式器物。很顯然，羅子自枝江徙居於汨羅一事，說明至遲在春秋早中期之交，湘江下游平原地區已成為楚人的勢力範圍，或是其邊陲之地。但是，楚人勢力到達洞庭湖平原之後，由於湘西、湘南地區皆屬山地，楚人進入湘中、湘南經南嶺至廣東地區和經湘西南至廣西地區，則在春秋晚期②。從湖南的考古發現看，至遲在春秋中期楚人的勢力已進入湖南，到春秋晚期，楚人勢力已達到嶺南一帶，湘南彬州楚墓的發現就是明證③。同時，再從廣西的考古發現看，楚文物目前發現的區域僅限於桂北、桂東北、桂東、桂東南一帶，大部分出土於墓葬中。此外，在荔浦、陸川、賓陽、桂平、容縣、梧州、桂林等縣市也有楚文物出土，其時代分別為春秋晚期和戰國時期④。廣東的類似考古發現也不少見，如1962年與1963年，考古工作者在清遠縣三坑鄉馬頭崗連續發現了兩座春秋晚期至戰國早期墓葬，均出土了以青銅器為主的隨葬品。繼清遠之後，又在德慶、肇慶、四會、廣寧、懷集、佛崗、龍州、羅定、龍門、揭陽、佛山等縣、市陸續發現了一批春秋晚期至戰國的墓葬，並出土有大量的青銅器。這些青銅器經過分析，「尤與楚文化關係密切，大部分青銅器與楚器相近⑤」。這說明考古資料不僅可證實《左傳　襄公十三年》和《國語　楚語》之說可信，而且可反映出湘江流域的洞庭湖平原盆地具有向北傾斜敞開，且與江漢平原連接一片的地貌特徵則對於楚人在春秋早期向湘北平原地區的開發，提供了極為有利的地理條件。事實上，楚人進入湘北之

①　湖南省文物管理委員會：〈湖南湘陰古羅城的調查與試掘〉，《考古通訊》1958年第2期。
②　廣西壯族自治區博物館：〈廣西恭城縣出土的青銅器〉，《考古》1973年第1期。
③　高至喜、熊傳新：〈楚人在湖南的活動遺址概述〉，《文物》1980年第10期。
④　蔣廷瑜、藍日勇：〈廣西出土的楚文物及相關問題〉，《江漢考古》1986年第4期。
⑤　廣東省博物館：《文物考古工作三十年》，文物出版社1979年版。

第一章　楚國自然地理特徵

後，其本意是想繼續向湘西、湘南及兩廣地區發展[1]，何以未能迅速實施？除了那裡尚有一部分力量較強的「夷越」勢力外，高山峻嶺的地理環境障礙恐怕是一大因素。也就是說，楚人之所以進入廣東、廣西的時間在春秋的晚期，可能其中就有地理條件不適的原因。有人提出廣西的自然環境使廣西古代農業經濟長期發展緩慢，大片山林土地得不到開發，中原青銅器入廣西，要歷經千山萬水，其間必以楚地為通道[2]。此說從地理環境角度上分析，是頗有見地的。假若湘北地區沒有湘江流域平原盆地和沅江流域平原盆地作水陸通道，面對崇山峻嶺、山高谷深的地理環境，楚人是不可能在西周末期和春秋早期進入今湖南的麻陽地區和洞庭湖地區的。

贛江流域平原盆地，位於江西省的北部和中部，北部稱為鄱陽湖盆地和豫章平原，是長江中下游平原的一部分，中部為吉安盆地。該平原盆地由東、南、西三面九嶺山、廬山、武功山、羅霄山、南嶺、武夷山、懷玉山等山地環抱而形成，整個地勢呈三面高起，中間為丘陵，形成江西北部以贛江、撫河、信江、鄱江、修水等河流沖積而成的鄱陽湖平原。由於鄱陽湖南部係海拔300公尺—600公尺的三面丘陵地環繞，在贛江流域的中部，又形成以贛水、恩江、瀧江、禾水、蜀水等河流沖積，並主要由紅色砂岩、葉岩和礫岩地層組成的紅色盆地。這兩個平原盆地以鄱陽湖平原為最大，面積約2萬平方公里。該平原北部跨江與大別山相望，東北可與長江下游的皖南平原盆地相接，為古代江西北部水陸交通之咽喉。其南雖為山地、丘陵，但其間仍分布有眾多大小不等的紅色盆地或低丘。如贛粵邊界的梅嶺古驛道和小梅關海拔僅300公尺—400公尺，向為嶺南、嶺北的交通要道。從贛江流域的整個平原地勢特點看，它是漸次向北以鄱陽湖盆地為中心傾

---

[1] 《史記　楚世家》。
[2] 蔣廷瑜、藍日勇：〈廣西出土的楚文物及相關問題〉，《江漢考古》1986年第4期。

斜。鑒於這種地理特徵，楚人對於贛江流域的經濟開發和文化滲透，便出現了先後之分。

　　據《史記　楚世家》記載，楚昭王十二年（西元前504年）「吳復伐楚，取番。」《史記》正義引《括地志》云：「饒州鄱陽縣，春秋時為楚東境。」王先謙《漢書補注》卷28豫章郡鄱陽縣云：「故曰番，春秋楚地。」這說明春秋晚期，贛江下游地區已屬楚國的版圖。至戰國時期，楚悼王於西元前382年任吳起為令尹，極力改革政治，振興軍旅，集中精力向南發展。「於是南平百越，北平陳、蔡，卻三晉，西發秦，諸侯患楚之強。」[①]《後漢書　南蠻傳》亦記：「吳起相悼王，南並蠻越，逐有洞庭、蒼梧。」說明洞庭、蒼梧以南在戰國時期才納入楚國的疆域。同時據贛南地區的考古資料表明，在新干、清江等縣皆發現有大量戰國時期具有楚人風格的楚墓，亦可說明這個問題[②]。因此，唐杜佑《通典　州郡》提出：洪州，春秋戰國時並屬楚；撫州、吉州、袁州、贛縣、建州、南康，戰國時皆屬楚。此說是頗有見地的。這就是說，楚人在贛江流域的發展大體上是同楚人在湘江流域發展的情況一樣，都是先北後南。具體說，後者是楚人順江而下，在進入洞庭湖平原地區之後，再沿湘江流域向南往廣東和向西南往廣西方向發展；前者是楚人順江至鄱陽湖平原地區之後，沿贛江流域向廣東方向進發。有人提出：「廣東地區以青銅器為主要隨葬品的墓葬，大部分在西江地區，少部分在北江、東江、韓江及其支流兩岸的山崗上。這些河流正是古代廣東人民與長江流域及中原地區進行經濟文化交流的主要通道。」此說是合乎古代人們利用自然地理環境尋求發展的規律的[③]。事實上，今廣東境內的韶關地

---

① 《史記　孫子·吳起列傳》。
② 江西省博物館：《文物考古工作三十年》，文物出版社1979年版。
③ 廣東省博物館：《文物考古工作三十年》，文物出版社1979年版。

區大體上在春秋晚期或戰國早期已皆為楚地[①]。可見，儘管楚國在春秋中期勢力強大，控制了今湖北、河南、安徽一大片土地，但由於楚人受南方某些地理條件的限制，他們進入湘、贛以南以至進入粵、桂地區的時間，大致都在春秋晚期或戰國早期[②]。這說明贛江流域平原盆地具有向北傾斜、敞開且呈囊狀分布的地理環境特徵，這對楚人在江西的發展不能說沒有一定的影響。長江下游的皖中平原盆地，習稱皖中平原，為長江中下游平原的一部分，它包括巢湖流域的湖積平原和長江沿岸的沖積平原，海拔多在20公尺左右，係由西北大別山、天柱山和東南黃山、九華山等山地呈半月弧形而形成的不完整平原盆地。其地勢是西南高、東北低，長江以南為低山丘陵，黃山、九華山為其高峰。盆地平原西南沿江一線可與鄱陽湖平原和江漢平原相接，東北可與淮北平原相連。長江與淮水是楚人通往該地區的重要水道。由於該平原盆地向東北傾斜、敞開而淮北平原自西北向東南傾斜、敞開以致二者形成一體的地理特點，因此，皖中地區與湘、贛、粵、桂地區比較起來，是楚人勢力和經濟文化滲透最早的地方。

據文獻記載，自西元前655年楚國滅弦（今河南潢川縣）之後，楚人就開始注重向皖中地區拓展。在西元前647年，楚成王滅英（今安徽霍山縣西），次年又順淮水東下敗徐（今安徽泗縣北）。西元前622年至西元前615年之間，楚穆王又揮師沿江淮滅六（今安徽六安市）、蓼（今河南固始縣北）、巢（今安徽巢縣北），把疆域伸展到皖東地區。到了楚莊王時期，楚國基本上滅掉了舒庸（今安徽舒城東）、龍舒（今安徽舒城西南）、舒鮑（今安徽舒城西南）、舒龔（今安徽潛山縣北）、皖（今安徽懷寧縣北），控制了皖的全境[③]。同時，從安徽地區的考古資料可以得到證實，在春秋早期以前，該地區出土的青銅

① 杜佑《通典 州郡》及梁載言《十道志》。
② 何浩、殷崇浩：〈春秋時楚對江南的開發〉，《江漢論壇》1981年第1期。
③ 〈楚國大事記〉；《楚史參考資料》。

器和其他文化遺物，以中原文化的風格占優勢，並且帶著或多或少的土著文化色彩，而沒有楚文化的成分。到了春秋中期以後，楚人就沿江、淮由西向東、由南向北逐漸推進，從而使那裡的文化面貌發生了變化，納入了楚文化的範圍[1]。

此外，由於皖中平原地區長江自西南向東北斜貫400多公里，淮河又橫貫其北部，導致水系交錯，陂池甚多，加之其北部淮河因受地勢的影響，南岸支流短小、水流湍急，北岸支流較長、水流平緩，以至形成不對稱的羽毛狀水系。因此，這一地區是夏季降水集中且容易發生水患的地方。於是，楚人佔據皖中地區後便大力治理農田，興修水利，皖中平原因而成為楚人進行水利工程建設最早的地方。

在皖中平原的北部，是黃淮平原，兩個平原在地理上可連為一體。在商代，黃淮平原是商人活動較早的地區[2]。周克商後，皖北「淮、泗地帶，周方五百里」皆為徐國控制[3]。整個平原地區，在上古為「東夷」之地，其地勢「甚為平坦，土宜五穀」。由於該地區地勢開闊，無大山所隔，故楚國在楚莊王時，即可經今湖北與河南交界的桐柏山和大別山之間的隘口即後世所謂「義陽三關」，取水陸兩路至黃淮平原[4]。在進入黃淮平原之後，這裡以陸路為主的水陸交通更為發達。早在商代，商人根據北方氣候乾燥的特點，首先在平原地區「相土作乘馬[5]」。《史記　夏本紀》記：「桀走鳴條，遂放而死。」《國語　魯語》載「桀奔南巢」。《左傳　昭公十一年》云：「紂克東夷而殞其身。」南巢故城在今安徽桐城縣南六十里，鳴條大致在其附近。從商人與東夷地區各族的戰爭路線看，商王的軍隊是從今河南

---

① 李學勤：〈論江淮間的春秋青銅器〉，《文物》1980年第1期。
② 李亞農：〈殷族的起源及其活動的區域〉，《李亞農史論文集》，上海人民出版社1978年版，第409頁。
③ 《後漢書　東夷傳》。
④ 史念海：《河山集》，三聯書店1978年版。
⑤ 《荀子　解蔽篇》注引《世本》。

范縣東南南下，經過商地（今河南商丘縣）而佔據南巢的①。進入春秋時期，楚人控制了黃淮平原後，充分利用這裡地勢平坦、土質乾燥的地理特點，大力發展陸路交通網絡，目的在於適用軍事上戰車運行的需要。據文獻記載，黃淮平原在進入戰國時，交通已是四通八達，其東經長江可至吳越，南下可入湘、贛、嶺南，北上可達燕、齊，西去可至巴蜀、秦、趙，壽春為其一都會②。

總之，與長江流域地區和長江以南地區的地理環境相比較，黃淮平原占有優勢，首先其交通便利，文化資訊通暢，率先接受中原文化和楚文化的薰陶。同時該地區在先秦時期不僅是適合車戰的地方，而且「其民多賈」，商品交換和手工業生產發達。文獻記載這裡「出名馬」，以及「猶有先王之遺風③」，即可看出該地區的地理環境所產生的影響。

錢塘江流域平原盆地，亦稱為浙北平原，它包括杭州灣以北的杭嘉湖平原和以南的寧紹平原以及流域中部的金衢盆地，整個地勢由西南向東北傾斜，唯金衢盆地地勢是自東北向西南伸延，並呈淺丘狀起伏地貌特徵。該盆地平原由東、西、南三面會稽山、四明山、天台山、天目山、龍門山、千里崗山、洞宮山、雁蕩山、括蒼山、仙霞嶺等低山丘陵山地環抱而形成為典型不完整的盆地。其盆地東北與長江下游平原相連，西部可經江西的懷玉山以南和浙江的仙霞嶺以北的丘地進入贛江流域盆地。衢州西南的江山一帶，自古以來即是浙江通往閩、贛地區的咽喉要道④。由於錢塘江流域盆地東北部地勢低下，且具有向東北傾斜、敞開的地理特點，浙江平原的主要水系皆是源於西

---

① 李亞農：〈殷族的起源及其活動的區域〉，《李亞農史學論文集》，上海人民出版社1978年版。

② 《讀史方輿紀要》。

③ 《史記 貨殖列傳》及《後漢書 東夷傳》。

④ 《讀史方輿紀要》。

部山地，穿過中部大小盆地，散流入海。因此，浙北平原河港交錯，湖泊棋布，並且由於潮汐的影響，地下水位高，河湖以外的大部分地區也成為一片沼澤地。《水經注　沔水》所記的「東南地卑，萬流所湊，濤湖泛決，觸地成川，枝津交渠」的情況，正好說明直至漢魏時期浙北平原仍然具有這樣的地貌特徵。

　　據文獻記載，浙北平原在虞夏時期，「彭蠡既都，陽鳥所居。三江既入，震澤致定，竹箭既布。其草惟夭，其木惟喬，其土塗泥。田下下，賦下上上雜。貢金三品，瑤、琨、竹箭、齒、革、羽、旄、島夷卉服，其篚織貝，其包橘、柚錫貢。均江海，通淮、泗。」即其地已開始了人工治理[①]。進入春秋時期，「楚之亡大夫申公巫臣怨楚，將子漢而犇晉，自晉使吳，教吳用兵乘車，令其子為吳行人，吳於是始通於中國。」[②]吳人開始強大起來，於是他們充分利用這裡豐富的水利資源，開渠排灌，發展農田和水運。《逸周書　職方解》中對吳越之地的地理環境和農業生產狀況作了這樣的描述：「東南曰揚州，其山鎮會稽，其澤藪曰具區，其川三江，其浸五湖，其利金、錫、竹箭，其民二男五女，其畜宜雞、狗、鳥、獸，其穀宜稻。」《史記　河渠書》亦說：「於吳，則通渠三江、五湖。」至於渠水所經過的地方，「往往引其水益用溉田疇之渠，以萬億計，然莫足數也。」這說明，吳越人民在山多水多陸地少的地理環境中，奮發圖強，使「地廣人稀」的浙北平原無論是在農業、家畜飼養業，還是在手工業和水利、水運等方面，都有了很大的發展。但是，由於浙北平原受東、西、南三面高，東北低，且臨大海的地理條件限制，吳人欲圖擴大版圖，唯有沿江、淮向北和西發展。於是史書記吳國多次發兵侵佔楚、齊之地，恐怕就有這個原因。可是楚、齊、吳三地在地理環境和

---

① 《史記　夏本紀》。
② 《史記　吳太伯世家》。

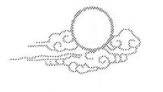

習俗上是有很大差異的。如楚人習車、齊人習馬、吳人習舟即是例證。因此，吳人在春秋時期，雖一度佔據了楚國東部地區的大片土地和齊國的北部地方，但始終難以控制。其原因除了吳人在政治軍事策略上有失誤外，楚、齊、吳三國各自的地理特點不同，恐怕也是一個很重要的因素。《史記 吳太伯世家》記：「今得志於齊，猶石田，無所用。」《集解》引王肅的話說：「石田不可耕。」又，同書記吳國想攻打宋國，吳太宰嚭曰：「可勝而不能居也。」可見，使用本國土著人的力量去佔據他國的地盤，卻不熟悉和適應異國的地理環境和風土習俗，欲圖久居，在古代來說是頗為困難的。因此，地理環境的差異，對古代諸侯國之間的經濟文化的發展和交流的影響是無可懷疑的。

總之，了解春秋戰國時期楚國山川地貌的基本特徵及其相關人文活動情況，對於進一步探索楚國水系湖泊的分布以及水利建設，是具有一定意義的。

第二章　楚國的水系分布

　　春秋戰國時期，楚國是一個多水系的國家。據初步統計，在楚國
境內水系流量在50公里以上的河流，就約有10540條，其中尤以戰國
時楚國中西部的江漢平原和東部的江淮平原分布最為密集。但是，在
春秋時期，楚人主要在長江中游和中下游之間的江、淮地區活動。因
此，此時楚國僅擁有今湖北和河南的南部（即南陽盆地）、湘贛的北
部（即湘、資、沅、澧下游洞庭湖地區和贛江下游的鄱陽湖地區），
以及安徽西部地區的水系。在這些地區內，「江、漢、沮、漳」四大
水系對楚國初期的發展影響最大，至春秋中期及至戰國時，湘、資、
沅、澧、贛以及淮、泗、肥、邗、浙等流域才進入楚國的版圖。而從
文獻記載和考古發現來看，戰國時楚國東部地區水系大部分為吳越人
所經營，楚國南部地區的水系主要為「百越」人所利用。但是到了楚
滅越之後，江浙及粵、閩、桂等地區的大部分水系皆為楚有。為此，
本章以楚國中西部、南部、東部三大板塊為空間，以時間為時代的順
序，對楚國水系的分布、變遷和當時的流量情況作一探討。

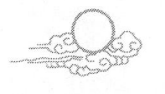

第一節 中西部地區的水系

楚國中西部主要包括以江漢平原為中心的今湖北地區和重慶東部地區。之所以稱江漢平原為中西部，主要因為其地在戰國中期以前一直是楚的中心，楚滅越後則成為楚之西疆，故以中西部合稱較為妥當。而重慶東部則是楚國典型的西部。

楚人的先民自西元前11世紀末由河南新鄭一帶經伏牛山脈穿過南陽盆地，在丹、淅二水流域落居，至西元前278年楚都東遷陳域，江漢地區被楚人統治達750年左右。在這段漫長的歷史時期內，江漢地區的水系資源對楚國政治、經濟、文化的發展，無疑起到了重大的作用。據文獻記載，春秋時楚國江漢地區的水系，共計約1700條，其中較大的水系有13條，即長江、漢水、沮水、漳水、夏水、揚水、溳水、澴水、舉水、富水、夷水、浠水、蠻水等。下面，就這些主要水系分別予以考述。

一、長江

長江，先秦時期稱之為江，無「長江」二字之稱，始稱其為「長江」，當在三國時期。據《史記 楚世家》記載，在周夷王時，「熊渠甚得江漢間民和……乃立其長子康為句亶王，中子紅為鄂王，少子執疵為越章王，皆在江上楚蠻之地。」根據近年來湖北境內的長江沿岸的考古情況看，文獻記載楚熊渠封王子「皆在江上楚蠻之地」的「江」，顯然指的是長江，又《詩 周南 漢廣》云：「漢之廣矣，不可泳思，江之永矣，不可方思。」況且楚人自己也說：「江、漢、沮、漳，楚之望也。」把「江」與「漢」並提，即可看出「江」是「長江」，「漢」是「漢水」。江與漢的名稱不可混淆，它們在先秦時期基本上已各自皆有專名。

湖北境內的長江，在春秋時是楚人經營最早的河流之一。楚人自荊山腳下首先來到了長江邊上，在這裡建都之國，把熊渠的長子句亶

王封在江陵，中子紅封在鄂州，少子執疵封在秭歸[①]，基本上控制了上至秭歸，下到鄂城的長江中游一段。當時這一段長江的流向、流量與今湖北長江段相比，形勢特徵大不相同。目前湖北長江段的形勢特徵是，沿岸穴口堵塞，江面狹窄，水位抬高，洪水季節時江水難以自然分流，成為該地區人民的一大憂患，但是，在春秋時期，情況則截然不同，江水至江陵之後，水可呈扇狀向東和東南方向散流，同時江面也十分寬闊。如《荀子　子道篇》記：「江水至江津（今沙市），非方舟不可涉也，」即是形容當時這裡江面甚寬，必須兩舟並排才能渡江。因此，在春秋時期，長江中游一段基本上無洪水威脅，人們可在沿江兩岸和長江沙洲上從事各種經濟與文化活動。考古工作者在湖北枝江百里洲、沙市周梁王橋、江陵西部的萬城和太湖，以及沙市東南江北農場等故長江的沙洲上，發現了先秦時期古人的居住遺址和遺物，即是很好的證明。

據有關資料分析，長江中游在先秦時期不僅江水流量大，灌溉面積廣，而且具體流向與今相比，變化情況很大。一般說來，江水自四川巫山縣流入湖北宜都枝城，其河床擺度並不算很大。但是，江水自枝城至武穴，江水分叉分流的情況就比較突出。例如：江水流到枝城以東便分為南北兩江，南江大體上沿今流向在湖北枝江市江口鎮附近與北江匯合，而北江（亦稱為沱江）大致沿枝江向東北經今枝江市東湖、鳳臺南，至江陵縣菱湖、萬城、太湖，在今荊州城關鎮西南與南江匯合。今沮漳河在沙市附近入江口的一段，即今荊州區李埠、太湖、萬城一線，皆為古代長江北江分流的一段故道。這種狀況一直延續到宋代，如陸游在《入蜀記》中說：「泊沙市新河口（今沮水入江口處），又泊萬城……過瓜洲入蜀江。」即可證實這一點[②]。當江水

---

①　張正明：《楚文化史》，上海人民出版社1987年版，第25頁。
②　袁純富：〈江陵古地理變遷與經濟開發〉，全國歷史地理學術討論會1988年年會論文。

流至今荊州區城關鎮之東後，江水又分汊為「南江」和「北江」，而今沙市為其古代沙洲地貌。《水經注　江水》云：「江水又東逕郢城（今荊州城東2.5公里的郢城遺址）南，」即是指的沙市北面有一條沱江^①。這條沱江東南流至沙市鹽卡附近，與南江和夏水口（首）匯流。《水經注　夏水》云：「江津（沙市）豫章口東，有中夏口，是夏水之首江之沱也。」也是說的沙市北邊的一條沱江與沙市南邊的一條「南江」，在今沙市東部匯合。1985年，我們在沙市郊區進行文物普查時，就曾在沙市北邊即今西幹渠偏北和沙市東郊發現有古代「北江」、「南江」與「夏水」匯流的痕跡。同時在「北江」與「夏水」匯合口的南岸即古沙洲上，還發現有一處東周至秦漢時期的遺址。該遺址據文獻分析，很可能是《水經注　夏水》所說的：「屈原所謂過夏首而西游，顧龍門而不見」的「夏首」故地。然而，當江水進入下荊江段，由於河岸下部以河床相中細砂為主，上部為河灘相的黏性土層，因此，下荊江段河流迂回曲折，河曲帶寬廣，河床擺度活躍，據《水經注》分析，在下荊江段見之於文獻的就有40多個可供人們居住的沙洲。江水至武漢地區，聞名的沙洲就有6個，其中今武漢市漢口區在古代為蘆洲，洲北「煙波灣」就是古代長江流至武漢附近北支的汊道^②。總之，長江中游一段，經過我們多年來的實地考察，可以得出這樣的結論：上荊江公安縣藕池以上，在春秋時期河流地貌的主要特徵是洲灘較多，有所謂「上百里洲」與「下百里洲」之稱。上荊江河岸部分丘陵或階地基座的基岩組成（指荊州區至枝江線一段），抗沖能力很強，因此，這一段的南岸大致是在今松滋口經桃嶺北、朱家埠、花園崗、沙道觀和公安縣玉湖、閘口，再繞石首丘地北一線；其北岸線大體是沿今枝江市城南而東北經東湖、鳳臺南、沮水在此注入長

①　袁純富：〈沙市市歷史地貌及其演變過程〉，《荊州師專學報》（社會科學版）1983年第3期。
②　袁純富、劉玉堂〈武漢古地理變遷及其對經濟的影響〉，《古代長江中游的經濟開發》，武漢出版社1984年版。

江。然後江水再經荊州市荊州區菱湖、萬城、太湖並繞今荊州區城關南而東，經郢城遺址南、沙市區北，再經沙市東南窰灣又東北經岑河後再經今江陵縣郝穴、普濟①。在下荊江段，由於長江南岸地勢比江北高，且有石首、桃花、城陵磯、赤壁磯等丘地作為南岸線的控制，因此，在歷史上南岸的擺度與北岸相比較要小，且整個河床皆有向南移的趨勢。這就是說，在先秦時期，下荊江段河床總的形勢和流向變化不大，河床是基本穩定的。

通過上述先秦時期長江的變化，可看出當時是有人在長江沙洲上活動的。除此之外，它還有助於解決楚史研究上的一個疑案：即有人說《左傳》記吳師入郢之戰，楚子「涉睢、濟江」，從江陵實地考察，沮漳河從西北流經此地要到今沙市區境內才入江，（楚人）在紀南城正南方向渡江是必須先經過沮水（即睢水）的②。顯然，這是將今萬城至沙市西一段的沮水，誤作春秋時期的沮水。事實上，楚昭王奔隨「涉睢、濟江」，是在今枝江鳳臺偏北的季家湖古城遺址附近「涉睢」，然後東行渡漢江而至雲中的③。因為在春秋時，漢水亦是可以稱之為「江」的。

二、漢水

漢水源出陝西寧強縣北嶓冢山，初名漾水，東南經沔縣為沔水，流至襃城為漢水。酈道元在《水經注 沔水》中引安國說：「漾水東流為沔，蓋與沔合也。至漢中為漢水，是互相稱通矣。」說明在漢魏時期，漢水亦是可稱之為沔水的。但是，在先秦文獻中，只見有「漢」，而不見有「沔」。《詩 周南 廣漢》記：「漢有遊女，不可求思。漢之廣矣，不可泳思。」又《尚書 禹貢》：「荊及衡陽惟荊州，江、漢朝宗於海。」即是明證。因此，「漢」在春秋戰國

---

① 袁純富：〈試論江漢地區原始文化的地理諸問題〉，《考古》1987年第9期。
② 劉彬徽：〈試論楚丹陽和郢都的地望與年代〉，《江漢考古》1980年第1期。
③ 袁純富：〈楚文王始都郢不在江陵考辨〉，《荊州師專學報》1989年第4期。

時期，一直是作為南方一條水系的專名。但是，由於古代「江漢湯湯」，「漢之廣矣」，即徑流量甚大的緣故，「漢」亦是可以被人們稱之為「江」的。例如《史記　周本紀》記：「昭王南巡而不返，卒於江上。」《左傳　定公四年》云：「楚子涉睢、濟江，入於雲中。」雲中，在漢水之東。很顯然，這兩條文獻中的「江」，是指的漢水。至於何以如此，酈道元在《水經注　江水》中引其他文獻作了這樣的解釋，他說：「《廣雅》曰：『江，貢也。』《風俗通》曰：『出珍物，可貢獻。』《釋名》曰：『江，共也。大小水流入其中，所公共也』。」這就是說，凡是河流皆有眾多支流者，或能通航被人們開發利用者，皆可稱之為「江」。例如在歷史上沮水、淮水等，都曾被人們稱之為「江[①]」。但是，「漢」和「沮」、「淮」等水系在歷史上有「江」之稱，並不等於「江」就是它們的專名。事實上，大致在商周時期，各地的水系皆是以某一個單字來確定它的範圍和位置的，而這個單字的後面都不帶任何「水」、「河」、「江」等字樣。但是，隨著社會的前進，人們不斷地加深對地理環境的認識，需要更準確地了解和區別河流，於是將原先只作單字「漢」稱的，加上一個「江」字，「沮」字則加一「水」字，使之成為「漢江」、「沮水」，以作為定形的水系地名出現。這就是說，某河流的單名詞後面附加的「江」、「河」、「水」一般來說都是在漢魏時期才出現，先秦時期只有「江」、「漢」、「沮」、「漳」、「淮」等作為河流的固定名稱。如《孟子　滕文公上》記：「決汝、漢，排淮、泗，而注於江。」《荀子　議兵》：「汝、潁以為險，江、漢以為池。」在這裡「汝」就是「汝」，「漢」就是「漢」，區別得十分清楚。因此，在先秦時期，一般說來，「江」與「漢」已基本定名，儘管「漢」有時作「江」稱，但「江」卻不是「漢」的專稱。「漢」的專稱即

---

① 《晉書　桓公傳》，《史記　秦始皇本紀》裴駰《集解》。

「漢」，「江」的名稱為「江」，這在先秦文獻中是十分明確的。總之，對於古文獻中所出現的「江」，一定要具體情況具體分析。

漢水在先秦時期，是楚國的一條重要河流。早在商末周初，楚人的先民即羋姓季連的後裔已由今河南新鄭附近西遷至漢水的支流丹水與淅水一帶，開始注重對漢水中游地區的經濟開發。後來楚人受周勢力的壓迫，由丹淅一帶遷至荊山腳下，建立新的勢力範圍。直至楚武王時，楚人的主要活動一直在湖北境內的漢水以西一帶，其版圖尚未擴展到漢水之東。但此時宜城至沙洋一段的漢水，當為楚有。文獻記楚武王滅鄀、滅羅、滅權，並遷權於那處（即今漢水邊的沈集一帶），似可證明這個問題[1]。到了楚武王末年至文王初年，湖北境內的漢水河段，皆屬楚的版圖。在這一河段，其河床的變化和水的流量、流向，與今湖北境內漢水段的形勢，是完全不相同的。在先秦時期，漢水中游即丹江口至鍾祥一段，由於地屬丘陵，河床擺動不大，但鍾祥至漢口即漢水下游一段，都具有河道較寬、沙洲林立、水流散亂、汊道甚多、主支汊易位頻繁、主泓擺動幅度較大、沙洲變化無常、河道穩定性差等特點，係遊蕩性河道。因此，在商周時期，由於人們尚未對江漢地區成規模的開發，生產力十分落後的情況下，漢水流量不僅很大，而且下游支汊紊亂。據有關資料分析，當時漢水下游主泓大抵是在今漢水偏北一帶[2]。具體說，夏商時期的漢水自鍾祥東南舊口東出，接今天門河經汈汉湖至武漢地區瀾口附近入江[3]。今漢水下游段在古代大致為漢水主泓的一條支流。魏源在《釋道南條漢水》中對此有過這樣的一段說明：「漢水自襄陽、安陸而下，至潛江分為二，其南流逸沔陽諸湖，分出青灘口、沌口，所謂南入於江也。

---

① 《左傳 桓公十三年》《左傳 莊公十八年》。

② 蔡述明：〈武漢東湖的地質（第四紀）研究有關東湖成因和古雲夢澤問題的討論〉，《海洋與湖澤》1979年第4期。

③ 張修桂：〈漢水河口段歷史演變及其時長江漢口段的影響〉，《復旦學報》1984年第3期。

第二章　楚國的水系分布

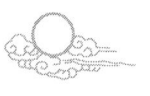

其東流者逕天門、漢川二縣而至漢口，所謂東匯者也。」又說：「故荊州貢道，浮沱入江，浮潛入漢，是南入者為潛，東匯者為漢。」①這說明今漢水下游段在古代是漢水的支流，名曰：「潛水。」說明夏商時期漢、潛各行其道，河床基本固定。大約至西周時期，隨著大雲夢澤的消亡，洪水逐漸歸漕，江漢平原就開始出現引水灌田問題。據《史記　河渠書》記載：「於楚，西方則通渠漢水、雲夢之野。」說的是楚人開渠引漢水灌漑江漢平原之田。此時的「漢水，」當是禹貢時的「潛水。」春秋時，潛水皆為漢水之稱。春秋時楚人不說江漢地區有「潛水，」即可證明這個問題。這就給我們透露了一個資訊，即夏商時期的漢水主泓道受長期泥沙的沖積不斷萎縮，逐漸由天門河改道為故「潛水」，使原主泓為其支流。至漢魏時期，今漢水下游一段為沔漢之稱已基本定名。《水經注　沔水》篇所記漢水的流向，大體都是指的今漢水河段。可見，楚人來到江漢平原之後，文獻中所說的漢，基本上都是指的今漢水河段，而不是指的禹貢時期的漢水故道。

儘管先秦時期漢水流至今潛江市西北有主泓、支沱分流之別，名稱變更也各有其意，但這兩條水系對於楚人在江漢平原進行農田灌漑、發展航運和城邑建設無疑起到了重要的作用。據有關資料統計，春秋時楚人在湖北境內的漢水邊上就擁有城邑14座，即陰（今穀城附近）、谷（今穀城）、北津（今襄陽）、樊（今樊城）、騎城（今宜城附近）、鄢郢（今宜城）、都（今宜城附近）、大城（今馬良附近）、成臼（今沙洋舊口附近）、那處（今沈集附近）、竟陵（今潛江市西北）、邔（今仙桃市西北）、左桑和西黿（皆在今仙桃境）等②，這些城邑大都與楚人的經濟、文化、軍事活動有著密切聯繫。楚屈完就曾說過：「楚國方城以為城，漢水以為池。」③《左傳　昭公三

① 《魏源集》，中華書局1976年版，第549—553頁。
② 見《水經注　沔水》，又《水經注圖　沔水》。
③ 《左傳　僖公四年》。

年》記是年（西元前539年）十月，楚靈王與鄭伯「田江南之夢」。同書《昭公四年》記是年（西元前538年）正月，楚靈王與鄭伯「復田江南。」以上所謂「江南」之「江」，應即漢水，或稱漢江。這說明漢水在當時具有重要的地位和作用，是楚國發展農業經濟的一條重要水利命脈。

三、沮水

沮水位於江漢平原的西部，長江中游的北岸，它發源於今湖北保康縣西部歐店石家溝，流長275公里。該河流總趨勢是自西北向東南流，其地勢隨流向而逐漸降低，沿途流經今當陽市、枝江市、荊州市，在今沙市區境內新河口注入長江。這條河流在春秋時期，已歸入楚國的版圖。

據文獻記載，楚人經過在荊山「篳路藍縷，以處草莽[1]」的一段艱苦磨煉，大約在楚武王末年來到了沮漳河流域。《左傳　莊公十八年》追記：「初，楚武王克權，使鬬緡尹之。」《史記　楚世家》說：楚武王三十五年（西元前706年），楚人「始開濮地而有之」。古代的「濮」，按蒙文通先生考訂主要在今枝江一帶[2]。秦漢時期枝江的位置，按《水經注　江水》引盛弘之說：枝江「縣舊治沮中，後移居百里洲」。這裡的「沮中」，很顯然是指的今沮水中。這說明最早的枝江縣治在今沮水的中下游一帶，且當時枝江的得名，也並非是因長江「枝分」而得名，而是因古代「沮江」有洲，沮水枝分而故名。沮水在歷史上亦曾稱之為「沮江」。

據有關資料分析，先秦時期沮水徑流量大，今當陽至枝江鳳臺一段河床較寬，沙洲甚多，入江口門因時代不同，其位置亦隨之發生變化。具體說，先秦時期的入江口門在今枝江鳳臺附近。1973年，考古工作者

---

① 《左傳　昭公十二年》。
② 蒙文通：〈巴蜀古史論述〉，四川人民出版社1981年版。

在當陽與枝江交界處，發現一座東周時期的季家湖楚城遺址，即瀕臨古代沮水與長江交匯處[①]。隨著時間的推移，人們不斷對沮水河流開發利用，導致泥沙淤積，河道萎縮，這種狀況在唐宋以後就越來越嚴重，於是至宋元時期，沮水又先後在今萬城、枝江江口、沙市附近注入長江[②]。

據考古工作者分析，沮江西岸的季家湖古城興建年代為東周，要比江陵紀南城和漢水邊上的宜城楚皇城遺址早，城內出土過春秋中期的屬於宮殿建築使用的青銅包飾構件，城外四周也有許多楚墓群。在已發掘的297座楚墓中，其時代上限可達西周晚期，其中也有一批春秋早、中期楚人貴族墓葬。因此，他們認為季家湖古城遺址，很可能是楚文王（一說是楚武王）始都郢的地方[③]。就目前的考古資料看，此說是有一定道理的。這就是說，荊山以南的沮漳河流域，早在春秋早期已被楚人所開拓，楚人利用這條河流和江漢平原的自然經濟優勢，控制了一部分散居在這裡的濮人楚人地盤，成為漢西一個新興的侯國[④]。

四、漳河

漳河位於江漢平原的西部邊緣，源於湖北南漳縣景山的三景莊，流長220公里。該河流目前流向的總趨勢是自北向南流，沿途流經今當陽、遠安、荊門，於當陽兩河口與沮水相匯合，後人以此亦稱之為沮漳河。兩河匯合後，經枝江、荊州市境，在沙市附近注入長江。據實地調查，漳水自南漳至官墻即上游一段，皆高岸深谷，河道窄狹；由當陽官墻直至枝江鳳臺以南，皆係長江、沮漳水沖積平原。這一段河流從地貌上分析，先秦時期河道比今要寬闊，流量也要大，並且在河

---

① 袁純富：〈試論江漢地區原始文化的地理諸問題〉，《考古》1987年第9期。

② 清《續修江陵縣志 堤防》。

③ 文必貴：〈楚郢都芻議〉，《江漢考古》1982年第2期。

④ 《史記 楚世家》。

的東西兩岸均屬丘陵崗地，呈南北走向，具有人工築壩堵水引灌的地理條件。《史記 循吏列傳》裴駰〈集解〉引〈皇覽〉說「或曰孫叔敖激沮水，作雲夢大澤之池也」。其地應在今荊州市荊州區西北部馬山以東海螺堰一帶。

《漢書 地理志》臨沮縣條說：「禹貢南條荊山在東北，漳水所出，東至江陵入陽水，陽水入沔，行六百里。應邵曰：『沮水出漢中房陵，東入江』。」前者說的是漳水至江陵注入陽水，而不言與沮水相匯；後者說的是沮水東入長江。後一種說法即沮水東入古代的長江是可信的，前一種說法即漳水至江陵入陽水則要作具體分析。酈道元在《水經注 漳水》中對班氏所謂「漳水至江陵入陽水」即作了否定。其書云：「漳水所出，東至江陵入陽水，注於沔，非也。今漳水於當陽之東南百餘里，而右會沮水也。」然而，清人楊守敬在〈沮漳水考〉一文中，對酈氏〈漳水〉篇「東至江陵入陽水」語，則持懷疑態度，他說：「酈氏墨守班書，惟此獨悍然駁之。疑是後人羼入。」[1]事實上，陽水即揚水，先秦時期就已有之。張正明先生曾考證：江漢平原的「揚越得名於揚水[2]」。說明揚水的歷史久遠。但是，從沮漳水流至今荊州市荊州區這一段的地貌情況看，沮漳水與故江陵東的揚水相接，似乎是不可能的，因為在沮漳河東岸，有荊州區西北部八嶺山相隔，山南雖為沖積平原，但係春秋時期長江的故道，與早期沮漳水無涉。既然如此，《漢書 地理志》說漳水「東至江陵入揚水，注於沔」是有道理的。班氏所謂漳水入揚水，很可能是指早期楚人在荊州區八嶺山的北端即海螺堰一帶，鑿丘地引沮漳水以灌雲夢之田[3]由於漳水與揚水相接處因時代久遠，丘地水土流失嚴重，至酈氏時，漳水與揚水相通處可能均已淤塞。於是，有人就對漳水入揚水說持否定

① 《晦明軒稿》。
② 張正明：《楚文化史》，上海人民出版社1987年版，第24頁。
③ 王興淮：〈我國歷史上的江漢運河〉，《中國水利史志專刊》1984年第4期。

態度了。為了弄清這個問題，我們曾至海螺堰一帶作過調查，從調查的情況看，沮漳水可以通過荊州區丁家水庫以北海螺堰、聯山以及望山與沙塚之間約1000公尺長的階地與紀南城西部水系相接。同時這裡也發現有明顯的古河道痕跡。這就是說，雖然沮漳河的東岸從地貌上看屬於階地，漳水似乎不可相通，但實際上只要經過人工略加開鑿，漳水是完全可以與紀南城西部水系相通的。因為水穿過八嶺山崗，其地勢就呈東南傾斜，河水即可流至江漢平原。因此，班氏所說漳水入揚水注於沔行六百里，是可信的。再者，沮漳二水雖發源地不同，但兩水相匯形成單一河床後，古人也可將這單一河床之水稱為沮水，亦可稱之為漳水。所以，文獻中說漳水經江陵入揚水，再入沔（漢）水，是不矛盾的。史實上，古代的沮漳河不僅可以「溉灌膏腴之田以千數」，而且是「引兵詣江陵、夷陵，分據夏口，浮谷而下，吳可滅也」的重要交通航道[1]。

五、夏水

夏水今已淤塞，位於江漢平原的南部，係楚國境內長江中游的一條支流。據《水經注　夏水》記載：「夏水出江津於江陵縣東南，江津豫章口東，有中夏口，是夏水之首江之汜也。屈原所謂過夏首而西浮，顧龍門而不見也。龍門，即郢城之東門也。」這段文獻說的是古代夏水源於長江，其口門經我們實地調查，在今荊州市沙市區東郊鹽卡一帶[2]。該水系按《水經注》分析，夏水自沙市東郊向東流，經今潛江市西南龍灣（即故華容縣）南，又東流今監利縣毛市、福田南，大約在今洪湖市的沙口一帶，故揚水注之。爾後夏水又東北流，在今仙桃市附近注入漢水。盛弘之稱它「首尾長七百里[3]」。至於該水系的

---

① 《讀史方輿紀要》。

② 袁純富：〈楚章華臺不在湖北監利縣考辨〉，《荊州師專學板》（社會科學版）1987年第3期。

③ 《讀史方輿紀要》。

徑流量，歷史文獻已有線索可尋。如《水經注　夏水》在談到夏水因何得名時云：「夫夏之為名，始於分江，冬竭夏流，故納厥稱。」[①]於是有人以夏水「冬竭夏流」為由，將其解釋為季節性河流。如朱熹在《楚辭集注》中云：「夏水名，或以為自江而別以通於漢，還復入江，冬竭夏流，故謂之夏。」又，姜亮夫先生在《楚辭學論文集　楚郢都》一文中說：「江夏者，夏水也，夏水出江陵東南，江水夏汛而為流。」其實，在春秋戰國時期，夏水雖然支流甚多，但它仍為古代長江分支的單一河道，因而其流量很大，河床甚寬，並非是「夏水出江陵東南，江水夏汛而為流」。東漢應劭所謂（夏水）「始於分江，冬竭夏流，故納厥稱」。只能說明兩漢時期的夏水河道隨著人們對荊南地區的不斷開發，江、夏諸水系泥沙日益淤積，導致夏水流量逐漸變小，成為漢魏時季節性河流。事實上，在春秋戰國時期，夏水恰恰是因水的流量甚大而得名。夏，按《中華大字典》夏字條引〈方言〉說：「自關而西，秦晉之間，凡物之壯大者而愛偉之，謂之夏。」《楚辭　哀郢》有：「曾不知夏之為丘兮。」顯然，「夏」亦可作大解，戰國時，楚國的三閭大夫屈原也曾感歎：「方仲春而東遷，」（筆者按：此時正值枯水季節），「江與夏之不可涉。」[②]這說明，當時的夏水確非季節性河流而是楚國郢都與中原地區各諸侯國經濟文化往來的重要水運交通航線。《左傳　文公十年》記：「商公子西，沿漢泝江，將入郢。王在渚宮，下見之。」《左傳　昭公十三年》：「王沿夏，將欲入鄢。」諸如此類記載，即可證明。

六、蠻水

蠻水古代稱之為夷水，後因晉桓溫父名夷，更名為蠻水，其水位於江漢平原的西北部，流長151公里，是春秋戰國時期楚國腹地的一條重要

---

① 《水經注　夏水》引應邵《十三遊記》。
② 《楚辭補注　哀郢》，中華書局1983年出版。

第二章　楚國的水系分布

水系。該水系據《水經注　沔水》記載：「夷水導源中廬縣界康狼山，山與荊山相鄰，其水東南流，歷宜城西山，謂之夷溪。又東南迴羅川城，故羅國也。……夷水又東注於沔。」結合今地形圖看，楚國荊山腳下的夷水即今蠻河，大致上是可經南漳縣南向東南流，而至今宜城南注入漢水。

夷水，或因這裡是古代「夷越」之地而得名。《史記　楚世家》記：楚成王即位，「使人獻天子，天子賜胙，曰：『鎮爾南方夷越之亂，無侵中國。』於是楚地千里」。這裡所謂「夷越」，應主要指漢水以南的揚越[1]。雖然漢水以南楚人來到這裡很早，至楚成王時大致上控制了長江中游沿江兩岸廣大地域，但這裡散居的蠻夷不服楚人統治的事情時有發生，直至楚莊王時，異族騷亂仍未停止[2]。因此，今宜城附近的蠻河及其西部地區的山地，在古代皆稱之為「夷山、夷水，」也是完全有可能的。儘管楚人在南漳、保康一帶曾建立過楚都丹陽[3]，但畢竟是從中原遷徙而來，南漳及宜城一帶原屬當地土著族人所經營，那裡的地名最早應當是當地土著人所命名，而不是楚人所命名，所以，《水經注》中說宜城附近的蠻水為夷水、宜城為「夷邑」，是可信的[4]。

但是，也有學者認為宜城附近的蠻河在先秦時期不是夷水，而是楚國的漳水和沮水所在地[5]。此說值得進一步探討。因為在先秦文獻中，沒有沮漳水即今蠻河的記載。《漢書　地理志》南郡臨沮縣下注云：「……漳水……東至江陵入陽水，陽水入沔。」即是說的沮、漳水在今當陽市境內匯合後，通過漢魏時期江陵附近的揚水

① 劉玉堂：〈關於湖北境內古越族的若干問題〉，《民族研究》1987年第2期。

② 《左傳　文公十六年》。

③ 張正明：《楚文化史》，上海人民出版社1987年版，第17頁。

④ 湖北省博物館：〈湖北宜城楚皇城勘探簡報〉，《考古》1980年第2期。

⑤ 石泉：〈齊梁以前古沮（睢）、漳源流新探〉，《武漢大學學報》（社會科學版）1982年第1—2期。

（故道猶存）注入漢水。至於《元和郡縣志》卷21房州永清縣「沮水」條說：「沮水出縣西南景山，東南入於漢江」一語，亦不能證實沮水可在宜城附近入漢水。唐永清縣，按《中國歷史地圖集》第五冊唐代山南東道版圖示定，在今湖北保康縣西北的寺坪鎮附近。而寺坪鎮西南正是沮水的發源之地。若沮水從此地發源而東南流，結合今地形圖看，是流不到今宜城附近去注入漢江的。從我們實地考察的情況看，今蠻河發源於今保康縣東部對口，根本不與沮水相接。而且從蠻河的發源地至今宜城附近入漢處，其流向大抵是東流，而不是東南流。因此，《元和郡縣志》所謂沮水「東南入於漢江」應理解為「東南經江陵之揚水再進入漢江」，而只有這樣，才能與當地的地勢相合。事實上，《元和郡縣志》作者的本意也可能如此。因此，乾隆《襄陽府志》卷4〈山川　宜城縣蠻河條〉說：「蠻水是從南漳來，土人訛稱漳水，非也。」對蠻河即沮漳水說作了否定，這是有一定的道理的[1]。

　　儘管宜城附近的蠻河，在先秦時期不是楚人所說：「江、漢、沮、漳，楚之望也」的沮漳水，但「蠻水」在歷史上曾對於中、下游地區的農田灌溉、航運以及城鄉居民用水等，都起到了很大的作用。而根據文獻：「昔我先王熊繹，辟在荊山」的記載來看，今蠻河的中游近上游處，亦是楚人活動最早的地方。這就是說，今南漳縣及以南的沮漳河流域，當是早期楚文化發展的中心。

七、溳水

　　溳水位於江漢平原的東北部，發源於大洪山北部施家沖，流長266公里，途經隨縣、曾都、廣水、應城、安陸、雲夢等六個縣市區。該河流流向，自發源地至曾都區的淅河一段，大體上是自西向

---

① 　黃盛璋：〈關於湖北宜城楚皇城遺址及其相關問題〉，《歷史地理論集》，人民出版社1982年版，第411頁。

東流；淅河至雲夢縣的清明河鎮一段，基本上是自北向南流。目前這條水系已成為季節性河流，夏季7—8月間，是流域內的多雨期，最高水位往往出現在這個時期，9月以後到次年3—4月為枯水期。但是，在先秦時期，溳水徑流量甚大，河床也比今要寬闊，其中還有不少江心洲。1985年秋，我們至隨縣安居鎮考察，發現有一處具有春秋時期城市規模的遺址，就座落在古代溠水與溳水交匯處的沙洲上。這條流域在西周中期以至春秋，大體上屬隨國地域，文獻中所謂：「漢東之國，隨為大」，自然也包括溳水流域在內。因此，溳水流域當是隨人經營、開發最早的地區之一。曾經有人以為在先秦時期，溳水下游地區是一片汪洋湖澤。事實上，我們從地貌學的觀點看，今漢川、天門南部、安陸中部和南部、雲夢南部、孝感中部，皆屬古代溳水、澴水及天門河（即古漢水正道）沖積平原。這些地區，在先秦時期應該有人生息勞作，而並非是一片汪洋湖澤 ①。大量史實說明，無論是在溳水流域的上游，還是在其下游，皆是春秋戰國時期楚人活動最頻繁的地區。

據文獻記載，春秋時楚武王三次伐隨，第一次是在西元前706年，楚因「吾不得志於漢東也 ②」而伐隨。第二次是在西元前704年，楚因「合諸侯於沈鹿，黃、隨不會 ③」而伐隨，第三次是在西元前690年，楚以為「隨背己，伐隨 ④」。結合當時的情況及今地形圖看，楚伐隨的行動方位，必然是在隨的西部或西南部，而不是在其東部。這就是說，楚人伐隨的軍事行動，一定是在溳水的上游一帶。《左傳 莊公四年》記：「令尹鬥祁、莫敖屈重除道梁溠，營軍臨隨。」梁溠，按晉杜預注：「溠水在義陽厥縣西，在南入鄖水。梁，橋也。」《水經

---

① 袁純富：〈試論江漢地區原始文化的地理諸問題〉，《考古》1987年第9期。
② 《左傳 桓公六年》。
③ 《左傳 桓公八年》。
④ 《史記 楚世家》。

注 溳水》對此亦有解釋：「溠水又東南逕隨縣故城西，春秋魯莊公四年，楚武王伐隨，令尹鬬祁、莫敖屈重除道梁溠，東臨於隨，謂此水也。」可見，春秋早期楚人的活動已到達了溳水流域的上游地區。至春秋的中晚期，楚人基本上控制了溳水的中下游地區。西元前506年，吳師入郢，「吳從楚師，及清發，將擊之[①]」。清發，杜預解釋為水名。其位置，按清顧祖禹在《讀史方輿紀要》卷七十七《湖廣三 安陸縣溳水條》下注云：「溳水，亦名清發水。《左傳 定公四年》，雖敗楚於柏舉從之，及於清發是也。」1972年，考古工作者根據地方縣志提供的線索，在雲夢縣的溳水東南，發現了一座被稱之為「楚王城」的遺址。城內的文化層相當豐富，在距地表1公尺左右的文化層中，埋藏著較多的春秋至秦漢時期的各種器物和陶片。經鑒定，該城的時代為春秋戰國至秦漢[②]。到了戰國時期，隨已成為楚的附庸國，溳水流域皆已納入楚國的版圖。但是，由於楚與隨在歷史上曾有過「世有盟誓，至於今未改」的緣故，楚與隨的關係還是和睦的。當時溳水流域不僅是楚人的重要物資水運交通線，而且隨國亦時常使用這條航線。20世紀70年代，考古工作者先後在湖北大冶市發現銅綠山古礦冶遺址、在隨州發現一整套聞名中外的編鐘和大量青銅器，而二者銅的主要元素相同，似可說明當時大冶所產的銅礦，是通過今鄂州經黃岡、新州、黃陂、孝感、雲夢、安陸一線的陸路和水路（即溳水）運往隨國的[③]。這說明溳水流域在春秋戰國時期，是楚人開發利用鄂東地區自然經濟資源不可缺少的一條重要河流，它對於當時楚國發展鄂東地區的水運、水利事業，無疑起到了很大的作用。《水經注 溳水》說：「溳水出於其陰，初流淺狹，遠乃廣厚，可以浮舟檝，巨川矣。……溳水東通灄水，西入沔。」即可證實溳水流域在古代具有

① 《左傳 定公四年》。
② 張澤棟：〈雲夢「楚王城」遺址簡記〉，《江漢考古》1983年第2期。
③ 袁純富、王耀明：〈試論春秋時楚國的陸路交通〉，《公路編史研究》1989年第3期。

第二章 楚國的水系分布

良好的水運水利條件。

八、澴水

澴水位於江漢平原的東北部，發源於河南信陽鄒崗南之光頭山，流長133公里，途經大悟、雲夢、孝感三縣。其流向基本上是自北向南，今孝南區的周家臺附近與溳水合流，經今漢北河注入漢水入長江。該水系在古代徑流量大，直至民國初期，大悟以北的三里鎮仍可通航[1]。其上游地勢高峻，大悟山與雙峰山海拔均在800公尺以上，形成河谷深切，具有良好的蓄水引灌地理條件；下游地勢平坦，基本上呈散狀分流。《讀史方輿紀要》卷七十七湖廣三澴水條說：「澴水注（孝感）縣境，諸小水皆合流焉。其下流一自縣西南白龍潭入漢，一自八埠口會雲夢縣河之水，至縣西南注泉湖入漢，一合東山淪河經線河至溳水入漢；一會縣東南三十里之馬溪河及滠川、陡山河、衛湖水，至黃陂縣之沙口入於江。」這對於該地區古代農田灌溉和水運交通的發展，都是十分有利的。

據考古調查，在遠古時期，澴、溳二水流域分布著許多原始部落，古代人們很早就在這裡生息、開拓、發展其原始農業經濟和文化。據目前不完全的統計，在澴、溳二水流域及武漢地區北部黃陂的水流域，就發現古文化遺址300餘處，其中屬於新石器時代的有110處左右，商代遺址40餘處，其餘為西周和春秋戰國時期遺址，這些古文化遺址所出土的器物，除了有不少具有地方特色外，大都反映了中原文化與土著文化的交流融合關係。因此，有人認為商人的南下，並不是按照傳統的看法是從商代中期開始，沿著南陽盆地的漢水流域過來的，而是在商代早期就翻越過大別山的一些隘口，並通過澴、溳、灄等水系來到長江邊的[2]。此說頗有道理。

---

[1] 《湖北市縣概況　大悟縣　交通》，湖北省地方志編纂委員會1984年編印，第241頁。
[2] 宋煥文：〈從盤龍城的考古發現試談商楚關係〉，《江漢考古》1983年第2期。

春秋戰國時期，溳水流域已進入楚國的版圖，《左傳　僖公二十八年》記晉國的欒貞子說：「漢陽諸姬，楚實盡之。」事在楚成王四十年，這時漢淮間的隨國、貳國、軫國、絞國、黃國和其他姬姓或異姓國大都成為楚國的附庸。《左傳　定公四年》（西元前506年）又云：「冬、蔡侯、吳子、唐侯伐楚。舍舟於淮汭，自豫章與楚夾漢。左司馬戌謂子常曰：『子沿漢而與之上下，我悉方城外以毀其舟，還塞大隧、直轅、冥阨。子濟漢而伐之，我自後而擊之，必大敗之。』既謀而行。」這裡所涉及的「三關」，按潘新藻在《湖北省建制沿革　古代封國》一文中說：「《左傳》定公四年，還塞大隧，直轅、冥阨。胡謂曰：義陽三關，在應山縣北。大隧即武陽關、直轅即黃峴關、冥阨即平靖關」，其位置分別在今湖北廣水市和大悟縣與河南省信陽和羅山交界的桐柏山、大別山的山梁上。這說明，在溳水入灄水的上游地區，自古以來就是漢水以東通往北方的重要水陸交通孔道。《左傳　文公十六年》（西元前611年）記載楚莊王時，庸人趁楚人大饑，帥群蠻以叛楚，楚國「於是申息之北門不啟」即可證明。

　　總之，在江漢平原東北部地區的古代水系，流量充沛，水利資源豐富，航運交通便利，同時該地區土地肥沃，氣候溫暖，物產亦十分豐富。據孝感市博物館提供的資料表明，溳、溠、灄三水流域在古代，不僅具有良好的農田灌溉地理條件，而且是盛產稻、麥、豆和漆、竹、木以及其他農副產品的地方[1]。這就是說，今鄂東地區的諸水流域對於楚人發展自己的農耕經濟，以及民間商業貿易的往來，無疑起了不可忽視的作用。

---

① 《孝感地區文物概況》，1979年12月孝感地區博物館編印，第1—103頁。

55

第二節　北部地方的水系

　　春秋戰國時期，今河南南部地區先後為楚人所占有，屬於楚國北疆，也可稱之為中部北緣。該地區的水系在春秋以前，大體上皆屬周天子所封姬姓侯國的地域，並為這些諸侯國所經營。到了春秋的早、中期，雖然楚文王曾「伐申，過鄧[1]」，滅了南陽申國；楚莊王曾一度領兵「至洛，觀兵於周郊[2]」，問鼎中原，但今河南南部地區仍未被楚人完全控制。約在西元前534年，楚靈王滅陳（在今河南淮陽）置縣之後[3]，河南南部即今淮陽、臨潁、汝陽一線，方納入楚國版圖[4]。至戰國時，楚的北疆雖有發展，但主要是向豫東北方向推進，楚的疆域仍未跨越今開封、鄭州、洛陽、三門峽一線的黃河。《戰國策 楚策一》說：「楚，天下之強國也；大王，天下之賢王也。楚地西有黔中、巫郡，東有夏洲、海陽，南有洞庭、蒼梧，北有汾陘之塞、郇陽。」汾陘之塞，按晉杜預解釋，在召陵陘亭（即今河南郾城東）。郇陽，按《中國歷史地圖集》第一冊戰國楚越版圖示定，在今陝西旬陽縣偏北。很顯然，在春秋戰國時期，楚國主要控制了今河南淮陽至許昌、汝陽以南地區的水系。具體說來，楚國主要控制了豫南地區約13條水系徑流的範圍，即淮水、溵水、淯水，沘水、淅水、丹水、汝水、潁水、潕水、溠水、灄水、均水、魯河等，在這些河流中，淮水、淯水，汝水、潁水、沘水河流較長，灌溉面積較大，楚人的經濟開發活動更為突出。下面，就這五條水系的分布及歷史演變狀況作一分析。

---

① 《史記 楚世家》。
② 《左傳 宣公三年》。
③ 《左傳 昭公八年》。
④ 《讀史方輿紀要》。

一、淮水

淮水流域地處長江與黃河之間,是我國歷史上經濟開發較早的地區之一。淮水在古代為「四瀆」之一,它發源於河南與湖北交界的桐柏山太白頂,流經河南、安徽、江蘇三省,全長約1000公里。由於歷史上河道的變化,今淮水至江蘇洪澤湖以下,主泓出三河經高郵湖由江都縣三江營入長江。另一部分水流經今蘇北灌溉總渠在扁擔港入海。但是,在先秦時期,淮水除了徑流量大,河床比今要寬之外,其水系變遷是不很大的。當時淮河下游地區主要有淮河幹流水系、沂沭泗水系、濟水水系和汴水水系,此外還有邗溝和鴻溝等人工運河。因此,先秦時期的淮水只入海,而不入長江。《水經 淮水》說:淮水「東至廣陵淮浦縣入於海」。至於淮入江的時間,目前水利學界一般認為在清代[①]。但是,黃河泛淮下游的活動,至遲在西漢時期就已經開始了。《史記 河渠書》記:「汭決酸棗(今河南延津縣北),東潰金堤。」《史記 封禪書》:「元光三年,夏,河決於瓠子,東南注巨野,通於淮、泗。」至宋代,黃河泛淮更為嚴重[②]。這就是說,歷史上黃河在豫東地區屢次潰口,不僅對於江蘇海岸線的變遷有著很大的影響,而且對於淮水下游地區的水系亦有甚明顯的破壞。因此,淮水主流由原來入海而改入長江,是因淮水受黃河的壓迫所造成的。儘管如此,由於淮水流域氣候溫暖濕潤,土地肥沃,雨量充沛,物產豐富,它在我國歷史上諸多河流中,始終占有很重要的地位。尤其是楚人控制了淮水流域之後,這裡的農田灌溉工程和水運事業都得到了較快的發展。

---

① 〈我國的自然地理及其對水利發展的影響〉,《中國水利史稿》(上冊),水利電力出版社1979年版。

② 《金史 河渠志》,又《通志略 災祥》。

據文獻記載，楚靈王三年（西元前538年）「春，許男如楚，楚子止之，遂止鄭伯，復田江南，許男與焉①」。這裡所謂「復田江南」，很明顯是指豫南地區的淮水中、上游之田。至楚靈王八年（西元前533年）「楚公子棄疾遷許於夷，實城父，取洲來淮北之田以益之。伍舉授許男田，然丹遷城父人於陳，以夷濮西田益之。遷方城外人於許②」。又，楚靈王十年（西元前531年），楚國滅蔡國之後，次年又「遷許、胡、沈、道、房、申於荊焉③」。其目的是想完全控制淮水流域的農田，增加楚國的糧食儲備，實現其霸業。這就是說，在豫南地區淮水中、下游一帶的農田，是在楚靈王時期才開始由楚人所開發經營的。但是，在淮水的中下游地區，由於楚人北進中原受阻，因而楚莊王時，今安徽境內的淮水流域西南部，基本上為楚人所控制和經營。文獻記載的灌溉工程期思雩婁灌區，在西元前605年前後就首先出現在淮水流域上，同時這個時期的楚人和其他國家的人們又先後在淮水流域開鑿了溝通江淮、黃淮水系的兩條人工運河邗溝和鴻溝。進入戰國時期，淮水流域水利進一步加速，楚人在這裡採用蓄水築壩的辦法，使安徽壽縣一帶萬頃良田得以灌溉，成為當時楚國的重要產糧區。

此外，在先秦時期，淮水流量很大，河床較寬，但流勢十分平緩。《水經注　淮水》在解釋其水勢時引《春秋說題辭》說：「淮者，均其勢也。」《藝文類聚》卷八魏文帝〈浮淮賦〉云：「建安十四年，師自譙東征，大興水軍，泛舟萬艘，雖孝武舳艫千里，殆不過也。泝淮水而南邁，泛洪潭之皇波；仰岩崗之隆阻，經東山之曲阿。於是鷺風泛，湧波駭；眾帆張，群櫂起；爭先逐進，莫進相待。」這裡雖有誇張形容之詞，卻仍可看出淮水幹流在古代是一條很

---

① 《左傳　昭公四年》。
② 《左傳　昭公九年》。
③ 《左傳　昭公十三年》。

重要的交通航線，春秋時期，在楚吳之間發生的一場吳師入郢之戰，吳國的一支水師就是泝淮至今河南信陽附近舍舟過「義陽三關」而改破楚郢都的[①]。清人顧祖禹在言及這裡地理形勢時指出：「自古南北爭衡，義陽（在今信陽南四十里）常為重鎮。」他又引魏東豫洲刺史因益宗的話說：「義陽差近淮源，利涉津要，朝廷行師，必由此道，若江南有事，淮外須乘夏水泛漲列舟去淮，師赴壽春須從義陽之北。」[②]指明了淮水自古以來就是兵民必爭之水系。所以，顧氏在最後的結論中說：「義陽，淮西遮罩也。義陽不守，則壽春、合肥不得安枕而臥。」此說是頗有見地的。

由此可見，在東周時期，淮水不僅對於當地的農田灌溉有利，而且對於發展這一地區的航運，溝通楚國北部東西間的經濟文化往來，無疑發揮了很大的作用。尤其是在戰國時期，楚人曾一度將其政治、經濟、文化重心先後轉移到今河南淮陽以及安徽壽春，淮水流域更是成為楚人發展農耕經濟的重要命脈。目前在安徽壽春已發現大量能反映當時水利工程的遺址，即可證實這個問題[③]。

二、淯水

淯水俗稱白河，位於河南省的西南部，流經今南召、南陽、新野、襄陽等地，全長210公里。該水系據《山海經　山經》說：「又東四十里，曰支離之山，淯水出焉，南流注於漢。」《水經注　淯水》也認為：「淯水出弘農盧氏縣支離，東南過南陽西鄂縣西北，又東過宛縣南……又南過新野縣西……南過鄧縣東……又南巡鄧塞東，南入於沔。」從實地調查的情況看，今白河的流向大體上與

---

① 宋煥文：〈從應山春秋墓看楚三關的地位和作用〉，《江漢考古》1987年第3期。
② 《讀史方輿紀要》。
③ 1988年至1989年，沙市市博物館文必貴先生先後兩次協助安徽省考古研究所至壽縣做考古發掘工作，經過他們勘探和地質部門的遙感測量，發現壽縣郢都附近有呈格子狀的溝渠，當為戰國時期楚人修建的灌渠水利工程遺址。

《淯水》所述的情況相合，雖然白河入漢江口門位於今湖北襄陽市之東，其西皆為漢水沖積平原，但從襄陽市漢江北岸的出土文物分布情況看，古代的淯水入汈口門基本上沒有發生很大的變化，不同的是目前淯水因水土流失嚴重，河床狹窄，基本上失去了航運的能力。但是，在先秦時期，淯水河床不僅比今要寬，而且徑流量很大。《說文解字注》引《南都賦》對古代的淯水流量提供了這樣一個資訊：「淯水蕩其崗，推淮引湍，三方是通。」說明當時淯水流量不僅很大，而且河道可以行船。至西漢末年，仍有人在淯水沙洲上進行設壇祭祀活動[1]；三國時，曹操曾擊敗張繡水軍於淯水[2]。這說明在古代，今白河是河南南陽地區一條很重要的內陸河流。

在西周早期，淯水流域基本上為申、呂所經營，兩國在南陽地區率先開發了申、呂之田，為爾後楚人佔據這裡繼而北進中原打下了良好的經濟基礎。楚共王七年（西元前584年），楚子重要求楚王將「申、呂以為賞田」，而申公巫臣不同意這種做法，這就說明了淯水流域在春秋時期，已成為楚國重要的農業生產基地[3]。《漢書 召信臣傳》記載召信臣在西漢元帝建昭（西元前38至前34年）年間出任南陽太守，於此地「行視郡中水泉，開通溝瀆，起水門提淤凡數十處，以廣溉灌，歲歲增加，多至三萬頃」。這些水利建設，基本上是在楚人的水利設施基礎上進行的。因為在淯水中、下游地區有眾多的水系在此交匯，這就為楚人在淯水流域發展水利事業，提供了良好的地理條件。楚人「飯稻羹魚」，擅長於農田耕作技術，對於淯水流域地處東、西、北三面高而南面低的扇形盆地地勢有利於「以瀦畜水，以防止水，以溝蕩水」[4]的基本原理，他們是很清楚的。《漢書 召信臣

---

① 《漢書 王莽傳》。
② 《三國志 張繡傳》。
③ 《左傳 成公七年》。
④ 《周禮 地官 稻人》。

傳》記召氏「行視郡中水泉，開通溝瀆」，即可看出淯水流域在先秦時期就有不少人工所挖鑿的「溝瀆」。不然，就無「開通溝瀆」可言。因此，有人認為淯水流域最早的水利工程始於西漢，這種看法是令人難以信服的。事實上，淯水流域的水利建設，至遲在西周的中期就已經開始，《水經注 淯水》在言及淯水流域是誰最先開發時即提出了這樣一個看法：「淯水又南，梅溪水注之。水出縣北紫山，南逕百里溪故宅。……梅溪又逕宛西呂城東，《史記》曰，呂尚先祖為四岳，佐禹治水有功。虞夏之際，受封於呂，故因氏為呂尚也。徐廣《史記音義》曰，呂在宛縣。」說明淯水流域最早開發者，當屬西周時期的申、呂之國。《詩 都人士之升 黍苗》中有：「原隰既平，泉流既清；召伯有成，王心則寧。」寥寥數語，即可看出淯水流域的土地已作治理，水系已可通暢溉田①，成為周王朝的賦貢之地，由此可以說明楚國自楚文王滅申、呂之後，淯水流域就一直成為楚人重點開發的農業經濟作物區。

三、汝水

汝水位於今河南的西南部，發源於伏牛山的石人山西北車村外，流經今汝陽、臨汝、郟縣、襄城、郾城、漯河、西平、上蔡、平輿、新蔡、淮濱等縣市，在淮濱縣東南注入淮水，全長400多公里。汝水上游至郾城一段，今為北汝河；郾城至淮濱入淮口門一段，今為洪河。其更名在明代嘉靖年間②。該河流流向據《水經注 汝水》分析，其發源地至汝陽縣的小店一段，基本上為北流；小店至入淮處，均為東南流，與今北汝河，洪河流向大體一致。但是，汝水在歷史上由於受諸水系泥沙沖積的影響，河床擺動很大。尤其是在汝水的下游，即今漯河市至新蔡一段，河床擺動更為明顯。從《水經注》中

---

① 參見《詩 都人士之升 黍苗》朱熹注解。
② 《明史 河渠志》。

所發掘的資料可以證明，今漯河市至新蔡一段，基本上已不屬於先秦時期汝水的故道①。這一段的河道大致是自西向東擺動，其入淮口位置也沒有發生較大的變化。《水經注　汝水》說：「又東至原鹿縣。汝水又東南逕縣故城西，杜預《釋地》曰，汝陰有原鹿縣也。南入於淮。」原鹿縣，即春秋時鹿上，在今安徽省阜陽縣南。《中國歷史地圖集》第一冊戰國楚越版圖將古代汝水入淮之口標定在今淮濱縣之東南，是頗為精確的。

據《左傳　哀公十七年》追記：「彭仲爽，申俘也，文王以為令尹，實縣申、息，朝陳、蔡，封畛於汝。」楚文王時，楚的勢力已發展至汝水之南。至楚共王十六年（西元前575年）春，「楚子自武城使公子成以汝陰之田求成於鄭。」②次年冬，「諸侯伐鄭。十月庚午，圍鄭。楚公子申救鄭，師於汝上。」這說明在春秋時期，汝水中游地區以南為楚地，以北屬鄭國的地域。而汝水基本上也是處於楚、鄭兩國間的邊界線上。從地貌上看，汝水中下游一段的南岸地區，皆屬汝、淮沖積平原。這裡的氣候適宜，土地肥沃，有利於古代人們從事農業耕種和發展農田水利事業。新中國成立後，考古工作者在汝水中下游地區即今襄縣、魯山、上蔡、新蔡、西平、許昌等地，不僅發現有反映原始社會農業生產狀況的工具實物，而且發現有不少東周時期人們的生產生活用具，尤其是在汝水的北岸即今登封告城鎮東北，發現一處春秋時期人們使用陶製水管通向石頭壘砌的長方形蓄水池的輸水工程遺址，就說明了汝水流域在春秋戰國時期，農田灌溉和城市居民用水的方式，都有了很大的改進③。

此外，在先秦時期，汝水徑流量很大，河道較寬，適宜人們使

---

① 《水道提綱　入淮後川》，又《讀史方輿紀要》卷50河南與引秦觀說：「汝水故道已亡，惟存別支水。」

② 《左傳　成公十六年》。

③ 《河南考古工作三十年》，《文物考古工作三十年》，文物出版社1979年版。

用舟楫通航。據不完全統計，在春秋戰國時期的汝水兩岸，屬鄭、楚、魏經營的城邑和渡口就有26個[①]，其中分布在汝水中、下游的約14個。這14座城邑和碼頭在戰國時皆屬楚國管轄。《淮南子·兵略訓》說：「昔者楚人南卷沅湘，北潁、泗，西包巴、蜀，東裹郯、淮。潁、汝以為洫，江、漢以為池。……人跡所至，舟楫所通也。」《史記·河渠書》亦云：「滎陽下引河東南為鴻溝，以通宋、鄭、陳、蔡、曹、衛，與濟、汝、淮、泗會。……此渠皆可行舟，有餘則用溉浸，百姓享其利。」可見，在春秋戰國時期，汝水不僅是豫南地區水運交通網絡中的重要水系之一，而且這一地區的整個水系均已得到綜合性的開發與利用。因此，有人在分析汝水下游地區的地理形勢時指出：「北望汴、洛，南通淮、沔，倚荊楚之雄，走陳、許之道，山川險塞，田野平舒，戰守有資，耕屯足持。介荊豫之間，自昔襟要處也。」[②]說明汝水流域在古代具有十分重要的經濟、軍事戰略地位。

四、潁水

潁水位於今河南境內的黃河與汝水之間，自西北向東南流，途經今河南登封、禹縣、許昌、臨潁、西華、商水、項城、沈丘和安徽界首、太和、阜陽、潁上等市縣，在今安徽潁上縣東南正陽關北入淮水，全長480多公里。該水系的發源地據《水經注·潁水》引《山海經》說：「潁水出少室山。」少室山，在今河南登封縣東二十五里陽乾山。《水經注·潁水篇》在解釋其故水道時說：「潁水出潁川陽城縣（在今登封縣東南）西北少室山，東南過其縣南。又東南過陰翟縣（在今禹縣）北。又東南過潁陽縣（在今許昌西南）西，又東南過潁陰縣（在今許昌）西南，又東過西華縣（在今西平縣西）北，又東南

---

① 《水經注·汝水》。
② 《讀史方輿紀要》。

至新陽縣（在今安徽太和縣西北）北。又東南至慎縣（在今安徽潁上縣西北）東南，入於淮。」這說明在先秦時期，今潁水上游段即河南登封縣至許昌市的河床走向，大體上沒有發生多大的變化。但是，自許昌至安徽太和即潁水中、下游一段，變化較大。如《水經注》說的潁水又東進西華（平）縣北，這就與今潁水所逕西平縣位置完全不同。又如《水經注》說潁水「又東南過南頓縣北」。結合故南頓縣位置在今項城北五十里看，今潁水至項城縣境內的河道走向，很明顯發生了變化。然而這些變化，給我們提供了這樣的一個資訊，即在潁水下游段的入淮口門，由於潁淮水系長期受其他諸水系泥沙沖積的影響，潁水入淮口門曾多次出現擺動，顧祖禹在《讀史方輿紀要》卷四十六河南六潁水條中說：「舊史時，運米泝淮至壽洲四十里入潁口。」即說明了唐代以前的潁水入淮處，不在今安徽霍丘縣以東的正陽關。其故道入淮位置，據我們實地調查，當在今安徽壽縣西魯口附近。

據文獻記載，潁水流域在春秋早、中期屬鄭、宋二國地域，此時尚未納入楚國的版圖。潁水中、下游地區進入楚國版圖的時間，應當是在西元前534年楚滅陳（今河南淮陽縣）和三年後又滅蔡、東不羹（今河南鄢城西）、西不羹（今河南襄城東）之後。尤其是進入戰國時期，秦將白起拔郢之後，楚國的政治中心轉移到淮陽，潁水流域就成為楚人重點開發的經濟區。近年來，考古工作者在河南淮陽發現了一座春秋晚期的古城遺址。通過試掘，發現該城內和城外皆有人工挖鑿的溝渠。這些溝渠很明顯地反映了楚國在這裡建都後所修建的一些與軍事、農田灌溉有關的水利設施[①]。由於楚國充分利用了這裡豐富的水利經濟資源，繼續推行「以耕養戰」的經濟政策，使楚立國於淮陽僅二年之後，「乃收東地之兵，得十餘萬，復西取秦所拔我江旁

① 曹桂岑：〈楚都陳城考〉，《河南省考古學會論文選集》，《中原文物》1981年特刊。

十五邑以為郡，拒秦。」爾後又「使三萬人助三晉伐燕 [1]」。很顯然，楚國在淮陽陳郢：「施以東山之險，帶以曲河之利，」[2] 充分發揮了這裡的經濟地理優勢。因此，早在楚靈王時，楚人就已看到了潁水流域土地肥沃、水陸交通十分方便。於是，楚人在佔領陳、蔡、東西不久之後，就在這裡興築大城，以使這些所滅之國成為楚「賦皆千乘，諸侯畏我」的經濟基地 [3]。由此可見，潁水流域在春秋晚期直至戰國，當是楚國綜合利用的重要河流之一。

五、比水

比水今名唐河，位於豫南南陽地區的東部，自北向南流經今方城、社旗、唐河、新野、襄陽等縣市，流長170公里。據《水經注　比水》云：「比水出比陽東北太胡山。」太胡山，按《讀史方輿紀要》卷五十一河南六南陽府唐縣太胡山條注說：「在縣東北三十里，亦曰太狐。張衡〈南都賦〉天封大狐神仙之陬是矣。」結合《水經注》有關記載分析，今唐河並非是先秦時期河流的全貌。在先秦時期，今唐河上游即方城縣拐河至唐河源潭一段，為古代堵水。〈比水〉篇說：「比水又南巡會口，與堵水枝津合。」意指堵水自方城山南流在今唐河縣北注於比水，古代的比水發源地按《中國歷史地圖集》第一冊戰國楚越版圖示訂，在今河南泌陽東北。今泌陽河大體上為古代比河上游一段，其下游河道與今唐河流向大致相同。但是，據〈比水〉篇說，在先秦時期，比水有一支流在今新野縣南注入淯水（今白河）。1983年，我們到實地考察，發現先秦時期比水注入淯水口門在今湖北襄陽市北三合鎮附近，其主泓道在今襄陽市東北雙溝鎮附近注入淯水。這說明在先秦時期，由於比水長期受南陽地區北部諸水系泥沙的沖積，下游段河道擺動較大，出現了枝津分流爭奪比

---

① 《史記　楚世家》。
② 《史記　春申君列傳》。
③ 《史記　楚世家》。

水的狀況。《水經注 比水》記比水逕「唐子襄鄉諸池散流，西南注於比水」即可證明。因此，在先秦時期，比水流域完全具備引水灌田、發展水運的地理條件和能力。《尚書 禹貢》記：「於江、沱、潛、漢，逾於洛，至於南河。」就說明了先秦時期江漢間的水系可與豫南地區水系相通，且淯水與比水是江漢地區楚人通往北方中原的重要水道。

據文獻記載，自春秋時楚文王滅申、呂之後，比水流域與淯水流域一樣，均屬楚國的版圖。西元前506年，吳、蔡、唐三國伐楚，楚左司馬戌對楚子常說：「子沿漢而與之上下，我悉方城外以毀其舟。」[1]《水經注 比水》引《呂氏春秋》說：「齊令章子與韓、魏攻荊，荊使唐蔑應之，夾比而軍……章子夜襲之，斬蔑於是水之上也。」這說明當時比水流量不僅很大，可以通航，而且在軍事上也具有重要的地位。東漢張衡就曾指出：「其地勢則武關厥其西，桐柏揭其東，流滄浪而為隍，廓方城而為墉，湯谷湧其後，淯水蕩其胸，推淮引湍，三方是通。」[2]《水經注 比水》說醴水注入比水，且醴水出桐柏山，與淮水同源。說明在先秦時期淯水與比水都是可以與淮水相通的。春秋時楚國數次攻伐中原諸國，其水師應是溯漢、淯、比等河道而滅酈（今河南唐河縣）、申（今河南南陽市東北）、繒（今河南方城縣）等漢北姬姓侯國的。

綜上所述，豫南地區的水系在春秋時基本上已進入楚國的版圖，雖然在該地區楚人進入時間有先後，但仍然是楚國經營、開發最早的地區之一。尤其是在春秋的中晚期以至戰國，豫南地區的農耕經濟和商業貿易都有了較大的發展。這就是說，豫南地區的水系水利資源無疑對楚人將其勢力發展至淮東地區，爾後又在河南淮陽和「鉅陽」兩

---

① 《左傳 定公四年》。
② 《文選 南都賦》。

次建都，發揮了重要作用。史書上說：「申呂所以邑也，是以為賦，以禦北方，若取之，是無申、呂也，晉、鄭必至於漢。」①這說的是春秋時楚人佔據豫南南陽地區時，楚王土地不封的情形。至戰國時，楚方城以為城，「汝、潁以為險②」。指出了先秦時期的河南作為楚國的北疆，無論是在政治、經濟和文化上，還是在軍事上，都具有很重要的戰略地位。

第三節　南部地區的水系

春秋戰國時期，楚人基本上控制了今湖南、江西兩省全境。作為當時楚國南部的今湘、贛地區，在先秦時期氣候濕潤，雨量充沛，河流眾多，據不完全統計，湘、贛地區的水系共計5100多條，其中湖南有4700餘條、江西400多條，係春秋戰國時期楚國擁有最多河流的地區。據文獻記載，在先秦時期，該地區最著名的水系有湘、資、沅、澧、贛，這五條水系基本上為春秋戰國時期楚人進行農耕經濟和航運活動最頻繁的地區。因此，有必要對當時楚國南部湘、贛地區五大水系的分布及河流演變情況予以考述。

一、湘江

湘江位於今湖南省的東南部，自西南向東北、北流，注洞庭湖入江，沿途流經廣西興安、全州和湖南零陵、祁陽、常寧、衡陽市、衡山、株洲市、湘潭市、長沙市、望城、湘陰等市縣，流長810多公里。據《山海經　海內東經》記載：「湘水出舜葬東南陬，西環之，入洞庭下。」《漢書　地理志》說：「零陵陽海山，湘水所出，北至酃入

---

① 《左傳　成公七年》。
② 《左傳　成公七年》。

江，過郡二，行二千五百三十里。」零陵陽海山，按《水經注　湘水》引羅君章的〈湘中記〉解釋，「即陽朔山也。」在今廣西靈川縣東海洋山之西，該水系在先秦時期支流眾多，有漣水、漓水、洮水、營水、冷水等，共有2100多條。其上游水流湍急多灘、洲，航運交通較為困難。《史記　西南夷列傳》即有：「今以長沙、豫章往，水道多絕，難行。」的記載。在中下游段，水勢平緩，江面寬闊，各幹支流大部均可通航[①]。可見，湘江是春秋戰國時期楚國在南方經營的一條重要水系。

但是，在湘江的地望問題上，有人提出了不同的看法，認為先秦時期的「湘江」亦即屈原楚辭之「湘流」當在長江之北，而「並非是江南之湘江也[②]」。其主要依據是：「《山海經》中的湘水和洞庭，顯然與湖南的湘水、洞庭不合，不僅其走向不同，其所出的地理也完全不同。」[③]其實，這種說法是難以成立的。據《山海經　海內東經》記載：「湘水出舜葬東南陬，西環之，入洞庭下。一曰東南西澤。……沅水出象郡鐔城西，東注江，入下雋西，合洞庭中。」同書〈海內南經〉記：「兕在舜葬東，湘水南。……蒼梧之山，帝舜葬於陽，帝丹朱葬於陰。」又同書〈海內經〉云：「南方蒼梧之丘，蒼梧之淵，其中有九嶷山，舜之所葬，在長沙零陵界中。」這說明「湘流」之「湘」當在今湖南境內，而不在長江之北。《史記　秦始皇本紀》記秦始皇過彭城，渡淮水，至南郡，遂「浮江，至湘山祠」。即可為證。事實上，〈海內東經〉並非說「湘水乃是由西北向東南流」，而是說的湘水自西入洞庭。所謂「洞庭下」，按《禮記》云：「以南方為上，」說明湘水是由西向北（即「下」）注入洞庭的。《水經注　湘水》說：「湘水出零

①　《左傳　昭公十九年》。
②　曹毓英：〈關於屈原被逐和自沉地點的考辨〉，《屈原研究論集》，長江文藝出版社1984年版。
③　曹毓英：〈關於屈原被逐和自沉地點的考辨〉，《屈原研究論集》，長江文藝出版社1984年版。

陵始安縣陽海山，即陽朔山也，東北過零陵縣東，又東北過洮陽縣東，又東北過泉陵縣西，又東北過重安縣東，又東北過縣西，又東北過陰山縣西，又北過醴陵縣西，湘水又北逕建寧縣故城下，又北過臨湘縣西，又北過羅縣西，又北過下雋縣西，又北至巴丘山入於江。」由此可見，〈海內東經〉關於湘水自西流入洞庭與《水經注》關於湘水先自西向東北，後折北注洞庭入江的記載，恰與今湖南境內的湘水流向互為印證。而且所謂洞庭「一曰東南西澤，」也不是指湘水由西向東南流，而是指洞庭之水皆由東南、西諸水匯積而得澤名。因此，今人關於〈海內東經〉所記湘水流向與今湖南境內的湘水流向不合的說法是有悖事實的，據此得出「湘流」之「湘」不在今湖南境內的結論也是沒有根據的。雖然《戰國策 楚策》亦曾記莊辛謂楚襄王曰：「蔡靈侯之事，因事以南游乎高陂，北陵乎巫山，飲茹溪流，食湘波之魚，左抱幼孌，右擁嬖女，與之馳騁乎高蔡之中，而不以國家為事……」但這仍然不能作為否認湘水在今湖南境內的憑據。因為莊辛所謂「巫山」、「湘波」均在今河南上蔡縣以北[1]，與湖南之「湘」無涉，這就是說，無論是《淮南子 兵略訓》所說：「昔者楚人地南卷沅湘，北繞穎泗，西包巴蜀，東裹郯邳。」還是《水經 澧水》所云：「湘水出零陵始安縣陽海山。」二者所謂「沅、湘」當在今湖南境內。《左傳 襄公十三年》記楚共王時：「撫有蠻夷，奄征南海，以屬諸夏。」韋昭注：「南海，群蠻也。」爾後，楚平王「使遹射城州屈，復茹人焉」。[2]「城州屈，」按乾隆《岳州府志》卷三云：「臨湘縣，古如城。按縣志，楚子城州屈以居茹人即此。」說明楚人征伐江南諸蠻其中一條用兵路線，亦可從鄂出發，經今嘉魚、臨湘、汨羅這三

---

① 蔡，春秋時諸侯國，位於今河南上蔡縣境內。此「巫山」、「湘波」當在上蔡縣以北。「南游乎高陂（「高陂」指「高臺陂池」，在今河南新蔡。），北陵乎巫山。」即可為證。
② 《左傳 昭公二十五年》。

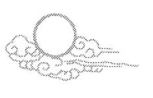

個重要據點，再沿湘水流域向南推進。20世紀50年代以來，在湘水流域的長沙、湘鄉、湘潭、耒陽、株洲、衡陽、衡南等地發現大量春秋戰國時期的楚墓[①]，即可說明湘水流域曾經是楚人「奄征南海」，攻伐「蒼梧」的重要航線。

二、資水

資水，係洞庭流域的支流，位於湖南省的中部，其流向自發源地東北流至隆回，然後折東至邵陽縣；邵陽縣至安化，基本上為北流；安化至臨資口一段為東流，並在其附近注湘江匯洞庭而入長江，沿途流經城步、武岡、隆回、邵陽、新邵、冷水江市、新化、安化、桃江、益陽市、湘陰等市縣，流長674公里。資水有數源，其南源夫夷水出廣西資源縣西南苗兒山南，西源出城步縣北土橋鎮，西、南兩源水在湖南邵陽縣匯合。在先秦時期，西源資水正流，南源即《水經注　資水》所謂：「資水東北過夫夷縣（今湖南邵陽縣），夫水出縣西南零陵縣界少延山」的「夫夷水。」從地貌上看，資水西側山脈迫近，流域成狹帶狀，中上游河道彎曲多險灘。《讀史方輿紀要》卷八十七湖廣七新化縣資江條云：「資江，縣東南十里自邵陽縣流入境，又北入長沙府安化縣界。（其水）經萬山（即雪峰山）中，其間群溪環合，險灘鱗錯。昔人所云，三百里灘，縣其中道也。今境內黃家諸灘，以數十計，皆險急為患。」說明資水中上游河段水流湍急，險灘交錯，水運交通十分困難。但是，在資水的中下游一段，河床寬闊，水流平穩，有利於先民在這裡進行農田灌溉和發展民間航運。

據文獻記載，今湖南西南部和北部在春秋早期均屬「越人」和「濮人」散居之地，楚人自楚文王時遷羅於湖南汨羅之後，即開始注重對散居在這裡的「越人」和「濮人」進行教化、征服和對地方經濟

---

① 《文物考古工作三十年》，文物出版社1977年版。

進行開發[①]。西元前523年，楚平王派「舟師以伐濮。費無極言於楚子曰：『晉之伯也，爾於諸夏，而楚辟陋，故弗能與爭。若大城成父而寘大子焉，以通北方，王收南方，是得天下也。』王說，從之。」濮，是我國古代南方一個很大的族系，有「百濮」之稱[②]。其地望，《史記　楚世家》張守節〈正義〉引唐劉伯莊云：「濮，在楚西南。」清初王鳴盛在《尚書後案》中指出：「湖南辰州實古濮地。」清人顧棟高在《春秋列國爵姓及存滅表》中也曾謂百濮：「西南夷。在今雲南曲靖府境，或曰湖廣常德、辰洲二府境。」此外朱俊明在〈濮越異同論〉一文中認為濮源出上古之三苗，並引〈後漢書　南蠻西南夷列傳〉、〈武陵記〉、〈晉記〉、〈荊州記〉等文獻指出，「百濮」活動在長沙、武陵郡一帶[③]。這說明，楚平王伐濮，其水師經今湖北松滋、湖南澧縣和臨澧以至常德，進入澧、沅、資流域而伐濮。《輿地紀勝》錄梁伍安貧〈武陵記〉云：「其湖產菱，殼薄肉厚，味特甘美，楚平王嘗采之，有采菱亭。」似可看出楚平王的水師伐濮，是從鄂西南至湘西一線用兵的。這就是說，在春秋戰國時期，楚人征服湖南境內的越、濮諸族，大都是自長江進入湘、資、沅、澧，水陸並進，席捲散居在這裡的「百越」和「百濮」。由此可見，資水流域同湘水流域一樣，在春秋戰國時期均屬楚人和濮人使用水師的用武之地，也是楚國在中原長期戰爭、淮南拉據不休的幾百年間，支持楚國連年征伐所需物資的重要經濟基地。《左傳　成公十六年》記載鄢之戰時，楚師中有一支由「蠻夷從楚者」的「蠻」軍助楚伐晉[④]。范曄在《後漢書　南蠻西南夷列傳》中認為：「鄢陵之役，蠻與恭王合兵擊晉」的「蠻」軍即武陵蠻。這說明楚國佔據湘西之後，動

①　何浩：〈春秋時楚對江南的開發〉，《江漢論壇》1981年第1期。
②　參閱江應樑：〈說「濮」〉，《中國社會科學》1980年第5期。
③　朱俊時：《百越民族史論叢》，廣西人民出版社1985年版，第23頁。
④　《左傳　成公十六年》晉杜預注。

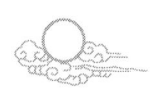

用了湘、資、沅、澧四大流域的人力、物力資源，直接參與楚人進行北伐東征戰爭。這就給我們提供了一個資訊，即在春秋戰國時期，今洞庭湖流域幾大水系均被楚人所開發。近年來在資水流域發現大量的春秋戰國時期的楚墓，即是重要的證明[1]。

三、沅水

沅水位於今湖南省的西南部，亦係洞庭湖流域的支流，其流向是自西南向東北流，並在漢壽縣注入洞庭湖，沿途流經貴州都均市、凱里市、劍河、綿屏和湖南洪江市、黔陽、漵浦、辰溪、瀘溪、沅陵、桃源、常德市、漢壽等市縣，流長993公里。該水系源出貴州省雲霧山，其上游稱為清水江，流至湖南黔陽縣黔武鎮以下始名為沅江。但是，先秦時期的沅水發源地在今何處，歷史上則有四種說法：一說在今貴州鎮遠縣；一說在今貴州遵義市；一說沅水本無正源，大概是群川會流，至辰陽、沅陵水大而因有沅江之名[2]；一說在今貴州貴定縣東南[3]。這四種說法，我們認為最後一種說法比較可靠。

據《山海經　海內東經》記載：「沅水出牂牁且蘭縣，又東北至鐔城縣，為沅水。又東過臨沅縣南，又東至長沙下雋縣。」《漢書　地理志》故且蘭條云：「沅水東南，至益陽入江。」《水經　沅水》也說：「沅水出牂牁且蘭縣，為旁溝水。又東至鐔城縣，為沅水。」且蘭縣，按郭沫若主編的《中國史稿地圖集》上冊西漢時期版圖示定，在今貴州貴定縣一帶。鐔城縣，按《中國古今地名大辭典》鐔城縣條說：「漢置，故治即今湖南黔陽縣西南。」再結合酈氏《水經注》分析，先秦時期的沅水發源地當在今貴定縣東南雲霧山北麓。

沅水流域在春秋時期，屬於夷越人、濮人以及部分巴人交錯雜居

---

① 根據湖南省博物館提供的考古資料。

② 《讀史方輿紀要》。

③ 《中國歷史地圖集》第2冊，淮河以南諸郡版圖將沅水標定在今貴定縣東南。

之地。但是，自楚成王「鎮爾南方夷越之亂[1]」到楚平王「舟師以伐濮[2]」的一百多年間，楚人的勢力逐漸向今湖南的中部、西部以及貴州省的東部滲透。《韓非子　內儲說上》中有這樣一段記載：「荊南之地，麗水之中多生水金，人多竊採金。採金之禁，得而輒辜磔於市。甚眾，壅離其水也，而人竊金不止。」有人認為春秋中期，楚國已開始在雲南楚雄設置官吏，管理麗水黃金的開採[3]。由此可見，楚人在春秋中晚期乃至戰國，湘、雲、桂、黔大部地區皆為楚人的控制或活動範圍。《楚辭　涉江》中有：「朝發枉陼兮，夕宿辰陽……入漵浦余儃佪兮，迷不知吾所如。」當年楚大夫屈原就曾沿沅水來到湘西。《華陽國志　南中志》說：楚頃襄王「遣將軍莊蹻泝沅水，出且蘭，以伐夜郎[4]」。這說明在先秦時期，沅水是楚國征伐西南地區諸蠻夷的重要水道。

此外，沅水在先秦時期不僅可供人們舟楫往來，發展民間航運，而且支流眾多，水資源豐富，有利於這一地區的農田灌溉和其他多種經營的發展。據《水經注　沅水》云：「沅水又東與序溪合……所治序溪，最為沃壤，良田數百頃，特宜稻，修作無廢。」《史記　貨殖列傳》說：「江南出柟梓、薑、桂、金、錫、連、丹沙、犀、瑇瑁、珠璣、齒、革。」太史公在這裡所說的「江南」地，顧鐵符先生認為即某些古書裡所說的「洞庭蒼梧」。並主張「洞庭即洞庭湖，蒼梧就是指湖南的九嶷山一帶。」[5]這說明在先秦時期，今湖南境內的自然經濟資源是十分豐富的，尤其是在湘、資、沅、澧中下游地區，水陸

---

[1] 《史記　楚世家》。

[2] 《左傳　昭公十九年》。

[3] 汪寧生：〈試論中國古代的銅鼓〉，《考古學報》1978年第2期。

[4] 《史記　西南夷列傳》說是楚威王遣莊蹻伐夜郎。本文從常璩說。另參閱劉琳《華陽國志校注》第337頁中關於莊伐夜郎事辨。

[5] 顧鐵符：〈江南對楚國的貢獻與楚國的開發江南〉，《湖南考古輯刊》第1集，嶽麓書社1982年版。

交通方便，土地肥沃，人口稠密，農業生產較為發達，故《史記　越王勾踐世家》記：「長沙，楚之粟也。」新中國成立以來，考古工作者在沅水中下游地區即今麻陽、辰溪、漵浦、常德等市縣發現多處商周至戰國時期人們活動過的古文化遺址，在長沙戰國墓中還出土有數件鐵口鋤和稻穀遺物[①]，即說明今湖南的中部和北部即以洞庭湖流域為中心，曾是春秋戰國時期楚國重要的產糧基地。

四、澧水

澧水、亦名蘭江，位於今湖南省西北部，係洞庭湖流域的支流，其流向是自西向東流至大庸市然後再折東北入洞庭湖，沿途流經桑植、大庸市、慈利、石門、澧縣、臨澧、津市、安鄉等市縣，流長372公里。上游即慈利以下可通航。其源據《水經注　澧水》云：「澧水武陵充縣西，曆山東，過其縣南。」充縣，按《中國歷史地圖集》第二冊西漢荊州刺史部版圖示訂，在今湖南桑植，曆山在今桑植西北五道水一帶。該河流在先秦時期雖然上游河道較窄，但由於河的上段諸水系皆匯入澧水，因此，水的徑流量亦是很大的，當時的船隻由澧縣出發可達桑植。

澧水流域在商周時期，基本上為巴人、濮人及一部分越人雜居之地。據文獻記載，巴人「本有五姓……皆出於武落鍾離山[②]」。鍾離山，在今湖北清江流域的長陽縣西北七十八里。濮人，按顧鐵符先生在《楚國民族述略》一書中考證，除了一部分濮人散居在今江漢間之外，尚有一部分濮人分布在今湖南沅江流域的湘西和湘北地區[③]。這說明位於清江與沅水之間的澧水流域，由於地理環境的緣故，是商周以至戰國時期部分巴人、濮人、越人活動的地方。新中國成立後，在湘西北、沅水及其支流酉水流域，即古武陵地區發現岩洞裡

---

①　參見《文物考古工作三十年》，文物出版社1979年版。

②　《後漢書　南蠻傳》。

③　顧鐵符：《楚國民族述略》，湖北人民出版社1984年版，第37—66頁。

的船棺墓葬及收集到新舊出土的40多個錞于，即可為證①。

西周中晚期，楚國即開始逐漸將其勢力滲透到江南。熊渠甚得江漢間民和之後，「乃興兵伐庸，揚粵，至於鄂」，並「立其長子康為句亶王，中子紅為鄂王，少子執疵為越章王，皆在江上楚蠻之地②」。熊渠封少子執疵為越章王之地，按張正明先生在《楚文化史》一書中考證：「據現有資料，以在今湖北秭歸縣較為可靠。」若這個考證不誤的話，那麼，熊渠控制江漢間之後，很可能沿著長江中游的南北兩岸包括今湖南西部和北部發展。不然，至楚文王時，楚人就不會將羅國遷至汨羅，湘西麻陽地區也不會發現春秋早期楚人開採的銅礦遺址③。因此，有人認為「熊渠這一次伐揚粵（越），就已經乘勢到達澧水流域。從出土文物和文獻記載證明，楚人進入澧水流域的年代應在西周中晚期④」。此說是值得重視的。

進入春秋時期，澧水流域已經納入楚國的版圖⑤。《左傳　襄公十三年》記：楚共王時「撫有蠻夷，奄征南海，以屬諸夏。」黃盛璋與鈕仲勳二位先生在〈楚的起源和疆域發展〉一文中認為：此時「楚確是向南擴張，甚至征伐南海一帶的蠻夷⑥」。至楚平王時，又曾「為舟師以伐濮」。這時「楚國的勢力已經遍及湘、資、沅、澧四大流域。這裡發現有大量楚人活動的遺物遺存，即可得到印證⑦。這就給我們提供了一個資訊，即從湖南地區的地貌上看，楚人進入湖南多用水師，因為這一地區在先秦時期具有山多水多的地理特點。一般說來，山區使用戰車較為不便，這就是說，楚國在江南用兵，大致上

---

① 湖南省博物館陳列資料，又參見楊權喜：〈探索鄂西地區商周文化的線索〉，《江漢考古》1986年第4期。

② 《史記　楚世家》。

③ 高至喜、熊傳新：〈楚人在湖南的活動遺跡概述〉，《文物》1980年第10期。

④ 高至喜：〈楚人入湘的年代和湖南越楚墓葬的分辨〉，《江漢考古》1987年第1期。

⑤ 《通典　州郡》。

⑥ 黃盛璋、鈕仲勳：〈楚的起源和疆域發展〉，《地理知識》1979年第1期。

⑦ 殷崇浩、何浩：〈試論楚人取得的幾處濮地〉，《求索》1982年第2期。

有兩條水運路線：一條從鄂出發，經嘉魚、汨羅這兩個據點，再沿湘水流域向南展開；另一條是從郢都出發，經今湖北松滋、湖南澧縣和臨澧以至常德，進入澧、沅、資流域。這條路線，顧祖禹在〈讀史方輿紀要〉卷八十湖廣六常德府中說：「由江陵陸道而西南，則澧州必由之道；由巴陵水道而西南，則洞庭為必涉之津。」事實上在先秦時期，江陵至湖南澧縣不僅有陸路可通，而且水路至洞庭亦十分方便。據《水經注　江水》記載，湖北枝城在春秋時期為楚的渡口，楚的水師自今湖北松滋老城沿松滋河南下，即可進入洞庭。因此，西周中晚期乃至春秋時期，楚人入洞庭，其水陸交通都是頗為便利的。由此可見，今湘、資、沅、澧四大水系在春秋戰國時期，是楚人「奄征南海」、開發江南、傳播文化的重要水上交通孔道。

五、贛江

贛江，亦曰南江，位於今江西省的中部，其流向是自南向北流，於星子縣蛟塘東入鄱陽湖，沿途流經全南、龍南、信豐、贛州市、萬安、泰和、吉安市、吉水、峽江、新干、清江、豐城、南昌市、新建、永修、星子等市縣，流長758公里，係江西境內最大的河流。該河流中上游多礁石險灘，下游江面廣闊，分布著許多沙洲，兩岸築有大堤以擋洪水，贛州市以下均可通航。其源據《山海經　海內東經》載：「贛水出聶都東山，東北注江，入彭澤西。」《水經注　贛水》云：「贛水出豫章南野縣，西北過贛縣東。」酈氏解釋說：「班固稱南野縣，彭水所發，東入湖漢水。」都說贛水的發源地在漢代的南野縣。漢南野縣，按《中國古今地名大辭典》南野縣條說：「秦置，《淮南子　人間訓》云：『秦使尉屠睢發卒五十萬為五軍，一軍守南野之界。』即此。後漢曰南野，隋初縣廢。故城在今江西南康縣西南章江南岸。」這說明今地圖上所標訂的贛江源頭並非是先秦時期贛水的發源地。據《水經注　贛水》分析，今全南縣至贛縣一段的桃江，在先秦時期稱之為彭水，係故贛水的支流，贛水發源地當在今江西崇義縣西南九十

里。秦漢時期，這裡屬南野縣所轄，聶都山在其西南境，自源頭至贛州市，史書稱之為豫章水；贛州市至豐城一段，稱之為湖漢水。酈氏說：贛水「控引眾流，總成一川，雖稱謂有殊，言歸一水矣」。說的是豫章水、湖漢水即是今贛江。因此，贛江流域的當地老人將贛州市至星子縣一段河流，稱之為贛江或贛水，也不是沒有一定的道理。

　　贛江流域在先秦時期，屬「百越」散居之地。《史記　平津侯主父列傳》中有：「秦王使尉屠睢將樓船之士，南攻百越」的記載。進入戰國，楚人基本上沿著贛江流域向廣東北部地區發展。東晉雷次宗在〈豫章記〉中說：「豫章水陸四通，山川特秀，咽扼荊、淮，翼蔽吳、越。」又說：「……嘉蔬精稻，擅味於八方；金鐵篠簜，資給於四方。」這雖然是描寫東晉時期豫章地區的經濟狀況，但仍給我們提供了一個資訊，即贛江流域在先秦時期，無論是農業耕種，還是水運交通，都應當有了一定的發展。《淮南子　人間訓》中有這樣一段記載：「秦皇利越之犀角、象齒、翡翠、珠璣，乃使尉屠睢發卒五十萬為五軍，一軍塞鐔城之嶺，一軍守九嶷山之塞，一軍處番禺之都，一軍守南野之界，一軍結余干之水，三年不解甲弛弩。」秦用兵江南五軍，其中有兩軍即在贛江流域。「一軍守南野之界，」可明顯看出當時的秦軍是順贛水而來。《史記　南越列傳》記：「今呂嘉、建德等反，自立晏如。今罪人及江淮以南樓船十萬師往討之。元鼎五年秋，衛尉路博多為伏波將軍，出桂陽，下湟水；主爵都尉楊濮為樓船將軍，出豫章，下橫浦。」僅此數語，即可說明贛江在先秦時期，當是中原文化與南方「夷越」文化互相交往的重要通道。新中國成立以來，在贛江流域以及廣東北江流域、東江流域均發現有商周時期的與中原地區出土的同類器物完全相同的青銅器，在墓葬中出土有大部分與楚器相近的文物，即可證明[1]。因此，《史記　孫子‧吳起列傳》中

---

[1]　廣東省博物館：《文物考古工作三十年》，文物出版社1979年版。

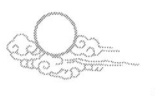

楚使吳起「南平百越」的記載，是可信的。有人認為吳起時楚國南界
還在嶺北，仍未逾嶺進入廣東境，這種說法是難以使人信服的 ①。事實
上，楚吳起「南平百越」，今廣東曲江、連平，皆屬楚國的版圖。晉
顧微在〈廣州記〉和南朝姚文咸在〈交州記〉中認為：「六國時，廣
州屬楚。」是可信的 ②。

總之，先秦時期，贛水流域不僅物產資源豐富，而且是春秋戰國
時期楚人將其勢力推進至廣東全境的重要通道之一。

第四節　東部地區的水系

安徽、江蘇、浙江三省在春秋戰國時期，先後進入了楚國的版
圖，習慣上稱之為楚國東部。但是在春秋時期，安徽、江蘇、浙江的
東南部分屬淮夷和吳越疆域，戰國中期後始為楚有。據有關資料統
計，該地區在先秦時期約有河流28條，即：武陵水、浙江、柯水、谷
水、甌江、龍泉溪、中江、清江、廬江、淮水、泗水、決水、如溪
水、沘水、渦水、睢水、潁水、游水、淩水、沭水、沂水、桐水、江
水、肥水、澮水、冷水、泄水、濊水等。這些水系分布密集，流量較
大，對於先秦時期人們利用江河發展農田水利、航運交通，以及促進
南北文化的往來，無疑具有得天獨厚的自然地理優勢。尤其是皖、
蘇、浙地區的江水、淮水、泗水、肥水、浙江這五大水，是吳、越、
楚人活動最為頻繁的區域。為此，釐清這五條河流的歷史演變和吳、
越、楚人的活動情況，不僅能加深人們對這一地區古代地貌的認識，
而且有助於對此地區水利建設的把握。

---

① 麥英豪：〈廣州城始建年代及其他〉，《中國考古學會第五次年會論文集》，文物出版社
　1985年版。
② 何光嶽：〈楚國疆域的開拓和演變〉，《楚文化覓蹤》，中州古籍出版社1982年版。

一、揚子江

安徽、江蘇間的長江，亦稱揚子江或下江，係長江下游河段，自江西湖口至崇明島東入海口，全長約800公里。這段河流在歷史上屬分汊河道性質，具有寬窄相間的平面形態，寬段水流擴散，泥沙沉積，形成洲汊眾多。因此，酈道元《水經注　江水》未記今長江下游段的流向情況，極可能是這裡河汊眾多，難以記述的緣故。1957年，南京大學地理系在今長江之北找到一條古江道，從武穴盤塘直到安慶長達90公里，目前仍然留有明顯的故河床地貌特徵。歷史時期此古江道一直分流長江之水，直到明中葉江北大堤建成之後，長江與古江道的關係才最後被割斷[①]。同時，在《水經注　沔水》中也能看到長江下游的北岸，即今安慶至巢湖一線皆有古江的汊道。〈沔水〉說：「沔水與江合流，又東過彭蠡澤，又東北出居巢縣南，江水自濡須口又東，左合柵口，水導巢也。……（沔水）又東過牛渚縣南，又東至石城縣，分為二，其一東北流，其一又過毗陵縣北，為北江。……〈地理志〉曰：『江水自石城東出。』逕吳國南，為南江。」戴震解釋說：「沔水東至石城縣，分為二，其一東北流，又東北出居巢縣南，又東過牛渚　，又過毗陵縣北，為北漢；其一東至會稽余杭縣東，入於海，則與漢志適協。」這就是說，除了長江下游段有北江外，尚有一條注入海的南江。這條南江，應當是自蕪湖向東流，經溧陽、太湖、嘉定附近入海的今太湖水系。這條水系，亦稱之為「中江[②]」。但是，「北江」與「中江」這兩條河道在發育的過程中，前者比後者的變化要大。1983年秋，我們至江蘇揚州蜀崗一帶調查，發現蜀崗之南有一條古河道痕跡，這說明當時蜀崗古城是瀕臨長江的。這個事實說明，在先秦時

---

① 林承坤：〈河床學的物件和研究方法〉，《地理》1961年第6期。
② 《魏源集》，中華書局1983年出版。

期的所謂「北江」，大都有河床南移的現象。目前在今長江下游的北岸，尚存許多具有壅塞性質的湖泊，即是很好的證明。同時，譚其驤先生在〈鄂君啟節銘文釋地〉一文中考證「庚彭埗」時指出：「古代江面遼闊遠過於後代，走江北諸湖路，沿江東下。」[①]也說明了江北確有長江汊道可以行船。

據文獻記載，在春秋時期，楚人與吳人就已開始利用長江作為其相互往來和戰爭的重要水上交通航線。西元前549年，楚康王「為舟師以伐吳[②]」；前518年，楚平王「為舟師略吳疆。……越大夫胥狂勞王去豫章之汭[③]」。爾後楚昭王時，「吳闔廬選多力者五百，利趾者三千人，以為前陳，與荊戰，五戰五勝，逐於郢，東征至於庳廬，西伐至於巴蜀。」[④]很顯然，在吳、楚間屢相攻伐的過程中，雙方的水師都利用了天然的長江水道去完成集結、給養和交戰任務。此外，在長江下游地區尚有一條重要的水系，即史書上所謂為中江，亦名伍堰河。它介於江蘇高淳、溧陽之間，西連周城、石臼、丹陽諸湖在安徽蕪湖市通於長江，東接荊溪由江蘇宜興通於太湖，亦係古代長江的支流。《漢書　地理志》丹陽郡蕪湖縣條云：「中江在西南，東至陽羨縣入於海。」漢魏蕪湖縣在今蕪湖市東，陽羨在今宜興市南，恰與今人們所說胥溪運河相合。但是，這條河流是否先秦時期的「三江」中的「中江」，目前史學界尚有很大的分歧。但從已獲得的資料看，此中江應屬自然河流，後世對其有過疏導治理[⑤]，這是沒有問題的。因此，《史記　河渠書》記：「於吳，則通渠三江、五湖，」基本上是可信的。既然如此，今胥溪運河很早便已被人們利用航行，西通長

---

① 參見譚其驤：〈鄂君啟節銘文釋地〉，《中華文史論叢》第2輯，中華書局1962年版。
② 《左傳　襄公二十四年》。
③ 《左傳　昭公二十四年》。
④ 《呂氏春秋　簡選》。
⑤ 景存義：〈固城湖的形成與演變〉，《1960年全國地理學術會議論文集（地貌）》，科學出版社1960年版。

江，東通太湖。《越絕書　吳地傳》說：「吳故水道，出平門，上郭池，入瀆，出巢湖，上歷地，過梅亭，入楊湖，出漁浦，入大江，奏廣陵。」又，「百尺瀆，奏江，吳以達糧。」平門即故蘇州北門；巢湖當即漕湖，一名蠡湖，在今蘇州北，西通太伯瀆，相傳為「范蠡伐吳開造 [①]」；梅亭在今無錫；楊湖當即今陽湖，在今常州、無錫之間；魚浦即今江陰縣西利港 [②]；廣陵在今揚州西北蜀崗上；百尺瀆在今浙江海寧縣西南河莊山側，原錢塘江北岸 [③]。由此可見，在長江下游地區的吳都（今蘇州），北上沿水路可至今揚州蜀崗，經今淮安縣入淮；西進入中江至蕪湖入長江可至巴楚；南下順錢塘江可至閩贛，使江蘇吳都成為當時吳越之地的水運中心。事實上，在春秋時期，吳國是以長江下游河段為中心開闢航線的。這些航線在當時不僅為促進吳文化的發展起到了很重要的作用，而且對於楚滅越後進一步發展楚國東部地區的政治、經濟、文化，仍然發揮了很大的效益。文獻記載楚春申君曾在吳地大力興修水利，發展農業經濟 [④]，即可看出直至戰國時期，長江下游地區仍具有十分重要的經濟地位。

二、淮水

淮水，自今河南境流至安徽、江蘇而東北入海。自江蘇洪澤湖以上約845公里、以下約155公里這段河流的中上段，自春秋戰國至今，除了河道寬窄、流量、擺度有些變化外，其總的流向基本上是沒有太大變化的。但是，在淮水的下游即洪澤湖至入海處的扁擔港一段，變化較大。尤其是在淮水的下游，西漢和北宋兩代黃河數次潰口奪淮，

① 《太平寰宇記》。

② 《輿地紀勝》卷9江陰軍：「本名魚浦，因魚得利，故名。」

③ 南宋《咸淳臨安縣》卷36〈山川〉鹽官縣：「百尺浦在縣西四十里。〈輿地志〉云：『越王起百盡樓於浦上，因此名，今廢』。」《海寧州志稿》卷8〈名跡〉「湖家山舊名黃山，又稱越（城）山，在河莊東一里……縣西四十里有百尺浦，越王起百盡樓望海，疑即其處，故越城所由名。」按鹽官縣、海寧州即今海甯縣南鹽官鎮。

④ 《史記　春申君列傳》。

營造了大片陸地，改變了黃淮平原的地貌，出現了淮河改道，導致洪澤湖、南四湖、駱馬湖和運西諸河的形成與發育。這就是說，在先秦時期，淮水下游既不在今扁擔港附近入海，也無主泓在今江都附近入江。雖然在淮水下游有春秋時吳王夫差所鑿溝通江淮的邗溝可通長江，但這系人工所為，與古淮水只入海而不注江則是兩碼事。據《山海經 海內東經》載：「淮水出余山，余山在朝陽東、義鄉西，入海，淮浦北。」說的是古淮水只入海，而不注長江。

至於古淮水入海處，《水經注 淮水》云：「（淮水）又東至廣陵淮浦縣，入於海。應劭曰：『淮崖也。』蓋臨側淮瀆，故受此名。淮水逕縣故城東，王莽更名曰淮敬。淮水於縣枝分，北為游水，歷胸縣與沭合，又逕胸山西，山側有胸縣故城，秦始皇三十五年，於胸縣立石於海上，以為秦之東門。」漢魏淮浦縣，在今漣水縣西南；胸縣，在今連雲港市西南。這說明在先秦時期，今連雲港、灌南、鹽都等市縣一線，皆為吳國的海岸線，並且淮水在今濱海縣境內入於海。

淮水下游地區在商周時為淮夷或九夷諸族聚居之地。至戰國中期楚滅越之後，其地皆為楚境。據《史記 吳太伯世家》記：吳王壽夢十六年（西元前570年），「楚共王伐吳，至衡山。」又吳王諸樊十一年（西元前550年），「楚伐吳，至雩婁」；吳僚王九年（西元前518年），吳「公子光伐楚，拔居巢、鍾離」。衡山，在今安徽當塗縣與江蘇溧水縣交界處的橫山。鍾離，在今安徽鳳陽東北。可見，春秋時楚國是利用江、淮水道去南北夾擊爭奪淮水下游地區的吳國地盤的。文獻中記楚子滅弦（今河南潢川縣西南）、滅蔣（今河南固始縣），以及楚成王二十六年（西元前646年）伐徐（在今安徽泗縣西北五十里），亦可看出淮水在春秋時，對於楚國勢力擴展至今淮東地區，無疑發揮了很大的作用。這就是說，楚人利用了江、淮這兩條天然河道，吞併了原吳越控制的整個淮東江南，使楚國一度成為「地方五千

里，持戟百萬」的強國①。但是，淮夷和吳越人在經營這塊地盤時，根據這裡具有水鄉澤國的地理特點，除了利用江淮湖泊進行農田灌漑外，更重要的是推崇水道，發展水師。因此，吳地的自然地理條件決定，無論是淮夷和吳越人從事商業貿易往來，還是與他國進行戰爭，多是「便於舟②」。

事實說明，在春秋戰國時期，無論是楚併吳越故地後，「賜淮北地十二縣」與春申君，爾後十五年又改封其在故吳墟經營③，還是吳國在經營吳地時，曾一度「始通中國，而與諸侯為敵④」，成為江東地區的一大強國，都與他們充分利用了江、淮地區諸水系的自然經濟資源和水陸交通條件是分不開的。因此，吳國的強盛和楚人征服江淮諸國，顯然受惠於江淮水系。

泗水位於今山東省西南，江蘇省的西北，係淮水下游一大支流，沿途流經山東泗水、曲阜、兗州、濟寧市、魚臺、微山和江蘇沛縣、徐州市、睢寧、泗洪等市縣，流長600多公里。其源據《山海經·海內東經》載：「泗水出魯東北而南，西南過湖陵西，而東南注東海，入淮陰北。」袁珂注云：「今泗水出魯國卞縣，西南至高平湖陸縣，東南經沛國彭城下邳至臨淮下相縣入淮。」《水經注·泗水》：「泗水出魯卞縣北山。〈地理志〉曰，出濟陰乘氏縣。又云出卞縣北。〈經〉言北山，皆為非矣。《山海經》曰：『泗水出魯東北。』余昔因公事，沿歷徐、沇，路經洙、泗，因令尋其源流。水出卞縣故城東南，桃墟西北。」漢魏時卞縣，據《讀史方輿紀要》卷三十二山東三兗州府泗水縣卞城條云：「在縣東五十里，〈古卞國記〉曰：『湯伐有卞是也。』春秋時為魯卞邑，或曰卞莊子食邑於此。」又同書〈泗

① 《戰國策·中山策》。
② 均見《淮南子·齊信訓》及《道應訓》。
③ 《史記·春申君列傳》。
④ 《史記·吳太伯世家》。

水〉條云：「縣北八里，源出陪尾山，西流與諸泉會，過縣北。」這說明，古泗水源出今山東泗水縣東蒙山南麓。

但是，由於古泗水中下游段在歷史上屢次受黃河潰口沖積的影響，自金以後，今徐州以下河段皆為黃河所奪，元代後期，濟寧市東南魯橋鎮至江蘇徐州一段，又為南北漕運所經，成為大運河的一部分，亦有泗水之稱。在這一段河道，從今地圖上看，南陽湖、獨山湖、昭陽湖、微山湖為其航道。但是，在先秦時期，這裡尚無湖泊可言。在這「四湖」地區，唐宋以前是人們居住活動比較集中的地方。今「四湖」東岸的仍家淺村是夏代仍國所在地；沛縣東南五十里有留城，是古留城國，戰國時為宋留城邑，秦置縣。漢劉邦起兵後遇張良於留城，亦即此。因此，有人認為昭陽湖成湖時間為元代，南陽與獨山湖成湖於明洪武至嘉靖年間，微山湖成湖時間在明隆慶年間[1]。此說是有一定道理的。

至於古泗水入淮口門的位置，目前有兩種說法：一說在今江蘇洪澤湖中的成子湖入淮[2]；一說在今江蘇淮陰市入淮[3]。這兩種說法，哪一種說法可靠呢？據《水經　泗水》分析，後一種說法是較為可靠的。《水經　泗水》云：「泗水出魯卞縣北，西南過魯縣北，又西過瑕丘縣東，又南過平陽縣西，又南過高平縣西，又南過方輿縣東，荷水從西來注之。又屈南過湖陸縣南，又東過沛縣東，又東南過彭城縣東北，又東南過呂縣南，又東南過下邳縣西，又東南逕下相縣故城東，又東逕角城北，而東南流注於淮。」從這段史料看，自泗水的發源地至漢代下相縣一段，河道的走向及變化是不大的。問題則在於漢下相縣泗水入淮的一段。史籍中所提到的「角城」，據《中國古今地

---

① 唐元海、張義豐：《南四湖的地理變遷及其自然資源》，1988年全國黃土高坡歷史地理年會論文。

② 參見《中國歷史地圖集》第一冊，「春秋楚吳越版圖」，中華地圖學社1975年版。

③ 《辭海》（歷史地理分冊）。

名大辭典》說：「故城在今江蘇淮陰縣南。」若此說不誤的話，那麼先秦時期泗水入淮的口門處，在今淮陰市西南是可以成立的。

　　泗水流域在春秋時期屬齊、魯兩國的地盤。雖然西元前632年齊、宋、秦聯合打敗楚軍於城濮（今山東鄄城西南），爾後西元前583年，楚軍再次深入今山東境內攻破莒國（今山東莒縣），但此時山東南境即泗水流域仍未納入楚國的版圖，泗水流域入楚國疆域的時間，應在戰國時期楚惠王時期，《史記　楚世家》中有「是時越已滅吳而不能正江、淮；楚東侵，廣地至泗上。」泗上，程恩澤說：「今山東之濟寧及兗州南境皆是也。」① 顧祖禹在《讀史方輿紀要》卷三十二山東二兗州府條中也認為：「兗州府春秋時屬魯，戰國初屬楚。」當時兗州府轄泗水縣。可見，在西元前445年楚惠王滅杞（今山東安丘縣東北）之後，泗水流域即已正式劃入楚國的疆域。雖然在戰國時齊宣王想使「泗上十二諸侯皆來朝齊②」，宋偃也自立王攻取楚的淮北地，但不久即遭「楚伐宋，殺王偃，逐滅宋③」。至此淮北、泗上之地仍為楚國所轄。《資治通鑒》周赧王四十二年（楚頃襄王二十六年，西元前273年）記：「齊人南面攻楚，泗上必舉」，即是明證。

　　泗水流域在先秦時期，地勢平坦，土地肥沃，水資源豐富，「十二諸侯」皆分布其間，史書上稱之為「皆平原四達膏腴之地④。由於泗水在先秦時期西接濟水可以通黃河，北連沂水可以入淮水，並通過淮水西達秦楚，南至吳越，水運交通十分便利。越國大夫范蠡在助越王勾踐滅吳之後（即西元前473年），「裝其輕珠寶玉，自與其私徒屬⑤」，輾轉經商，後居於陶（在今山東定陶縣附近），「十九年

---

① 參見褚祖耿：《戰國策集注考　齊公》，江蘇古籍出版社1985年版，第704頁。
② 許維遹：《韓詩外傳集釋》，中華書局1980年版。
③ 《史記　宋微子世家》。
④ 《資治通鑒　周紀》。
⑤ 《史記　越王勾踐世家》。

之中，三致千金。」①很顯然，范蠡自吳越至山東濟水南岸的陶地經商，其路線必然是借用江、濟、淮、泗諸水道。

在軍事方面，泗水流域亦是四達之區。吳王夫差興兵伐齊至艾陵②；楚惠王滅杞，「廣地至泗上③」；越王無彊興師北伐齊，西伐楚，與中國爭彊④；楚頃襄王十九年（西元前280年），「楚伐我，取徐州。」⑤徐州，裴駰《集解》引徐廣曰：「徐州在魯東，今薛縣。」薛縣在今山東微山縣西北泗水東岸。在楚考烈王時，「以黃歇為相，封為春申君，賜淮北地十二縣。後十五歲，黃歇言之楚王曰：『淮北地邊齊，其事急，請以為郡便。』因並獻淮北十二縣，請封於江東。」⑥這說明，淮、泗流域在先秦時期，無論是在政治、軍事上，還是在經濟、文化上，都具有十分重要的戰略地位。

四、肥水

肥水位於今安徽省中部，係古代淮水的支流，流長約100多公里，其源按《水經　肥水》記載：「肥水出九江成德縣廣陽鄉西。」酈氏注云：「呂忱〈字林〉曰：『肥水出良餘山，俗謂之連枷山，亦或以為獨山也。』北流分為二，施水出焉。」這就是說，先秦時期的肥水發源於今安徽合肥西北將軍嶺，西北流入壽縣境，折北流經壽縣城東，又西北經八公山南注入淮水。

肥水在先秦時期雖然流程不算很長，但根據《水經注　肥水》和〈施水〉有關記載分析，肥水與施水應當是同一水系⑦。宋王象之曾說過：「古者巢湖水北合於肥。」顧祖禹在《讀史方輿紀要》卷十九

① 《史記　貨殖列傳》。
② 《管子·小匡篇》。
③ 《史記　楚世家》。
④ 《史記　越王勾踐世家》。
⑤ 《史記　魯周公世家》。
⑥ 《史記　春申君列傳》。
⑦ 金家年：《肥水源流探微》，《安徽大學學報》（社會科學版）1983年第1期。

江南一肥水條中也說：「肥水出廬州府西北四十里雞鳴山，北流二十里分為二：其一東南流過府城東，又東南七十餘里而入巢湖；其二西北流二百里至鳳陽府壽州城東北，又西流十餘里至州北入於淮。」前者說的是《水經注》中的肥水，後者講的是《水經注》中的施水。肥水在先秦時期經巢湖可以入江。《三國志 武帝紀》載：「十四年春三月，軍至譙，作輕舟，治水軍。秋七月，自渦入淮，出肥水，軍合肥。」亦說明了當時肥水北可入淮，東南可以通江。因此，顧氏在《讀史方輿紀要》中說：「魏窺江南則循渦入淮，自淮入肥，緣肥而趣巢湖，與吳人相持於東關，吳人撓魏，亦必緣此也。」此說是合乎古代肥水可以通江、入淮的歷史事實的。

　　春秋時期，自西元前615年楚穆王「子孔執舒子平及宗子，遂圍巢」。楚莊王（西元前611年）滅舒（今安徽廬江縣西南）、舒蓼（今安徽舒城縣西），四年後又滅蕭（今安徽蕭縣西北），肥水流域基本上為楚人所控制。尤其是楚滅越之後，楚國的政治、經濟、軍事、文化重心轉移到安徽壽春，肥水流域對於楚國來說，更顯示出其重要地位。據《史記 越王勾踐世家》記：「楚威王興兵而伐之，大敗越，殺王無強，盡取故吳地至浙江，北破齊於徐州。而越以此散，諸族子爭立，或為王，或為君，濱於江南海上，服朝於楚。」這段文獻給我們提供了一個資訊，即楚滅越，爾後遷都於壽郢，江、浙一帶的故吳越地區大量的朝貢物資有很大一部分就是經長江，進巢湖，入施水（今南肥水）而運至壽春楚郢都的。《吳越春秋 闔閭內傳》記載伍子胥推薦孫武時曾有過這樣的一段話：「今大王虔心思士，欲興兵戈以誅暴楚，以霸天下，而威諸侯，非孫武之將而誰能涉淮踰泗，越千里而戰者乎？」這說明當年吳王發起一場吳師入郢之戰，其中一部分水師當是溯江入巢湖，經肥水入淮，進而伐楚郢都的。顧祖禹在《讀史方輿紀要》卷二十一江南三壽州條中總結其地理形勢時說：「州控扼淮潁，襟帶江沱，為西北之要樞，東南之遮罩。」他又引袁真著

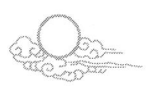

〈正淮論〉說：「壽陽東連三吳之富，南引荊汝之利，北接梁宋，平途不過七百；西援陳許，水陸不出千里。外有江湖之阻，內有淮肥之固，龍泉之陂，良田萬頃，舒六之貢，利盡蠻越是也。」由於壽春在當時具有良好的地理條件和豐富的自然經濟資源，楚考烈王將楚郢都遷至壽春，這裡就很快發展為一大都會，其面積比今湖北荊州紀南城遺址還要大。並且當時的南北物資皆「輸會」於此，是戰國時期楚滅越之後江淮地區最大的商業貿易城市。考古工作者在安徽肥水流域發掘出大量的春秋戰國時期楚墓，其中出土的器物形制，大都反映出楚、吳、越文化有所介入。尤其是進入戰國時期，肥水流域的文化面貌基本上與湖北地區的楚文化相一致[①]。這不能說肥水流域在促進當時江淮地區楚文化的發展和流播中沒有起到一定的積極作用。

五、錢塘江

錢塘江亦稱浙江，《水經注》中也稱之為漸江，位於今浙江省的西北部，流經安徽祁門、黟縣、休寧、屯溪市、歙縣和浙江淳安、建德、桐廬、富陽、蕭山、杭州市等市縣，全長494公里。流向自發源地至浙江建德縣一段為東流，建德至杭州市一段為東北流。其源據《山海經　海內東經》說：「浙江出三天子都，在其（蠻）東。在閩西北，入海，餘暨南。」三天子都位置，按《漢書　地理志》丹陽郡黟縣條云：「漸江水出南蠻夷中，東入海。成帝鴻嘉二年，為廣德王國。」《水經注　漸江水》云：「漸江水出三天子都，《山海經》謂之浙江也。」酈氏注云：「水出丹陽黟縣南蠻中，北迤其縣南，有博山。」這就是說，錢塘江的發源地當在今皖贛邊境的瑤里鎮之東，率水及新安江為其上游[②]。至於該河流的入海口門，《水經注　漸江水》說：「漸江又東北迤亭山西，山上有孫權父塚。（漸江）北過余杭東

① 楊立新：〈江淮地區楚文化初探〉，《楚文化研究論集》（第1集）荊楚書社1987年版。
② 參見《中國歷史地圖集》第一冊「戰國楚越版圖」，中華地圖學社1975年版。

入於海。」余杭，按《中國古今地名大辭典》余杭條說：「秦置，始皇舍舟杭於此，故名。隋開皇中，嘗置杭州於此。明清皆屬浙江杭州府。」這說明先秦時期，錢塘江入海口門當在今蕭山縣東北。《漢書 地理志》記：「餘暨蕭山，潘水所出，東入海；錢塘西部都尉治武林山，武林水所出，東入海。」即是明證。

但是，在先秦時期，錢塘江下游河床擺動較大，河床比今要寬闊。據《水經注》分析，當時錢塘江下游段基本上沿今杭州靈山風景區曇山腳下東行。酈氏在〈漸江水〉中說：「縣（錢塘縣）有武林山……縣東有定、倉諸山，皆西臨漸江。水流於兩山之間。」定山之名今尚存。倉山即今浮山。「皆西臨漸江」是說故浙江在今定、浮諸山之西；「水流於兩山之間，」當指浙江流經武林山與定、浮諸山之間。同時在張道《定鄉小知》卷八曇山條中有過這樣的一段記載：曇山石壁山原「有纜痕，深刻數寸，相傳昔時山岸瀕江，帆檣上下負纜所過處。」後來由於江道長期泥沙的淤積，以及海水進潮量大，加之定山、浮山諸山有頂托的作用，大概至元明時期，定山、浮山山麓已經淤積為陸地。因此，陳橋驛先生指出：「在遠古時期，西湖尚未形成，西湖群山這片丘陵南臨今錢塘江，東瀕東海，丘陵尾閭並向伸入附近的淺海之中，在這個地區的北面和南面形成兩個半島。兩個半島環抱一個小小的海灣。在我國古代的文獻記載中，這片丘陵地稱為武林山。」[1]這說明，在先秦時期今杭州市和西湖不僅屬淺海灣，與錢塘江相連接，為其入海之處，而且這裡的河床有明顯的東南移動現象。

據文獻記載，錢塘江在商周時期係我國東夷越地，傳說大禹治水曾在這裡「登芳山以朝四方群臣[2]」，爾後「封其庶子於越，號曰無

---

① 參見陳橋驛：〈杭州遠古的自然與人文〉，《中國六大古都》，中國青年出版社1983年版。
② 《史記 越王勾踐世家》張守節〈正義〉。

餘。」《越絕書》認為：「無餘都，會稽山南故越城是也。」自此，越人在錢塘江流域經營了約1700多年，於西元前334年被楚國所滅 [1]。《史記　越王勾踐世家》中有：「楚威王興兵伐之，大敗越，殺王無強，盡取故吳地至浙江」的記載。

東周時期的吳越之地，處於長江三角洲的發育地帶，向為河道縱橫，湖澤眾多的水鄉澤國。范蠡曾經對越王勾踐說過：「與我爭三江五湖之利者非吳耶？」子胥亦謂吳王夫差說：「吳之與越，仇讎敵戰之國也。三江環之，民無所移，有吳則無越，有越則無吳矣。……員聞之，陸人居陸，水人居水，夫上党之國，我攻而勝之，吾不能居其地，不能乘其車；夫越國，吾攻而勝之，吾能居其地，吾能乘其舟。」[2]范蠡、伍員二人對於吳、越的地理形勢說得最為明白。由於吳越之地在先秦時期係水多陸地少的澤國，其民往來多用舟楫。《越絕書　記地傳》說：「夫越性脆而愚，水行而山處，以船為車，以楫為馬」。考古工作者在杭州水田畈新石器時代遺址中發現距今5000年左右的木船槳，即是很好的證明 [3]。楚滅越之後，浙江流域與其淮泗地區相比，後者的政治形勢更為穩定。春申君尤其是楚令尹受封於吳越故地之後，更是做了大量有利於當時農業經濟發展的工作。他在這裡開挖河道，發展漕運，使吳越之地一度成為楚國的產糧基地。

---

① 楚滅越時期，目前歷史學界有幾種不同的說法，本文在此從范文瀾先生之說，見《中國通史簡編》第1冊，人民出版社1953年版，第238頁。

② 《國語　越語》。

③ 引自徐吉軍：〈論南宋臨安的造船業〉，《中國古都研究》第四輯，浙江人民出版社2005年版，第328頁。

第三章　楚國的湖泊分布

　　春秋戰國時期，楚國不僅是一個多河流的諸侯國，而且湖泊與其他諸侯國比較起來，恐怕也是最多的一個國家。雖然春秋戰國時期楚國境內的湖泊在目前來說無法統計出具體的數位，但就文獻記載的情況看，較大的湖泊應有數千個。當然，這個資料並不能完全反映出當時楚國湖泊分布的全貌，然而從該地區屬地質構造形的湖泊及其位置，還是可以推斷出來的。例如：今湖北武漢市附近的夆山湖、後官湖、湯遜湖等，據我們實地調查，其成因大都是受第四紀以來新構造運動的影響，使河谷沿斷裂沉溺積水而成，屬構造湖泊[①]。又如，分布在今江蘇的洪澤湖、安徽的巢湖，據有關資料分析，這兩個湖泊也是屬構造湖泊性質[②]。諸如這種性質的湖泊，分布在今湖北、湖南、河南、安徽、江西、江蘇、浙江等省，仍是為數不少。這些湖泊應當在先秦時期就已有之，但卻在先秦文獻中不見經傳。這除了當時南方「地廣人稀」，生產力不夠發達，尚有眾多的水資源沒有開發利用外，當時不大重視自然經濟資源和地理環境的記述，也恐怕是一個很重要的原因。事實上，楚人對於湖泊、陂池的綜合利用，是十分重視

---

① 袁純富、劉玉堂：〈武漢古湖泊的成因及其演變過程〉，《社會科學論叢》1988年第3—4期。

② 王洪道等著：《我國的湖泊》，商務印書館1984年版，第132—136頁。

第三章　楚國的湖泊分布

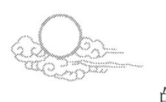

的。本章根據現存較早的歷史文獻，對春秋戰國時期楚國的湖泊分布及其歷史演變狀況，予以簡要考察。

第一節　中西部地區的湖泊

春秋戰國時期，江漢平原及其周邊地區是楚人活動最早的地區。該地區不但長江由西向東橫穿和漢水由西北向東南縱貫，而且也是湖泊最多的地區。

在探討春秋戰國時期其他湖泊時，有必要對「雲夢」的地理特性予以釐定，即當時的雲夢是否為湖泊。雲夢位於江漢平原的中部。《史記　貨殖列傳》中有：「江陵故郢都，西通巫、巴，東有雲夢之饒」的記載。《周禮　職方》說荊州「其澤藪曰雲夢。」《爾雅　釋地》、《呂氏春秋　有始覽》等稱「雲夢」為當時全國的十藪，也有稱其為九藪。而既然稱「藪」，則可理解為湖泊。但在另一些文獻中所出現的「雲夢」，就不一定是指的湖泊。如：《左傳　宣公四年》記：邡子女生子文，其母「使棄諸夢中。虎乳之。邡子田，見之。」《左傳　定公四年》載，吳師入郢，楚子自郢出走，「涉睢，濟江，入於雲中。王寢，盜攻之，以戈擊王。」又《戰國策　楚策》云：「於是楚王游於雲夢，結駟千乘，旌旗蔽天。野火之起也若雲蜺，兕虎之嗥聲若雷霆。有狂兕犇車依輪而至，王親引弓而射，一發而殪。王抽旃旄而抑兕首，仰天而笑曰：樂矣！今日之遊也。」由此看來，文獻中所出現的「雲夢」應當作為濕地理解，有水域、沼澤，也有山野森林，而並非像唐代人所說，雲夢是湖泊，其範圍「跨大江南北」。事實上，《尚書　禹貢》篇對此說得比較明白，其說：「沱潛既道，雲土夢作乂。」認為故雲夢也可以從事農田耕種。蔡述明等先生對古雲夢澤作了這樣的分析：「從江漢——洞庭平原湖泊成因來看，如今江

漢平原上的眾多湖泊，決不是統一的古湖泊的殘留部分。」他同時也認為小湖群在江漢平原是存在的[1]。此說頗有見地。

據有關資料分析，這些小湖群主要集中在漢魏時期的華容縣境內。《後漢書　郡國志》記載：「華容侯國，雲夢澤在南。」《風俗通義　藪》：「雲夢在華容縣南，今有雲夢長掌之。」從目前調查的情況看，故華容城當在當今潛江縣西南龍灣，這裡已發現有楚章華臺遺址。杜預說：「臺今在華容城內，」此說基本上無錯[2]。從我們在這一地帶實地調查的情況看，可以得出這樣的結論，即酈氏在《水經注　沔水》中所說的此地「多湖，周五十里。城下陂池，皆來會同」的地理形勢與其地貌大體相合。但是，酈道元在《水經注》中將古雲夢澤的範圍按杜預、郭璞等人的說法擴大到今湖北枝江、安陸，乃至湖南洞庭，即所謂「蓋跨川互隰，兼氣勢廣矣」。則是不可取的。事實上，枝江北部為階地，南部為古代長江分汊河流地貌，這裡在古代沒有孕育湖泊的地理條件。在安陸、雲夢境內，其地勢是北高南低，唯獨在雲夢長江埠以南今為湖沼窪地。然而就在這一片湖沼窪地中，亦還發現有17處新石器時代至西周時期的遺址[3]。這說明，在先秦時期這裡並不是像有人所說的那樣即「在距今兩千多年以前，從江漢平原直至洞庭湖是大小湖泊連成一片的巨大雲夢澤[4]」。誠如譚其驤先生所指出的：「過去千百年來對先秦雲夢澤所在所作的各種解釋，只有漢魏人的江陵以東江漢之間的說法是正確的。晉以後的釋經者直到清代的考據學家把雲夢澤說到大江以南、漢水以北，或江陵以西，全都是

① 蔡述明、官子和：〈跨江南北的古雲夢澤說是不成立的──古雲夢澤問題討論之二〉，全國學術討論會會議論文。
② 陳躍鈞：〈湖北省潛江龍灣章華臺遺址的調查與試掘〉，《楚章華臺學術討論會論文集》，武漢大學學報編輯出版，1988年。
③ 《孝感地區文物概況》，湖北省孝感地區博物館1979年編印。
④ 任美鍔、楊紉章、包浩生：《中國自然地理綱要》，商務印書館1979年版，第222頁。

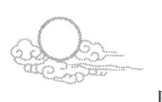

附會成說，不足為據。」此說是甚為精當的 ①。事實上，根據我們多年來在今荊州城東的潛江、監利、洪湖以及仙桃南部地區實地考察，歷史文獻中記述的「雲夢澤」地，當在今潛江市東南、仙桃市西南及監利縣以北。但是這一地區的湖泊並未連成一片，只是小湖群性質，其中仍有田地可耕和陸路可行。這一地帶的湖泊，大都屬於早期壅塞湖泊。

在春秋戰國時期，楚人十分注重對雲夢中的湖區的水利建設和經濟開發。《史記 渠河書》即有：「於楚，西方則通渠漢水、雲夢之野」的記載。楚靈王七年（西元前534年），楚子在雲夢澤地區築章華臺，此即《國語 吳語》所謂「築臺於章華之上，闕為石郭，陂漢，以象帝舜」。酈道元在《水經注 沔水》中說：「揚水又東入華容縣，有靈溪水，西通赤湖水口，以下多湖，周五十里，城下陂池，皆來會同。又有子胥瀆，蓋入郢所開也。水東入離湖，湖在縣東七十五里。《國語》所謂楚靈王闕為石郭，陂漢以象帝舜者也。湖側有章華臺，臺高十丈，基廣十五丈。……王與伍舉登之，舉曰：臺高不過望國之氛祥，大不過容宴之俎豆。蓋譏其奢而諫其失也。言此瀆，靈王立臺之日，漕運所由也。」同時，《國語 楚語》記楚大夫王孫圉在講到楚國雲夢地區的經濟資源時說：「又有藪曰雲連徒洲，金木竹箭之所生也。龜、珠、齒、角、皮革、羽毛，所以備賦用以戒不虞者也，所以供幣帛，以賓享於諸侯者也。」「雲連徒洲」，按韋昭注：「楚有雲夢，藪澤也。連，屬也。水中之可居曰洲；徒，其名也。」由此可見，江漢平原地區在春秋戰國時期不僅是楚王的田獵遊樂之地，而且是陸路通達，水運方便，自然環境優美，特產資源十分豐富的地方。不然，西元前506年，楚昭王就不會將「許遷於容城」

---

① 譚其驤：〈雲夢與雲夢澤〉，《復旦學報》（社會科學版）歷史地理專輯（增刊）1980年。

以作為貢奉於楚國的附庸國[①]。近年來，考古工作者在今湖北潛江市西南和監利縣西北，均發現有春秋戰國時期楚人和許人在此活動過的遺址和生活器具，即是最好的證據。袁純富與文必貴曾多次到潛江龍灣章華臺遺址調查，發現有不同於楚國的器物。經對比分析，此物很可能是酈氏說的「許遷於容城」的許國遺物。因此，雲夢地區應當是春秋戰國時期楚人從事政治、經濟、文化活動的重要地區。

一、龍陂

龍陂位於長江中游的北岸，在今湖北荊州市荊州區北楚郢都紀南城遺址的西南，其地現已基本上化為平陸並成為稻田。在先秦時期，江水自今荊州區萬城北經八嶺山腳下東行，龍陂因南邊有八嶺山隆地呈東南帶形，與江流相隔，西北部丘地諸水散流不可入江，於是形成壅塞湖泊。《水經注　沔水》說：「江陵西北，有紀南城，楚文王自丹陽徙此，平王城之。班固言楚之郢都也。城西南有赤阪岡，岡下有瀆水，東北流入城，名曰子胥瀆。蓋吳師入郢所開也，謂之西京湖。又東北出城，西南注於龍陂。陂古天井水也，廣圓二百餘步，在靈溪東江堤內。水至淵深，有龍見於其中，故曰龍陂。陂北有楚莊王釣臺，高三丈四尺，南北六丈，東西九丈。陂水又逕郢城南，東北流，謂之揚水。」按我們實地調查，赤阪岡，在今荊州古城原江陵城關鎮西北八嶺山南端的胡家臺一帶；瀆水，即今八寶至紀南一段東北流向的灌渠；釣臺，在今紀南城遺址西南任家臺附近；郢城，即今荊州古城原江陵城關鎮東北2.5公里的郢城遺址。這說明，龍陂的具體位置在今荊州區紀南城遺址西南的董家垸至張家港一帶。在春秋戰國時期，荊州區紀南曾作為楚國的郢都。楚人在此營建國都，必然是依循「非於大山之下，必於廣川之上；

---

① 《左傳　定公四年》；《水經注　夏水》。

高毋近旱而水用足，下毋近水而溝防省；因天材，就地利^①」的原
則。從紀南郢都周圍地理環境看，其地北靠荊山餘脈紀山，南瀕大
江，西接沮漳，東有所謂「雲夢之饒」的大平原及湖區。然而，楚
人郢都作為其長期的政治、經濟、文化中心，首先要考慮的是如何
充分利用這裡的自然經濟資源，把它建設成為水陸交通方便，經濟
實力雄厚的南方最大都會。於是，楚人利用江湖引灌良田，發展航
運，就成了其經濟建設的一個重要內容。雖然當時郢都附近的龍陂
水域面積不算很大，但經過楚人綜合治理之後，應當發揮了一定的
經濟效益。

《水經注　沔水》說：「郢都西南有赤阪岡，岡下有瀆水，東北流
入紀南城，名曰子胥瀆，蓋吳師入郢所開也。」從這一段文獻分析，
瀆水已被改造為可通長江的漕運河渠。《水經注　江水》云：「（江
水）又南過江陵縣南，縣北有洲，號曰枚回洲……其下有邴里洲，東
北有小水通江，名曰曾口。」枚迴洲，在今荊州城西約17公里處的梅
槐橋至萬城一帶。邴里洲，在今荊州城西約8公里處的秘師橋一帶。
曾口，在今荊州城西約3000公尺處栗林口附近。結合當地的地貌
分析，今八嶺山南端腳下的八寶至紀南城內東北流向的灌渠，完全
可與先秦時期的大江在今栗林口附近相通。這就是說，考古工作者
認定的楚都紀南城遺址內的古河道出西城門不僅可以與紀山諸水相
連^②，而且也可經紀南城西城門外的「瀆水」或穿過龍陂與長江相
通。如此看來紀南楚郢都在當時就形成了東可經揚水入漢水，西
北可穿過今荊州區（原江陵縣）望山崗地（在八嶺山北，孫叔敖所
鑿）入沮漳水，西南可經龍陂入長江，陂水又可經紀南城南入揚水
的水陸交通網系。桓譚在《新論》中說：「楚之郢都，車轂擊，人

①　《管子　乘馬篇》。
②　文必貴：〈紀南城考古勘探簡報〉，《楚都紀南城考古資料彙編》湖北省博物館1980年
　　編印。

96

肩摩，市路相排突，號為朝衣鮮而暮衣敝。」《史記　貨殖列傳》云：「江陵故郢城，西通巫、巴。」這些記載都說明楚國郢都不僅是一個巨大的商業中心，而且也是水陸交通十分發達的樞紐性城市，紀南城遺址內發現有三條可通東、西、南三個方向的古河道和通航水門，即可說明這一點。因此，龍陂對於當時溝通楚郢都西南部的長江和使雲、貴、川、湘各地物資經長江入龍陂水渠直接運至楚郢都城內，是發揮了關鍵性作用的。

二、離湖

離湖亦曰泥湖，位於今湖北潛江市龍灣沱口鄉，今已淤塞化為農田村落。該湖從地貌分析，當屬河間壅塞湖泊。先秦時期，中夏水逕其北，夏水逕其南，其間有崗地隆起，並且布分著新石器時代至東周、秦漢、魏晉時期的遺址和墓葬[①]。1984年，考古工作者在故離湖的東北發現了一處古章華臺遺址。該遺址經過勘探和地貌調查，臺的西南屬離湖範圍。該湖的面積，先秦時期的文獻沒有記載，但據《水經注　沔水》透露，離湖的水面已達到「周五十里」。結合實地調查情況看，在離湖的邊緣地帶尚分布著許多高臺，臺上基本上都有古人活動過的遺址和墓葬，章華臺遺址即是其中的一座。這說明，位於「江陵東有雲夢之饒」腹地的離湖，在先秦時期已被楚人所開發。同時，據這裡所出土的文物看，離湖一帶的特產資源十分豐富。這裡除了盛產魚、蛤之外，家禽、稻穀也可適宜繁殖和耕種。因此，位於古雲夢範圍內的離湖地帶，並不是楚國一片荒野無人居住的地方[②]。

據《國語　楚語》記載楚靈王偕伍舉登章華臺，伍舉對楚靈王說：「今君為此臺也，國民罷焉，財用盡焉，年穀敗焉，百官煩焉，舉國留之，數年而成。」又同書《吳語》說：「昔楚靈王不君，其臣

---

① 文必貴、袁純富〈潛江龍灣放鷹臺遺址及其相關問題〉，《楚章華臺學術討論會論文集》1988年。

② 陳躍鈞〈湖北潛江龍灣章華臺遺址的調查與試掘〉，《楚章華臺學術討論會論文集》1988年。

箴諫以不入。乃築臺於章華之上，闕為石郭，陂漢，以象帝舜」。這雖然說的是楚靈王所為似不合當時國情，勞命傷財，但卻反映出當時離湖一帶有值得楚人開發的地理條件和環境。否則，如此巨大的工程建於所謂雲夢澤區，並且以「示諸侯侈①」，是不可想像的。

離湖一帶在先秦時期，水運交通頗為方便，《水經注　沔水》對此記得十分具體：江陵（龍）「陂水又逕郢城（今荊州城東2.5公里郢城遺址）南，東北流，謂之揚水。又東北，路白湖水注之。……又北與三湖（今長湖）會……宋元嘉中，通路白湖，下注揚水，以廣運漕……揚水又東北流，東得赤湖水口。湖周五十里，城下陂池，皆來會同。湖東北有大署臺。……揚水又東入華容縣，有靈溪水，西通赤湖水口，已下多湖，周五十里。城（即華容城）下陂池，皆來會同。……湖側有章華臺。臺高十丈，基廣十五丈，左丘明曰，楚築臺於章華之上。」又《夏水》說：「夏水出江津（今沙市）於江陵縣東南，江津豫章口東（沙市東郊）有中夏口，是夏水之首江之汜也。……（夏水）又東過華容縣南，縣故容城矣。春秋魯定公四年，許遷於容城是也。北臨中夏水，自縣東北逕成都郡故城南。……夏水又東，夏揚水注之。水上承揚水於竟陵縣之柘口，東南流，與中夏水合，謂之夏揚水。……又東至江夏雲杜縣，入於沔。」杜預在為《左傳　昭公七年》：「楚子成章華之臺，願與諸侯落之」一語作注云：「臺在今華容城內。」這說明，故華容城附近的離湖諸水系經過楚人努力開發、治理已成為楚國國君接待四方諸侯使臣以及物資輸送的重要內河航道。

同時，在中夏水與夏水間的離湖地帶，春秋戰國時期就已經成為楚國重要的經濟開發區。《左傳　昭公三年》記，是年（西元前539年）十月，楚靈王與鄭伯「田江南之夢」。同書《昭公四年》記，是

---

① 《左傳　昭公四年》。

年（西元前538年）正月，楚靈王與鄭伯、許男「復田江南」。《水經注 沔水》云：「又有子胥瀆……言此瀆，靈王立臺之日漕運所由也。」這說明，在漢水南岸的雲夢區內的離湖一帶，不僅是楚人從事政治、經濟活動最為頻繁的地方，而且也是綠樹成蔭，良田萬頃，一片水鄉澤國的自然景觀。總之，先秦時期的離湖對於發展楚國的內河航運以及楚國北部地方早期的農田灌溉與蓄洪，是發揮了作用的。

三、魚陂

魚陂，亦稱甘魚陂，其位置按《水經注 沔水》和《中國歷史地圖集》第一冊戰國楚越版圖示訂，在今湖北荊門市東南的漢水西岸馬家港（湖）一帶。這裡早期曾屬鍾祥縣南境，漢魏時屬竟陵縣的西北[1]。結合這裡的地貌分析，商周時期馬家港（湖）是屬漢水洪水期的氾濫地帶。由於漢水受馬家港（湖）東北馬良山長期的頂托，漢水逐漸東移，山南不斷淤積，於是馬良山南的餘脈發育成南北走向的自然堤，漢西丘地散水不能入漢，因而形成古代面積較大的壅塞湖泊。這就是說，迄今尚存的馬家港（湖），是楚國魚陂湖的殘湖，新中國成立後被當地政府改造為馬家港水庫。

魚陂在先秦時期，陂水主要是在今馬良山西側的覃瓊渡附近入漢。顧祖禹在《讀史方輿紀要》卷七十七湖廣三甘魚陂條中引王氏說的甘魚陂口，亦當在其地。從地理位置上看，甘魚陂位於春秋戰國時楚郢都漢水的西岸，是早期中原諸侯國進入沮漳河附近楚國都的水陸門戶。《左傳 莊公十八年》追記：「初，楚武王克權（在今荊門市南王家場一帶），使鬭緡尹之，圍而殺之。及文王即位，與巴人伐申，而驚其師。巴人叛楚而伐那處（今荊門市東南沈集），取之，遂門於楚。」這場巴楚之戰的巴國水師，即是沿漢水而下，經魚陂湖而

---

① 王先明、王仁湘：〈竟陵地理沿革考略〉，《武漢師範學院學報》（社會科學版）1982年第4期。

攻打沈集那處的。因為當時那處有河道可經魚陂湖注入漢水，有利於舟楫的往來。

至西元前529年，「公子比為王，公子黑肱為令尹，次於魚陂。」①這件史事《水經注　沔水》也有記述：（巾口）「水西有古竟陵大城，古鄖國也。鄖公辛所治，所謂鄖鄉矣。昔白起拔鄢，東至竟陵，即此也。秦以為縣，王莽之守平矣。世祖建武十三年，更封劉隆為侯國，城旁有甘魚陂。《左傳　昭公十三年》，公子黑肱為令尹，次於魚陂者也。揚水又北注於沔，謂之揚口。」竟陵，按《中國歷史地圖集》第一冊戰國楚越和第二冊東漢荊州刺史部版圖示定，在今湖北潛江縣西北，再結合同書將甘魚口標定在今馬家港（湖）附近，加之杜預說：「竟陵縣城西北有甘魚陂。」②以及參考酈氏在《水經注》中所說的一番話看，當時魚陂湖面積是很大的，並且與通往紀南楚郢都為揚水注入漢水口的「揚口」有連接的關係。這說明，先秦時期漢水河床在比今寬的情況下，利用漢水東、西兩岸的湖汊作為航運，仍然是楚人利用江湖的一個很重要的措施。公子黑肱為令尹，兵進於魚陂，就可以看出該湖在楚國的內河航運上，是有著一定地位的。潘新藻先生在《湖北省建制沿革　漢水流域》中引王伯厚《通鑒地理通釋》說：「春秋戰國常以水攻，故楚守甘魚口。」以及近年來在今荊門市東南馬良、沈集、煙垢一帶的土岡上，發現有大量東周時期的文化遺址和墓葬，即是最好的實物證據。

雖然在先秦文獻中，沒有記載魚陂湖對於楚國郢都地區的農田灌溉方面有何作用，但從有關資料分析，魚陂是有蓄洪與灌溉能力的。《水經注　沔水》說：「沔水自荊城東南流，逕當陽縣之章山東。山上有故城，大尉陶侃伐杜曾所築也。禹貢所謂內方，至於大別者也。

---

① 《左傳　昭公十三年》。
② 《左傳　昭公十三年》晉杜預注。

既濱帶沔流，實會尚書之文矣。沔水又東，右會權口。水出章山，東南流，逕權城北，古之權國也。春秋魯莊公十八年，楚武王克權，權叛，圍而殺之，遷權於那處是也。東南有那口城，權水又東入於沔。」章山，在今荊門市東南大虎山[1]；權口，在今荊門東南馬良山南的李家灣一帶；權水，即今荊門沈集偏北李營至馬家港一段的河流。可見，酈氏對古魚陂附近的地貌情況是描述得比較清晰的。但是，這裡可以看出一個問題，即是位於漢水西岸的魚陂湖明顯受到漢水流量的調節：夏季水大，江湖連成一片；秋季水小，湖蓄西部諸丘散水。從先秦文獻中少見漢水為害的記載，就可看出先秦時期分布於漢水兩岸的湖泊，大都有自然蓄水和排溉的能力。同時，在農田灌溉方面，由於魚陂湖有眾多丘地散水注入，故對於農田有良好的引灌條件。據《讀史方輿紀要》卷七十七湖廣三荊門州提供的資訊，州東南百二十里有直河、平塘湖合流注於沔，可「溉田百頃」。又說州東九十里有屯湖，又東有馬良湖、騰湖等，「溉田百頃。」這說明，儘管古魚陂湖經過長期漢水泥沙淤積而演變成若干個小湖，但可看出魚陂湖對於春秋戰國時期楚國郢都東郊的農田灌溉，同樣也是發揮了作用的。近年來通過文物普查，在今荊門市東南故魚陂湖周圍的沈集、馬良、煙垢發現大量的新石器至東周、秦漢時期的古文化遺址和稻穀殼遺物[2]，就足以證明這一地帶曾是楚人從事農業耕種的地方。總之，魚陂湖對於發展楚國郢都地區的農業，以及早期漢水洩洪和防止水患，是起到了一定的作用的。

四、鄂渚

鄂渚（湖），其地名曾在屈原《九章　涉江》中出現。《漢書

---

① 章山，《中國古今地名大辭典》說在今荊門馬良山。此說不可取。《水經》云權水出章山，東南流，實與這裡水系流向不合。故疑大虎山即是章山。此山餘脈在古代亦系「濱帶沔流」，位於漢江之濱。

② 《荊門市公路史資料彙編　古遺址》，荊門市公路管理段公路史編寫組編印，1988年5月。

地理志》記鄂縣，屬江夏郡。《史記　楚世家》說熊渠「興兵伐庸、揚粵、至於鄂……立中子紅為鄂王」。張守節《正義》引《括地志》說：「武昌縣，鄂王舊都，今鄂王神即熊渠之子神也。」看來鄂渚與鄂都當有密切關係。王逸《九章　涉江》章句云：「鄂渚，地名。」洪興祖補注曰：「鄂州武昌縣地是也。」洪氏所言鄂州武昌之鄂，即是張正明先生所考證的東鄂[①]。此說可從。但是，有人卻認為〈涉江篇〉「乘鄂渚」之「鄂」乃指西鄂，這種說法恐難成立。《史記　楚世家》張守節《正義》引劉伯莊云：「鄂地名，在楚之西，後徙楚，今東鄂是也。」劉氏「東鄂是也」之說，是正確的。〈涉江篇〉中的「鄂渚」當是宋洪興祖所謂在「鄂州武昌縣地[②]」。

　　「鄂渚」在歷史文獻中也可作為楚國的地名，不僅僅是一個專有的湖名，這是沒有多大疑問的。但是，既然春秋戰國時期楚國的「鄂渚」在今湖北鄂州市，那麼從這一地區的地貌情況看，先秦時期這裡有湖泊是毫無疑問的。我們認為分布在今湖北武昌與大冶市之間的梁子湖、湯遜湖等，即是楚鄂地的湖泊。因為這些湖泊屬地質構造湖泊，具有悠久的歷史。《水經注　江水》在說到鄂地有樊口可通梁子諸湖，且湖口有江灣為吳造峴處，即說明梁子湖在當時已為孫吳都武昌的內河航道[③]。

　　梁子湖今由鴨兒湖、三山湖、保安湖、牛山湖、大溝湖組成。該湖從地質地貌上分析，在殷商時期，湖泊面積比今要大，江湖連成一片。由於今大冶和鄂州崗地節點的頂托，長江泥沙在此地長期淤積，樊口一線的自然堤形成，湖外與江流交匯的樊口形成所謂孫權造艦江灣，湖內東部因此也就出現了潟湖水河道（即樊口水道）。這就是說，梁子湖的湖水面積在秦漢時期就已開始逐漸縮小。樊口地名在漢

① 張正明：《楚文化史》，上海人民出版社1987年版，第24頁。
② 袁純富、劉玉堂：〈屈原放逐路線中若干地理問題探討〉，《雲夢學刊》1989年第1期。
③ 《讀史方輿紀要》。

代出現，即是證據①。同時據考古調查，1982年，大冶市博物館在大冶西南約58公里的西畈公社李閣大隊胡彥貴村的崗陵上，發現一處東周時期的鄂王城遺址。該遺址東南緊靠南河港，河自南向北經鄂王城東，流注梁子湖，從鄂州樊口注入長江。這說明先秦時期楚鄂王城附近的湖泊是鄂君的主要運輸航線②。壽春出土的《鄂君啟節》舟節銘文記：「自鄂往，逾沽（湖），让（上）灘（漢），庚厝、庚芑陽，逾灘（漢），庚邾、逾頋（夏），內（入）邔。」說明鄂君啟節之舟節路線是從今湖北大冶市西畈一帶的故東鄂出發，經過今鄂城於武昌間的吳塘、梁子、牛山等一系列湖泊，出樊口，過長江，在武漢市東北陽邏附近溯漢水北上③，至楚郢都的。由此可見，《鄂君啟節》舟節「自鄂往，逾沽（湖）④」語，恰好與今大冶鄂王城遺址所處地貌情況相契合。

第二節　南部和北部地方的湖泊

相對於中部和東部，春秋戰國時期楚國南部和北部的湖泊要少得多，尤其是南部，值得一提的只有巴丘湖。

一、巴丘湖

巴丘湖，按《水經注　湘水》篇分析，在今長江南岸的湖南洞庭湖東南，現屬洞庭湖區域。洞庭湖在先秦時期尚未成湖，只有局部性小湖存在。張修桂先生在〈洞庭湖演變的歷史過程〉一文中，用大量

---

① 《三國志　魯肅傳》。
② 大冶市博物館：〈鄂王城遺址調查報告〉，《江漢考古》1983年第3期。
③ 張修桂：〈漢水河口段歷史演變及其對長江漢口段的影響〉，《復旦學報》（社會科學版）1984年第3期。
④ 「沽」，學者們多釋為「湖」，參見郭沫若：〈關於鄂郡啟節的研究〉。《文物參考資料》1958年第4期。

的歷史文獻資料和考古材料得出如是結論 [1]，我們認為是可信的。從《水經注・湘水》在今洞庭湖範圍內還保留有「東湖」、「決湖」、「青草湖」、「微湖」等湖泊地名看，先秦時期這裡是沒有形成如今大面積湖泊的。只是進入唐代，洞庭湖和青草湖水域面積才有了較大的擴展，李吉甫在《元和郡縣志》卷27岳州巴陵縣條中說：「洞庭湖在縣西南一里五十步，周回二百六十里；青草湖在縣南七十九里，周回二百六十五里。」到了宋代，「洞庭湖在巴丘西，西吞赤沙（湖），南連青草（湖），橫亙七八百里。」[2]形成洞庭湖的整體。因此，今洞庭湖在先秦時期是屬河網縱橫交錯，有一些局部性小湖泊存在的平原景貌。清人顧棟高在《春秋大事表・楚辭地理考》中也認為洞庭湖在先秦時期是「微波淺漱，可供愛玩，無今日之浩渺大觀」，河網交錯的大平原。同時，1957年在安徽壽縣出土的戰國楚懷王六年（西元前323年）所制「鄂君啟節」，其中舟節西南水路銘文謂鄂君自鄂邑出發，循長江上行轉入湘、資、沅、澧諸水，未言諸水交匯及入湖 [3]，也可看出先秦時期的洞庭，不是一片浩瀚的大湖泊。事實上，今洞庭湖是在歷史上幾個小湖泊的基礎上發育起來的。巴丘湖在發育成洞庭湖的過程中，與這裡的水系有著很密切的聯繫。這主要是巴丘湖低於湘、資、沅、澧四大水以及長江主泓在此通過，且有岳陽丘地為其節點頂托而造成大量泥沙長期在此淤積，使諸水入江口門逐漸萎縮起來，形成為後來人所說的八百里洞庭湖景觀 [4]。

　　巴丘湖的位置，在先秦文獻中沒有確指，但杜預在《春秋釋例

① 張修桂：〈洞庭湖演變的歷史過程〉，《歷史地理》（創刊號），上海人民出版社1981年版。

② 《資治通鑒》卷164大寶二年胡僧祐兵至赤沙亭。胡三省注引《巴陵志》。

③ 譚其驤：〈鄂郡啟節銘文釋地〉，《中華文史論叢》第二輯，1962年。

④ 長江流域規劃辦公室水文總站：《洞庭湖區湖的淤積分析》，1979年9月印製。

土地名》中說：「南郡枝江縣西有雲夢城，江夏安陸縣東南亦有雲夢城，或曰南郡華容縣東南有巴丘湖，江南之夢也。」按杜氏所說，巴丘湖在當時華容縣東南的長江南岸即今湖南岳陽一帶。這裡在漢魏時屬華容縣東南，下雋縣西北，處於兩縣的交界處。如果說巴丘湖在今長江北岸，這不僅與「江南」二字不合，而且在漢魏時華容縣東南即長江的北岸也找不出山丘之地。《三國志　吳主傳》中有：「使魯肅以萬人屯巴丘以禦關羽」語，即說明今岳陽附近的丘陵地在古代稱為巴丘。《水經注　湘水》中也說這裡有巴丘山。由此看來，巴丘湖在今岳陽附近，並因巴丘山得名是毫無問題的。宋祝穆在《方輿勝覽》中說：「青草湖，一名巴丘湖，北連洞庭，南接瀟湘，東納汨羅之水，自昔與洞庭並稱矣。」[①]《文選　江賦》注引晉張勃《吳錄》說：「巴陵縣有青草湖。」這說明祝穆說青草湖即是巴丘湖的說法，是比較可信的。

　　根據《水經》記湘水在巴丘山入江；澧水在下雋（今湖北通城）縣西北，東入於江；沅水在下雋縣西，北入於江；資水再經益陽縣北，又東與沅水合於湖中，東北入於江分析，巴丘湖雖然在當時水面不算很大，但它已成為楚國通往「江南」長沙、辰陽、漵浦以及且蘭、蒼梧等地區的重要水運孔道。當時楚國「江南」地的許多軍用物資和生活用品如竹、木、金、錫、粟、麻、漆、革等，大都是經巴丘湖口溯江或溯夏水運至楚郢都的。《戰國策　燕策》說：「漢中之甲，乘舟出於巴，乘夏水而下漢，四日而至五渚。」五渚，南朝宋裴駰說：「五渚在洞庭。」[②]《戰國策　秦策》云：「秦與荊人戰，大破荊，襲郢，取洞庭、五都。」[③]《水經注　湘水》云：「凡此四水

---

① 引自《讀史方輿紀要》。
② 《史記　蘇秦列傳》裴駰〈集解〉。
③ 饒宗頤：《楚辭地理考》：「『都』與『潴』、『湖』、『渚』字通，則『五都』之即『五渚』」。

（指湘水、資水、沅水、澧水）同注洞庭（即巴丘湖），北匯大江，名之五渚。《戰國策》曰：『秦與荊人戰，大破之，取洞庭、五渚』是也。」但是，有人認為：「五渚」不在洞庭，而在漢水流域[1]。事實上，「五渚」在漢水流域之說，是不可取的。從地貌上分析，先秦時期長江流至今洞庭一帶之後，由於監利縣南岸有湖南華容隆起丘地和岳陽丘地分立於洞庭湖東、西兩側，於是大量泥沙在此淤積，形成許多江心洲。《水經注　江水》記這一地區有虎洲、赭要洲、楊子洲、清水洲、生江洲，並且洲南對湘江口，即說明了先秦時期這裡有「渚」形成的地理條件。因此，「五渚」在洞庭附近說之較為可靠。這就是說，今洞庭湖地區在春秋戰國時期，當是楚國征伐江南地區重要的江塞要地和水運樞紐。

二、豫章陂

先秦時期楚國北部的湖泊，一般說來面積都不大，文獻皆以「陂」稱，並且主要分布在豫、鄂間的漢水兩岸和漢水匯入長江左岸的低窪地區，主要有豫章陂和南陽盆地諸陂等。

豫章陂位於豫鄂間漢水北岸的襄州區東北[2]，春秋時屬鄧國地，後楚文王滅鄧為楚地，其陂今已為官溝水庫。從地貌上分析，該陂在先秦時期湖水面積較大，具有良好的自然灌溉條件。豫章陂的形成，主要是受這裡凹形地理環境所致。陂的東、北、南三面皆為丘地，主要由來自於北部和東北部的山洪雨水壅積成湖。這一地區在先秦時期「田土肥良，桑梓遍野」，素有楚國北津重鎮之稱[3]。雖然文獻中未說明豫章陂為楚國何人所治，但《左傳　定公四年》中有「漢陽之田，君實有之」一語，似可以提供這樣一個資訊，即漢北故鄧、樊、鄾等地的農田水利已經有所治理。但是，有人認為漢北之田，皆為漢

---

① 《史記　蘇秦列傳》司馬貞〈索隱〉。

② 袁純富：〈豫章陂不在今河南新野縣考辨〉，《湖北方志》1987年第2期。

③ 《襄陽耆舊記　城邑》。

代人所治，此說缺乏根據。事實上，西周時期周人即在此作了大量的農田水利開發工作。《詩　蕩之什　江漢》說：「江漢之滸，王命召虎，式僻四方，徹我疆土；匪疚匪棘，王國來極，於疆於理，至於南海。」朱熹注云：「徹，井其田也，言江漢既平。王又命召公闢四方之侵地，而治其疆界，非以病之，非以急之也。但使其來取正於王國而已。於是遂疆理之，盡南海而止也。」[①]南海，春秋時皆意指南方。這說明，雖然文獻中對西周時期的南方農業經濟發展有些誇張的描寫，但卻反映了近鄰於周畿的漢北地區農田水利的開發，確實是早於漢代的。因此，漢北地區的農田開發以及古代南陽地區的水利工程，都不是漢代人召信臣始作，而是要早於這個時期。

據《水經注　淯水》記載，豫章陂係漢水北岸的一個大陂。大陂，按許慎《說文解字》解釋：「陂，阪也。坡者曰阪。一曰澤障也，一曰山脅也」。又，「湖，大陂也，川澤所仰以灌溉也。」結合當地的實地調查情況看，今襄陽市東北即唐白河東岸的官溝水庫一帶，均屬山崗丘地，但崗地坡緩寬廣，加之在構造上屬於秦嶺緯向構造帶的凹陷地區，因此，豫章陂實為這裡一個天然窪地積水湖泊，其形成年代是十分久遠的。在這一地區，至今仍保留不少以陂命名的地名，即可看出先秦時期豫章陂湖要大於今官溝水庫面積。

由於豫章陂是屬崗地坡緩凹地湖泊，淯水在其西行，且與丘地相隔，與陂水不相涉；在陂的南部，雖有今滾河自湖北棗陽西流注入淯水，但因陂、河之間也有崗地相隔，河水一般不容易氾濫北岸，因此，灌溉該地區的水稻田和平坡旱田，其主要水源是來自於陂水。於是《水經注　淯水》說：「淯水又東南逕士林東，戍名也。戍有邸閣水，左有豫章大陂，下灌良田三千許頃也。（淯水）南過鄧縣東，縣故鄧侯離之國也。」說明當時豫章的灌溉能力甚強。同時結合這段史

① 朱熹：《詩經集注》卷七。

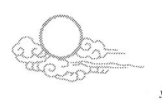
料分析，當時豫章陂地區已是糧食充裕的兵家屯軍之地。邸閣水，即今滾河。這條河流在先秦時期，一直是楚、唐、胡等諸侯國之間經濟、文化往來的重要航道之一。西元前706年，楚人著力經營漢東。至西元前688年以後，隨棗走廊即已成為楚國境內的幹道。由於豫章陂灌溉區北有陸路幹道，南有滾河漕運之便，因此，這一地區在楚國軍事戰略上是具有重要地位的[①]。

由此可見，先秦時期的豫章陂雖然在漕運上受地理環境的限制，無航運可利用的能力，但它對於楚國發展這一地區的農業經濟，灌溉大片良田，使之適宜種植水稻及其他農作物，是發揮了作用的。尤其是進入戰國時期，秦楚屢次在漢北爭戰，楚國軍糧大都是由這裡供給。文獻說：襄陽「肥沃千里，可耕可守，地形四通」，並且糧食也「有十年之積也[②]」。即可看出今湖北襄陽及其以北地區是楚國盛產糧食的地方。事實上，楚人在此經營時間最長，豫章陂周圍的灌溉水系，當為楚人所治理。

三、南陽諸陂

南陽諸陂，位於漢水流域北岸的河南西南部，其陂主要分布在古代淯水、湍水、朝水、沘水的沿河兩岸。據有關資料表明，在古代南陽地區，陂湖已達到100餘處[③]。如《水經注》中記有：馬仁陂、新野陂、大湖陂、襄鄉陂、樊氏陂、楚堰、玉池、赭陽東陂、鉗盧陂、六門陂、湖陽大湖、唐子陂等，這些陂湖從地貌分析，大都屬河間窪地湖泊和河流壅塞湖泊。陂湖面積最大的，達到「東西九里，南北十五里」；最小的也是「東西十里，南北五里[④]」。由於南陽地區是一個

---

① 《讀史方輿紀要》。

② 《讀史方輿紀要》。

③ 重修《大清一統志》卷212〈南陽府三記〉：唐縣有陂51，鄧州27，新野16，內鄉26，南陽23。這雖然是明清時期統計南陽地區的陂湖數位，但卻可看出歷史上的河南南陽地區，是一個陂湖眾多，水利資源豐富的地區。

④ 《水經注　淯水》。

東、西、北三面高而南面低的扇形盆地，漢水最大支流唐白河水系眾多的支流長期自東、西、北三個方向向盆地中央衝擊，導致故陂湖如今大都已淤積為良田和排灌溝渠。事實表明，先秦時期南陽地區水資源豐富、農業興盛，是楚國歷史上農田水利業開發最早的地區之一。

據史籍記載，在南陽地區活動最早的還是周王封召伯虎在此建立的申國。後申國被楚文王所滅，楚人就一直在此苦心經營。因此，這裡的「陂」，應當屬楚人或申、呂之人所築，而不是漢人所始創。固然《漢書 召信臣傳》謂召：「為人勤力有方略，好為民興利，務在富之。躬勸耕農，出入千陌，止舍離鄉亭，稀有安居時。行視郡中水泉，開通溝瀆，起水門提閼凡數十處，以廣溉灌，歲歲增加，多至三萬頃。」殊不知召信臣在出任南陽太守期間所進行的水利工程，大都是在楚人原工程的基礎上恢復和發展起來的。何況召信臣本人即是故楚郢都「壽春人也」，對楚國水利工程的基本原理和方法應當是十分熟悉的。因此，他在南陽主持水利工作時，必然會沿用楚人的治水與溉田方法，並充分利用楚人原有工程。《召信臣傳》說他「行視郡中水泉，開通溝瀆，起水門提閼凡數十處」，就可看出他在南陽地區所進行的一些水利工程，大都是屬於修補和疏浚工程。因為在春秋戰國時期，這裡就已經有了不少的人工所為的溝瀆和灌溉農田的水門。春秋時好興水利，善築陂塘養魚的行家楚范蠡就曾居住在南陽[①]，他對於這裡後世的築陂修池工程是有較大影響的。《世說新語 任誕篇》注引《襄陽記》云：「漢侍中習郁於峴山南，依范蠡養魚之法作魚池，池邊有高堤，種竹及長楸、芙蓉、菱茨，覆水，是游燕名處也。」即可說明這個問題。同時《左傳 成公七年》記：「楚圍宋之役，師還。子重請取於申、呂以為賞田，王許之。申公巫臣曰：『不可，此申、呂所以邑也，是以為賦，以禦北方。若取之，是無申、呂也。

---

① 《史記 越王勾踐世家》張守節〈正義〉。

晉、鄭必至於漢。」王乃止。」如果說南陽地區在春秋時期無水利設施，申、呂之田又何以為楚賦？很顯然，南陽地區的農田水利資源，早已被楚人所開發、利用。《水經注　湍水》記「湍水又逕其（酈）縣東南歷冠軍縣，西北有楚堨，高下相承八里，周十里，方塘蓄水，澤潤不窮」。即可證明早在先秦時期，楚人已在這裡開展了農田水利建設。

進入戰國晚期，又有孔氏在南陽地區進行了陂池修復工程。《史記　貨殖列傳》說：「宛孔氏之先，梁人也，用鐵冶為業。秦伐魏，遷孔氏南陽，大鼓鑄，規陂池」，在此發展農業、冶煉業和商業。

對於南陽灌區的盛況，東漢張衡有精彩描繪〈南都賦〉：「於其陂澤則有鉗盧玉池，赭陽東陂，貯水渟洿，互望無涯……其水則開竇灑流，浸彼稻田，溝澮脈連，堤塍相輳，朝雲不興；而潢潦獨臻，決湠則暵，為漑為陸，冬稌夏穧，隨時代熟。」[①] 酈道元《水經注　比水》亦說：「其水西南流，逕湖陽縣故城南。地理志曰：『故蓼國也。』〈竹書紀年〉曰：『楚共王會宋平公於湖陽者矣』。……湖陽能治田殖，至三百頃，廣起廬舍，高樓連閣，波陂灌注，竹木成林，六畜放牧，魚贏梨果，檀棘桑麻，閉門成市。」把比水左岸的湖陽大陂所發揮的灌溉作用和當地的自然景觀，描寫得栩栩如生。

可見，南陽地區諸陂湖在春秋戰國時期，一般來說都有灌溉的能力。因為這些陂湖多分布於南陽地區諸河流的中上游的崗地上，屬截堵而成陂。所以古人大都是依地勢築陂下灌良田，其效果是「歲歲增加，多至三萬頃[②]」。但是，位於淯水和比水東西兩岸自然形成的崗邊湖，對於調節漢水水位、發展水運、促進南北經濟文化的交往，亦是發揮了作用的。文獻說比水入淯，比水又與澧水會，「澧水源出於桐

---

① 蕭統《文選　南都賦》。
② 《漢書　召信臣傳》。

柏山與淮同源^①」。即可看出在先秦時期，這裡河、陂是可以通航漕運的。《讀史方輿紀要》卷五十一〈河南六南陽府說〉：「南陽府當春秋時要地。」又說：「南陽府有高山峻嶺可以控扼寬城，平野可以屯兵，西鄰關陝可以召將士，東達江淮可以運穀粟，南通荊湘巴蜀可以取貨財，北距三都可以遣救援。」把古代南陽地區的山川、河流以及地理位置在歷史上所起到的作用，作了高度的概括。事實證明，春秋戰國時期南陽地區無論是在楚國軍事戰略上，還是在其水利發展史上，都占有相當重要的地位。

第三節　東部地區的湖泊

　　春秋戰國時期楚國東部地區，先後包括淮水流域和長江下游故吳越地區。相對中西部和南北部地方而言，楚國東部地區的湖泊是最多的，其中長江下游地區又多於淮水流域。

　　春秋中晚期乃至戰國，淮水流域基本上已逐漸進入楚國的版圖，尤其是在戰國時期，楚郢都東遷至陳和壽春，淮水流域更是成為楚人發展經濟、文化的重點地區。據文獻記載，由於淮水流域水系在先秦時期徑流量比今大，支流多，河床坡度小，夏季降水集中，易發洪水。據不完全統計，這裡湖泊主要有：大澤湖、山陽湖、東西蓮湖、湄湖、陸陽湖、樊梁湖、津湖、白馬湖、武廣湖、葛陂、燋陂、鴻郤陂、上下慎二陂、申陂、青陂、富陂、高塘陂、焦陵陂、茅陂、銅陂、窮陂、大漅陂、白汀陂、雞陂、潼陂、芍陂、期思陂、徐陂、高陂、馬瀨湖陂等約一百多個^②。這些湖泊大都分布在古代淮水流域的

① 《水經注　比水》及〈淯水注〉、〈淮水注〉。
② 《水經注　淮水》，又參見《讀史方輿紀要》江南高郵州、六安州、廬州府、壽州等諸條。

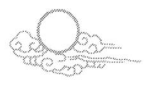

東西和南北兩岸的江淮間，有的是受地質構造運動的影響而成湖，有的是因河流改道和邊灘發育而壅塞成湖。從今地形圖看，這些湖泊目前大部均已化為平陸，唯有淮水中下游南岸尚存幾座古代的殘湖（北岸湖泊的消失，主要是受歷史上數次黃水泛淮的影響所致）。分析這些湖泊，無疑對於了解楚人如何利用江湖發展農耕經濟，是不無裨益的。

一、大濠陂

大濠陂位於今安徽利辛縣東南的淮水北岸，西淝河的東岸，今已演變為村落良田。在先秦時期，該地區黃泛淮問題並不十分嚴重，這裡因受西北高、東南低和河流交錯的地貌影響，淤積成許多湖泊。《水經注　淮水》說：「淮水又北，夏肥水注之。水上承沙水於城父縣，左出東南流，逕城父縣故城南，王莽之思善也。縣故焦夷之地。春秋左傳昭公九年，楚公子棄疾遷許於夷，實城父矣。取州來淮北之田以益之，伍舉授許男田。杜預曰，此時改城父為夷，故傳實之者也。然丹遷城父人於陳，以夷濮西田益之。言夷田在濮水西者也。然則濮水，即沙水之兼稱，得夏肥水之通縣矣。……夏肥水自縣又東逕思善縣之故城南。……夏肥水又東為高坡，又東為大濠陂。水出分為二流，南為夏肥水，北為雞陂。夏肥水東流，左合雞水。水出雞陂，東南流為黃陂，又東南流，積為茅陂。」這段史料不僅把今安徽淮北阜陽地區在古代多湖泊、河流的地貌作了描述，而且把楚人在這裡的活動情況尤其是土地開發的狀況，也作了簡明的交待。事實上，《水經注》已給我們提供了這樣的一個資訊，即古代的淮北地區諸陂湖在春秋戰國時期已發揮了經濟效益。酈氏所引《左傳　昭公九年》：「取州來，淮北之田以益之，伍舉授許男田。然丹遷徙城父人於陳，以夷濮西田益之。」即可證明。

雖然先秦時期的大濠陂不知形成於何時，但從這裡所獲得的地質資料看，該地區在全新世中期以後，就有了湖群的基礎。後來由於淮

北諸水系入淮口門泥沙不斷地淤積導致流水不暢，一遇洪雨水，這裡便形成江淮湖群的北半部。因此，淮北湖群中的大漴陂湖的形成，其歷史是久遠的。這就是說，大漴陂湖的形成，既有地理因素，也有人類社會活動的因素①。

　　據文獻記載，大漴陂湖一帶在春秋早期，主要屬淮夷經營。進入春秋中期以後，楚人就已經開始注重這裡的農田水利建設。楚莊王時，楚令尹孫叔敖在淮南期思治水，作為近鄰於戰國時期楚國都陳、鉅陽、壽春的大漴陂，應當是楚人精心治理的地方。據《讀史方輿紀要》卷二十一江南三壽州大漴陂條透露，大漴陂雖然在隋代以前已經荒廢，但在唐代復置後，便可「溉田數百頃。」這說明，大漴陂在隋以前乃至先秦，其灌溉能力是很大的。事實證明，楚國郢都自東遷之後，楚人在淮水流域大力興修和利用原有的水利設施，盡快恢復其經濟實力，使楚國一度「乃收東地兵，得十餘萬，復西取秦所拔我江旁十五邑以為郡，拒秦②」。且楚遷都壽春後：「春申君相楚八年，為楚北伐滅魯，以荀卿為蘭陵令。當是時，楚復強。」③均得益於這裡的農業經濟基礎。《史記　平准書》記元鼎年間（西元前116年—前110年）「山東被河災，及歲不登數年，人或相食，方一二千里。天子憐之，詔曰：『江南火耕水耨，令饑民得流就食江淮間，欲留，留處。』」由此可看出戰國以至秦漢，楚國東部地區的江淮間，土地肥沃、江湖陂池都已得到治理，成為盛產水稻和其他經濟農作物的殷富之地。這就是說，戰國時期的陳、鉅陽、壽春之所以能在淮水中游地區經營數十年，這除了有其他政治軍事因素之外，豐富的自然經濟資源和水陸交通便利，以及適宜發展農田水利的地理條件，恐怕亦是一

① 張義豐：〈淮河中游江淮湖群形成的地理因素和社會因素——兼論芍陂的形成〉，《芍陂水利論文集》中國水利學會水利史研究會1988年編印。
② 《史記　楚世家》。
③ 《史記　春申君列傳》。

個很重要的因素。

總之，《水經》中說夏肥水東南流逕今阜陽地區利辛縣東即是高陂，又東是大瀇陂，陂水南流是肥水，北支是雞陂，雞陂下游是雞水，流經黃陂、茅陂，往東南和肥水一併注入淮水，就足以表明這一帶陂池相聯，川渠交錯，形成了一個以大瀇陂為主體的較大的農田灌溉網系。當然，這個灌溉網系，並非是一二代人所能完成的，它包含著楚人長期在此奠定的雄厚物資基礎和他們所積累的勞動智慧。因此，古代的大瀇陂灌區對於楚國晚期的經濟恢復，其作用是不可低估的。

二、高塘諸陂

高塘諸陂位於安徽阜陽市西南，淮水的北岸，今已廢。該陂從地貌分析，屬淮北古潤水、潁水間窪地淤積湖泊。這裡淮水自河南淮濱至安徽阜陽東南的南照集一段，河床南移現象十分明顯，這對於分布在古代阜陽地區西北、南、東南諸陂湖的衰亡和淮水北岸邊灘新生湖泊的發育，都有著很大的影響。據《水經注》記載，在今阜陽的西北、南以及東南一帶，分布著許多大大小小經人工改造過的陂湖。這些陂湖的水源，主要是來自於阜陽西北丘地諸水系和洪雨水。由於這裡的地勢是西北高、東南低，陂湖的灌溉範圍主要是在淮北潁水下游西岸的丘陵平原地區。這一地區據文獻記載，春秋時為胡國也。《左傳　定公十五年》（西元前495年）記，鬍子國因不貢賦於楚，楚王滅之。爾後楚烈王九年（西元前254年），「楚遷於鉅陽。」[1] 鉅陽，按《中國歷史地理圖集》第一冊戰國楚越版圖示定，在今安徽阜陽西北潁水的東岸。這說明，位於春秋時胡國國都和戰國時楚郢都即今阜陽市以西和以南的諸陂湖，在先秦時期均已被人們開發利用，尤其是進入戰國時期，楚國的政治中心移至鉅陽、壽春，這一地區的水利事業

---

[1] 《資治通鑒》。

得到更快發展。

《水經注 淮水》說：「淮水又東過廬江安豐縣東北……淮水又東，谷水入焉。水上承富水，東南流，世謂之谷水也。……谷水又東迳富陂縣故城北，俗謂之成閭亭，非也。《地理志》汝南郡有富陂縣。建武二年，世祖改封平鄉侯王霸為富陂侯。《十三州志》曰：漢和帝永元九年，分汝陰置。多陂塘以溉稻，故曰富陂縣也。谷水又東，於汝陰城東南注淮。淮水又東北，左會潤水，水首受富陂、東南流，為高塘陂。又東，積而為陂。水東注焦陵陂，陂水北出為銅陂。陂水潭漲引瀆，北注汝陰。四周隍塹，下注潁水。焦湖東注，謂之潤水，（水）迳汝陰縣東，迳荊亭北，而東入淮。」這段文獻雖然記述的是漢魏時期今阜陽的西南和東南一帶的水系分流、陂河相通狀況，但卻給我們提供了一個資訊，即在先秦時期，這裡已初步形成灌溉網系，而且這種網系大都是人們利用這裡有利的地勢和焦湖水系，並採取截堵和引水的辦法營造的。因為先秦時期的人們早已懂得「修封疆，審端徑術，善相丘陵陂險原隰，土地所宜，五穀所殖」的引灌耕種原理[1]。有學者認為楚國境內的楚蠻、揚越和淮夷都擅長農田水利，是有見地的[2]。事實上，《水經注》所說淮河的汝、潁間分布有十個較大的農田灌溉陂湖，大都是淮夷人和楚人在此修建、利用的。《漢書 地理志》記西漢時，將淮北阜陽西南地區的諸陂湖故名為富陂縣，即可看出這裡的灌溉設施不是漢代人所始創，而是早有基礎。雖然兩漢時期的文獻記載有人在此實施了不少的水利工程，但他們大都是在原有的基礎上進行疏浚和修復的。如東漢鄧艾在淮北興修水利，即是很典型的事例[3]。因此，淮水北岸的高塘諸陂不僅在先秦時期已經存在，而且

---

[1] 《呂氏春秋 孟春紀》。

[2] 張正明：《楚文化史》，上海人民出版社1987年版，第49頁。

[3] 《三國志 鄧艾傳》，又明代《鳳陽府志 潁州》。

是戰國時期楚都鉅陽附近的重要產糧灌區。《左傳 昭公九年》記吳楚爭奪州來「淮北之田」，以及楚考烈王將淮北十二縣的大片土地賜予楚相黃歇，可能就因為這裡「川澤流通，田疇沃衍，耕屯於此，兵食可以交足也①」的緣故。

從高塘諸陂分布的情況看，大都在淮水北岸諸水系的沿河兩岸，且不論其大小，往往都與灌溉管道互相串聯，形成「長藤結瓜」、陂渠相聯②的灌溉網。這種灌溉形式，除了淮水北岸的高塘諸陂、大漴陂和潁水下游的上慎、下慎諸陂有相同之處外，淮水南岸的眾多陂池，也是如此。這種情形與河南南陽地區和漢水中游地區楚國曾在此修建過的灌溉陂池相比較，大體上都相同。這就是說，「長藤結瓜」式的灌溉網，很可能是楚人利用丘地陂池水往低處流的原理灌溉農田的一大特點。很顯然，楚人發展農田水利事業是在廣泛吸收和綜合利用南北農業文化精華的基礎上，創建陂池灌田水利工程的③。

三、白馬湖

白馬湖亦稱馬瀨湖，位於今江蘇寶應縣西北十五里，故淮水之南，其湖水南與高郵湖相聯，西南又與洪澤湖相通，並於今淮陰附近入淮。先秦時期，這一地區分布著許多小湖泊，其中位於白馬湖西南的洪澤湖在古代為潟湖。由於新地殼構造運動的斷裂上升，以及泥沙的淤積和陸地的不斷向大海推進，這一潟湖至遲在新石器時代的晚期已分成無數的小湖泊。白馬湖與高郵諸湖，也即是在這樣的地理環境中產生和發育起來的湖泊。因此，今淮水下游南岸即淮陰南、西南、東南所分布的湖泊，雖然湖水面積大屬後來諸因素造成，但其湖盆的形成年代則是十分久遠的。

據考古資料表明，遠在新石器時代乃至商周，此地就有人類開

① 《讀史方輿紀要》。
② 《水經注 淮水》、《肥水》篇。
③ 劉玉堂：《楚國經濟史》，湖北教育出版社，1995年版。

始在湖區從事漁獵活動①。尤其是進入春秋戰國時期，這裡的農田、江河、湖泊都已在不同程度上進行了開發、治理。《史記　吳太伯世家》說：「九年，公子光伐楚，撥居巢、鍾離。初，楚邊邑卑梁氏之處女與吳邊邑之女爭桑，二女家怒相滅，兩國邊邑長聞之，怒而相攻，滅吳之邊邑。」鍾離，裴駰《集解》引服虔曰：「鍾離，州來西邑也。」又《史記　越王勾踐世家》說：「勾踐已平吳，乃以兵北渡淮，與齊、晉諸侯會於徐州，致貢於周。」這說明，江淮間的農田水利和農副經濟，在春秋戰國時期已經有了很大的發展。

西元前486年，吳王夫差在善於從事「耕於野」的楚人伍子胥的協助下，利用古代揚州地勢南高北低、瀕臨長江和這裡自北到南有一連串湖泊呈帶狀分布的地理條件，開鑿了一條名為邗溝的人工運河。這條運河《水經注　淮水》描寫得十分詳細：「（淮水）又東過淮陰縣北，中瀆水出自馬湖東北注之。……又東逕淮陰縣故城北，北臨淮水。……（淮陰）縣中有瀆水，首受江於廣陵郡之江都縣。縣城臨江。……中瀆水自廣陵北出武廣湖東、陸陽湖西，二湖東西相直五里。水出其間，下注樊梁湖。舊道東北出，至博芝射、陽二湖，西北出夾邪，至山陽矣。」《讀史方輿紀要》卷二十二江南四淮安府山陽縣山陽瀆條云：「在府城東，古邗溝也。其入淮處謂之末口也。」以上史料提供了這樣一個資訊，即吳越人因地制宜，利用諸湖開漕運糧，發展吳越經濟，加強了南北文化的交流，使吳國一度成為東海之濱的強國②。

除此之外，由於淮水流域諸水系在遠古時期徑流量大，每逢洪水季節，淮北水患嚴重。但由於淮南白馬湖、武廣湖、陸陽湖等湖泊的調節，使洪患有所緩解。這就是說，白馬諸湖在先秦時期，起到了調

---

① 南京博物院：《文物考古工作三十年》，文物出版社1979年版。
② 《史記　吳太伯世家》。

節淮水水位和蓄洪的作用。

戰國晚期，楚人來到了壽春，白馬諸湖在原吳人開發的基礎上進一步得到了綜合利用，並成為楚南糧北調，控制吳越的重要內河航線。當年越滅吳後，越王勾踐「乃以兵北渡淮」伐齊，春申君「封於吳，行相事[①]」往來於壽春、「故吳墟」之間，靠的是吳人開鑿並經楚人疏浚的邗溝。這表明，淮南地區的白馬諸湖的開發，應當是吳人和楚人在這裡共同創造的成果。

在春秋戰國時期，先後納入楚國東部版圖的長江下游地區的湖泊與其他地區比較起來，不僅數量多，而且面積亦較大。這主要是長江下游河段的河床在當時甚寬，江心洲分布密集，坍塌並岸演變頻繁，海岸線不斷向東發育等諸因素造成的。據有關資料分析，先秦時期長江下游地區的湖泊擁有數十個，其中較大的湖泊有：彭蠡湖、巢湖、太湖、笠澤、山陽湖、丹陽湖、女墳湖、游湖、莫湖、胥湖、貢湖、洮湖、渦湖、芙蓉湖、菱湖等。這些湖泊對於春秋時期的吳越國和戰國時期楚國東部地區的農田灌溉與發展水運，以及鄉村城鎮居民用水乃至調節自然氣候等，起到了很大的作用。

四、彭蠡湖

彭蠡湖，今為龍感渚湖（即龍感湖、官湖、黃湖、泊湖等），在安徽西南長江的北岸，爾後江湖分離，長江主泓南移，江南岸梅家洲形成，阻礙了古贛江水的排泄，遂使古彭蠡澤不斷向南擴張，從而形成了今日遼闊的鄱陽湖。這就是說，今江西北部的鄱陽湖在先秦時期不是湖泊，直至漢代，今鄱陽湖還是贛江下游的沖積平原，其中有一些水面。大約在南朝時，鄱陽湖一帶的水面有所擴大；隋煬帝時，因湖附近有鄱陽山而故名為鄱陽湖。自此，今鄱陽湖更以水產豐富、百鳥翔集而著稱於世。

---

① 《史記　春申君列傳》。

118

彭蠡一詞的出現，最早始見於《尚書　禹貢》：「彭蠡既瀦，陽鳥攸居」語。《史記　吳起列傳》中也有關於左洞庭、右彭蠡的記載。這說明彭蠡湖，形成甚早。但是，據有關資料分析，〈禹貢〉中所說的彭蠡古澤，乃處於長江以北今湖北的黃梅至安徽的宿松、望江地。因為當時的長江在擺脫中上游兩岸山地的約束奔出武穴後，即以武穴丘地為頂點，形成一個北至黃梅、南至九江的沖積扇，江水在沖積扇上以分汊水系的形勢，流注於扇前窪地，瀦匯而成彭蠡湖泊。由於這一地區在先秦時期屬沖積扇上分汊水系的形勢，故〈禹貢〉又概之謂「九江」。相傳禹疏九江，就是對這些分汊河道加以整疏，使之通暢地經彭蠡而注入海。〈禹貢〉中有滄浪之水，「至於大別，南入於江，東匯澤為彭蠡。東北為北江，入於海。……九江，至於東陵，東北會於匯。」漢孔安國注云：「匯彭蠡也。」又《史記　河渠書》記太史公說：「余南登廬山，觀禹疏九江。」即可看出先秦時期今黃梅至望江一段，屬水面寬闊、前後連貫、與江相通的主航道。因此，魏源《釋道南條九江》認為：「尋陽在昔原有江分數派之事。……鄱陽在昔不名彭蠡，謂之湖漢水。……其時彭蠡澤在湖口下游，小弧山左右，為今彭澤縣對岸宿松、望江二縣。」[1]結合今天所獲得的這一地區的地質勘探和地貌分析資料，此說是成立的[2]。這就是說，彭蠡古澤曾經是古代長江中下游所謂「北江」的重要水上交通要道。

據《左傳　定公二年》載：「秋，楚囊瓦伐吳師於豫章。吳人見舟於豫章，而潛師於巢。冬十月，吳軍楚師於豫章，敗之。遂圍巢，克之，獲楚公子繁。」豫章，按《水經注　贛水》記：「贛水又北逕南昌縣故城西，於春秋屬楚，即令尹子蕩師於豫章者也。」《中國古今地名大辭典》說：「《左傳　昭公六年》，楚子蒲帥師伐吳，師於

① 《魏源集》（下冊），中華書局1976年版，第547頁。
② 林承坤：〈河床學的物件和研究方法〉，《地理》1961年第6期。

豫章。又《定公四年》，蔡侯、吳子、唐侯伐楚，舍舟於淮汭，自豫章與楚夾漢。〔杜注〕：『豫章漢東江北地名。』其地在淮南江北之界。」綜合這兩段史料分析，春秋時所謂豫章，當包括今江西省的北部、安徽省的西南部和湖北省東南部。巢，在今安徽巢縣。這說明春秋時吳楚之間多次發生軍事衝突，其兩國水師必然遊弋於今湖北黃梅、武穴和江西九江、湖口、彭澤，以及安徽安慶、懷寧、望江、宿松一帶。1984年，在武穴城東的長江航道上進行挖沙疏航作業時，從江底下約六公尺處挖出青銅劍甬鐘二十三件和青銅句鑃二件。經初步研究，其鑄造年代在西周晚期至春秋中期之間，甬鐘與湖北大冶、江蘇鎮江、廣東清遠、廣西恭城等地所出者類似，而句鑃則為吳越所特有，二者都應是越文化的遺物 ①。這段考古材料給我們提供了一個資訊，即最遲在春秋早期，今長江下游東段已成為楚文化與吳越文化相互交流的重要管道。但是，由於當時長江江面甚寬，風浪亦大，長江下游的船隻多行於沿江兩岸的湖澤網地和江心洲之間的所謂「沱江」航道上。譚其驤先生在〈鄂君啟節銘文釋地〉一文中認為，鄂君啟節「舟節」中的「庚彭 」即指彭蠡澤，在江北，即今黃梅到望江一帶渚湖，其舟行這段水路，是舍江路而改走江北渚湖路 ②。此說是正確的。

五、巢湖

巢湖亦稱焦湖，在今安徽省中部巢縣、肥西、肥東、廬江等縣市間，因湖呈鳥巢狀故名。據有關地質專家分析，在距今1000萬年以前的第三紀時，這裡已是一個面積遼闊的構造盆地。到了第四紀中期，構造盆地下沉，成為附近山地的集水窪地，然後匯水成為一大水體 ③。可見，巢湖形成的年代是十分久遠的。雖說在先秦文獻中巢湖不見記載，但這並不能證實今巢湖地區在先秦時沒有湖泊。事實上，今巢湖

---

① 參見張正明：《楚文化史》，上海人民出版社1987年版，第53頁。

② 譚其驤：〈鄂君啟節銘文釋地〉，《中華文史論叢》第2輯。

③ 參見王洪道、竇鴻身等：《我國的湖泊》，商務印書館1984年版，第136頁。

地區是古巢國一個很重要的經濟湖區。楚滅巢之後，進一步對巢湖開展治理。尤其是楚郢都遷徙至安徽壽縣之後，巢湖不僅是當地農田的灌渠之源，而且也是楚國下通吳越，上溯湘贛的水運中轉要地。

據遙感資料分析，今巢湖南的長江北岸無為縣地為古代長江分汊河道，湖水大體在無為縣東倉頭一帶注入長江。由於長江不斷南移，二十四個沙洲逐漸並岸，無為在漢末曹魏始築城，並作為軍事據點設置在湖水注入長江的交匯處①。這就是說，先秦時期的巢湖水面積要略大於今面積，長江緊靠左岸山地陂腳和江湖河口東行，巢湖西部及北部的杭埠河、豐樂河、派河、南肥河、店埠河、柘皋河、烔煬河等，皆注入巢湖，並構成以湖、河為中心可通南北的航道網路。地方史志稱：「無為素稱澤國，南臨大江，惟賴一線長堤，抵禦江水。堤決江漫，不獨無為一郡盡為波逆，而鄰屬均成淵藪，所以志稱為和、含、盧、巢之咽喉也。」②事實證明，這種說法是合乎其當地的歷史地理狀況的。

西元前508年，「桐叛楚。吳子使舒鳩氏誘楚人，曰：『以師臨我，我伐桐，為我使之無忌。』秋，楚囊瓦伐吳師於豫章。吳人見舟於豫章，而潛師於巢。冬十月，吳軍楚師於豫章，敗之。遂圍巢，克之，獲楚公子繁。」③桐，在今安徽桐城縣。舒鳩，在今安徽舒城縣。巢，《水經注 沔水》說：「（沔水④）又東北出居巢縣南，古巢國也。湯伐桀，桀奔南巢，即巢澤也。……江水自濡須口又東，左會柵口，水道巢湖。」這說明，當時楚國的水師伐吳師於豫章，吳人見之而將其自己的水師隱藏在今巢湖，後來吳師主動出擊，雙方在

① 清嘉慶《無為縣志 沿革》及〈堤防〉篇。
② 清嘉慶《無為縣志 水利志一》。
③ 《左傳 定公二年》。
④ 《水經注 沔水》篇記：「沔水與江合流，又東過彭蠡澤，又東北出居巢縣南」的「沔水」，當指長江下游即湖北黃梅和安徽宿松、望江、安慶、無為，以至可入太湖一段的長江左、右岸分支河道。

今湖北黃梅至安徽宿松、安慶一線即古豫章範圍內打了一仗，吳、楚雙方的水師，明顯都是出入於今巢湖。《左傳》記：「遂圍巢，克之」，俘巢守將楚公字繁，即是明證。同時《左傳　昭公三十一年》記：「秋，吳人侵楚，伐夷，侵潛、六。」吳國的水師也是借用長江至巢湖水道去攻打今安徽六安、潛山附近的潛、六二國的。

　　在巢湖的北面，有古施水（即今南肥水）可通春秋時楚之州來（即今壽縣）。宋王象之說：「古者巢湖水北合於肥河。魏窺江南則循渦入淮，自淮入肥，緣肥而趣巢湖，與吳人相持於東吳。吳人撓魏亦必緣此。司馬遷謂合肥、壽春受南北湖，蓋此水耳。」[1]《左傳　魯襄公二十六年》記：「子反與子靈爭夏姬，而雍害其事，子靈奔晉。晉人與之邢，以為謀主，扞禦北狄，通吳於晉，教吳叛楚，教之乘車、射御、驅侵，使其子孤庸為吳行人焉。吳於是伐巢、取駕、克棘、入州來。」駕，楊伯峻先生認為在今安徽無為縣境[2]。由此可見，今巢湖在春秋時就已成為吳國通往淮北，楚人欲圖吳疆的重要軍事門戶和水上交通要道。

　　此外，巢湖附近的水系對於當時分布在今六安、舒城、桐城、肥西、巢湖一帶的淮夷小國發展農業生產，進行物資交流，是發揮了很大的作用的。雖然先秦文獻中沒有提及分布在今淮南地區的古六、桐、潛、巢以及群舒諸國在這裡是如何進行生產勞動的，但是，從這一地區所獲得的考古資料看，他們在治理江湖的過程中是有所成就的。

　　據《左傳　昭公四年》記載，楚遠啟強佔領巢國，並在此加固修築城垣。文獻說：「東國水，不可以城。」可見，他們在此立國建城，必然要治理江湖，考慮排澇擋水工程。同時，考古工作者在肥

---

① 　引自《讀史方輿紀要》。
② 　楊伯峻：《春秋左傳注　襄公二十六年》，中華書局1981年版。

西、舒城、廬江、肥東、巢湖等市縣發現西周至東周時期的文化遺址和遺物，亦可看出在「水鄉澤國」的地理環境中生存，必然要充分利用水資源作為從事社會活動的重要條件。不然，河網湖泊交錯之地就不可能出土既有中原文化特點，也有地方風格的青銅器生活用具[1]。

再從文獻記載分析，當時的巢國當在今巢湖的東北岸，群舒大體分布在巢湖西部豐樂河及杭埠河的沿河兩岸[2]。但是由於這兩條河流源近流短，流域區內地勢起伏不平，加速了雨洪徑流的匯流過程，使河川的徑流量呈現出急劇變化，表現為山溪性河流的特性。這種特性一般說來，既對人們有害，也對人們有利。有害者，則雨洪到來衝垮房屋，毀壞良田；有利者，則可依高丘地築堰攔蓄，引灌良田。作為「群舒」、巢等國居於湖澤、河網之地，若不在此興築排水系統，解決洪水的威脅，是難以生存和發展自己勢力範圍的。這就是說，分布在今巢湖東岸的「巢」和西岸的「群舒」等國，當是開發巢湖最早的國家。

六、太湖

太湖，亦名震澤，《爾雅》稱之為具區，在今江蘇省南部無錫、宜興、吳江和浙江省的長興、湖州等市縣間。震澤之名，始見於《尚書　禹貢》「三江既入，震澤底定」的記載。至於它的成因，史地學家研究甚多，但見解不一。民國初年，丁文江先生在〈揚子江下游地質〉一文中指出：「太湖所在地，本為一淺海，揚子江三角洲、錢塘江三角洲逐漸南北伸展，海灣中繼，逐漸淤塞而成湖矣。」[3] 這是太湖成因海灣潟湖說的最早提出者。但是，20世紀80年代卻有人根據太湖的鑽探資料認為，自全新世以來，太湖地區一直處於陸相環境。並指出：如果說太湖確是距今6000—7000年高海面期間海浸所造的潟湖

---

① 安徽省文化工作隊：《文物考古工作三十年》，文物出版社1983年版。
② 參見《中國古今地名大辭典》「巢」、「舒」兩條，商務印書館中國香港地區分館1931年版。
③ Ting V. k., Geolg. V of the Yangtze Estuary前浚浦局報告。

遺跡，那太湖底自當保留海相及半鹹水相的潟湖沉積物，以及在其上後淤積的湖相沉積物。可是，近期在太湖內以淺層地層剖面儀測量和在西太湖水域進行鑽探，發現太湖底多為10公釐至數十公尺灰色現代湖相沉積，其下即為棕黃色粘土層，中間並無潟湖相沉積物[①]。因此，在距今6000年前後，今太湖平原是一個河流、湖沼廣泛發育之地。由於海面回升，太湖平原上一些入湖河流河口地區泥沙淤積，造成河流中下游河段滯水、氾濫，導致河道內及兩岸外低窪處積水，使原來已經形成的沼澤、湖泊逐漸擴大。太湖的原始雛形就是在這個時期形成的。這就是說，太湖是因河流堰塞而形成的[②]。結合今太湖地區已發現近300多處新石器時代古文化遺址看，後一種說法似可成立。

太湖的形成，無論是對於這一地區的自然氣候，還是對於其他經濟特產的發展，以及社會人文活動展開，都有著很大的影響。據《逸周書 職方解》記載：「東南曰揚州，其山鎮曰會稽，其澤藪曰具區，其川三江，其侵五湖，其利金、錫、竹、箭，其民二男五女，其畜宜雞、狗、鳥、獸，其穀宜稻。」《國語 越語》也說，「臣聞之賈人，夏則資皮，冬則資絺，旱則資舟，水則資車，以待乏也。」這應當是吳越人在太湖地區從事各種社會活動共同發展經濟文化的真實狀況。

由於太湖地區具有得天獨厚的自然經濟條件，加之在地理位置上「吳越同壤」，特別是在太湖流域「壤交通屬」，舟楫方便，所以春秋晚期吳越兩國爭奪「三江、五湖之利」激烈。《國語 越語上》記載伍子胥對吳王夫差說：「夫吳之與越也，仇讎敵戰之國也，三江環立，民無所移，有吳則無越，有越則無吳矣。」《國語 越語下》也記載范蠡對越王勾踐說：「與我爭三江、五湖之利者，非吳耶？」於

---

① 孫順才：〈太湖地形及現代沉積〉，《中國科學院南京地理所集刊》1987年第4號。
② 景存義：〈太湖的形成與演變〉，中國水利史研究會1987年年會論文。

是，吳越雙方的水師多借助於太湖水系作為他們之間互相攻伐和防禦的屏障。這就是說，在當時吳越雙方水師勢力強大的情況下，太湖流域在軍事上的重要戰略地位是不言而喻的。

至西元前334年，楚威王滅越[①]，「三江、五湖之利」皆為楚有。尤其是自秦將白起拔郢之後，楚國的政治、經濟、文化重心遷徙至楚國東部地區，太湖流域不僅成為楚國重要的產糧基地，而且是楚人北禦齊趙的可靠後方。《史記 春申君列傳》說：「考烈王元年，以黃歇言之楚王曰：『淮北地邊齊，其事急，請以為郡便。』因並獻淮北十二縣，請封於江東。考烈王許之。春申君因城故吳墟，以自為都邑。」把「江東」地區作為楚國封邑的重點經濟區來進行開發，並以資「楚復疆域」的軍事所用。很顯然，春申君在太湖地區大興水利，發展水運，築城加固故吳都，為使之繼續成為楚國東部沿海地區的一大都會，作出了貢獻[②]。這就是說，楚人佔據吳地之後，絲毫沒有忽視對這裡水資源的綜合利用與開發。

據調查，太湖水的出口集中分布在湖泊東部和北部，並且分別由今沙墩港、胥口港、爪涇口、南庫港及太浦河等港瀆下泄，經吳淞江、黃浦江、望虞河、瀏河等注入長江；在西部，有胥河經宜興、溧陽、高淳，於蕪湖市入江；在南部，湖的分汊河道可至浙江，並經其支流可至紹興越都。在這樣的地理環境中，太湖實際上起到了楚國控制吳越故地，收納貢賦和聯繫南北之間商業貿易的作用。當然，在春秋時期，太湖早已成為吳越人發展農業經濟和工商航運的水鄉澤國。楚國佔領這裡之後，又繼續做了一些湖泊治理和利用方面的事情。

七、蠡湖

蠡湖，亦稱巢湖，在今江蘇省蘇州市北的蕩口、黃埭鎮一帶，目

---

① 楚滅越年，有學者定在西元前306年，但李學勤先生認定是在西元前334年，即楚威王滅越。參見李學勤：〈從新出青銅器看長江下游文化的發展〉，《文物》1980年第8期。

② 朱澄清、繆永言：〈江蘇省運河發展史述略〉，《公路交通編史研究》1989年第3期。

前大部已淤塞化為平陸，僅存面積不大的幾個零星小湖。該湖泊在先秦時期，水面積要比今大，屬古代壅塞湖泊。有人認為此湖是先秦時期太湖的一部分，但結合當地的地質鑽探資料和考古材料看，這是說不過去的。事實上，先秦時期的太湖面積沒有擴展到今無錫、新安、望亭、蘇州、吳江一線。《水經注　沔水》說：「太湖之東，吳國西十八里，有岞嶺山。」說明太湖直至漢魏時，其水域亦未達到吳都城下。因為吳都的山地（即今靈岩山）起到了阻遏湖水的作用，所以湖水不得不東注於海，此即〈沔水篇〉所說的「又東及西南，有兩小山……此山去太湖三十餘里，東則松江出焉。」由此可見，蠡湖在先秦時期不是太湖的一部分，二者是各自分布在吳都的西部和北部的兩個地理位置不同的古代湖泊。這就是說，在蘇州吳都西部的太湖，與東北的蠡湖以及陽城湖、沙湖，當是兩碼事，不可混為一談。

　　由於蠡湖位於故吳都的北部，處於江、湖、海之間，因此，其航運地位顯得十分突出。《越絕書　吳地記》說，「吳故水道，出平門，上郭池，入瀆，出巢湖，上歷地，過梅亭，入楊湖，出漁浦，入大江，奏廣陵。」張宗祥校注云：「此言吳故水道，由北面平門以出也。」這說明，先秦時期吳都的水路是出北門經今黃埭鎮、無錫、青陽鎮（楊湖）、江陰西利港而入長江的[1]。除此之外，〈吳地記〉還說：「吳大城，周四十七里二百一十步三尺，陸門八，其二有樓，水門八。」可見，位於蘇州吳都附近的東、西、南、北即古代的太湖、蠡湖、陳湖、陽線湖、沙湖、石湖、庞山湖、澹臺湖、獨樹湖等，皆被吳人利用作為航道。《史記　吳太伯世家》記：「齊鮑氏弒齊悼王。吳王聞之，哭於軍門外三日，乃從海上攻齊」；「越王勾踐率兵（復）伐敗吳師於笠澤。」又《左傳　哀公元年》：「吳王夫差敗越

於夫椒，遂入越，越子以甲楯五千保於會稽，使大夫種因吳太宰嚭以行成。」夫椒，杜預注：「夫椒，吳郡吳縣西南太湖中椒山。」但《越絕書　越地記》云：「夫椒山者，勾踐絕糧困地，去山陰縣十五里。」結合這次吳伐越的戰爭情況看，當以後說為是。其地應在今紹興北。笠澤，有人認為即太湖。其實，笠澤當與太湖無涉。《水經注　沔水》說：「太湖之東，吳國西十八里，有岞嶺山，俗說此山本在太湖中，禹治水，移進近吳，又東及西南，有兩小山，皆有石如卷笮，俗云禹所用牽山也。太湖中有淺地，長老云，是笮嶺山蹟，自此以東嵯深，言是牽山之溝。此山去太湖三十里，東則松江出焉。上承太湖，更逕笠澤。在吳南、松江左右也。〈國語〉曰：『越伐吳，吳禦之笠澤。』越軍江南，吳軍江北者也。」即可看出先秦時期的笠澤，當在今吳江的澄湖及澱山湖一帶①。這裡的湖泊，大多屬古代長江水系壅塞湖泊。這就給我們提供了一個資訊，即在先秦時期，吳都處於湖泊眾多、河網交錯的地理環境中。因此，《淮南子　道應訓》記楚白公問孔子說：「若以石投水中何如？」孔子答曰：「吳越之善沒者能取之。」《孫子　九地篇》說：「夫吳人與越人，相惡也。當其同舟而濟，遇風，其相救也，如左右手。」《越絕書》卷八記越王勾踐說：「夫越性直而愚，水行而山處，以船為車，以楫為馬。」說明吳越人有善於操舟、習水的能力，是與這裡具有水鄉澤國的地理環境所分不開的。

　　進入戰國的中晚期，楚滅越，春申君移居故吳都後，在這裡興築堰壩治理蠡湖，並將無錫東南地區的湖泊逐漸改造為湖田。同時他又引太湖水「東到大田」，「以瀉西野②」。由此可見，故吳都附近的湖泊，在春秋戰國時期，不僅可作吳、越、楚、齊等諸侯國之間爭雄的交通水道，而且也可用於灌溉，發展農業經濟。《越絕書　吳地記》

①　參見單樹模等：《江蘇地理》，江蘇人民出版社1980年版，第100頁。
②　《越絕書　吳地記》。

第三章　楚國的湖泊分布

說:「百尺瀆,奏江,吳以達糧。」《太平寰宇記》卷九十二常州無錫條云:巢湖西通大伯瀆,相傳為「范蠡伐吳開造」,以作糧運。這些文獻資料說明,楚國控制吳越故地之後,其故水道及楚人協助吳越人在此修建的水利工程和設施,已基本上為楚所改進和利用。《史記 楚世家》記:「王取武關、蜀、漢三地,私吳、越之富而擅江海之利。」即可看出楚人在吳越地區充分利用了江、海資源,並且將此地作為「朝服於楚」的重要經濟區。

總之,位於春秋戰國時期吳都北部的蠡湖,它除了有利於航運發展農商經濟外,更重要的是在軍事上起到了不可低估的作用。顧祖禹在《讀史方輿紀要》卷十九江南一中談到這裡的地理形勢時說:「蘇州則三江、五湖為限,無事時為財賦所資,有事時即要害所寄也。」又說:「自昔用兵者,出奇之地,談地利者,可不加之意哉!」[1]顧氏對這裡地利的評價是頗有見地的。這就是說,春秋戰國時期的蠡湖與太湖一樣,先後是吳、越、楚通往南北方的重要門戶。

八、丹陽湖

丹陽湖位於今江蘇、安徽兩省的邊境,長江下游的南岸,分屬高淳、溧水、當塗三縣市。該湖區在地質構造上屬於溧高背斜的西南部,當侏羅紀末期,燕山運動開始活動致使當地古生代和下中生代地層發生褶皺抬升,形成了溧高背斜。至白堊紀時,地殼發生了大規模斷裂,其斷裂方向主要有二組,即東北—西南和東南—西北。丹陽諸湖地正是溧高背斜構造東南——西北方向大斷裂的產物。這就是說,位於今江蘇、安徽兩省交界處的丹陽湖、石臼湖、固城湖,即三湖相連一體的湖泊,屬地質構造湖泊[2]。

該湖泊的水源,主要是來自於江蘇西南部茅山和浙江西北部天

---

① 又見《讀史方輿紀要》。
② 景存義:〈固城湖的形成與演化〉,《1960年全國地理學術會議論文集》(地貌)科學出版社1962年版。

目山的山澗溪水，並受丹陽湖以西沿江地帶崗阜起伏、地勢較高的約束，因此，湖泊的面積在先秦時期是較大的。在湖的西部，先秦時期湖水在今蕪湖市東當塗西南注入長江。其東部，湖水可經溧水東注太湖。有人認為，高淳至溧陽一段的溧水，即是伍子胥所開的一段人工運河[1]。但是，也有人否定這種說法，認為溧水是一條自然河流，伍子胥沒有開鑿運河[2]。結合文獻資料分析，後一種說法較為可信。但吳人對於這條河流進行疏浚、利用亦是有可能的。事實證明，丹陽諸湖在先秦時期完全具備航運、灌溉、蓄洪的能力。

《左傳 哀公十五年》記：「夏，楚子西、子期伐吳，及桐汭。」杜預注云：「宣城廣德縣西南有桐水出白石山西北，入丹陽湖。」楊伯峻先生也認為：「桐汭即今桐水，源出安徽廣德縣，折西北流經郎溪縣南，匯於南綺湖，北入江蘇高淳縣，注入丹陽湖。」[3]說明丹陽湖在春秋時，亦是楚人通往吳國的重要水道之一。《史記 伍子胥列傳》說：子胥離楚奔吳，「未至吳而疾，止中道乞食」。劉宋裴駰《集解》引張勃《吳錄》云：「子胥乞食處於丹陽溧陽縣。」又東漢趙曄《吳越春秋》卷三載：子胥奔吳，「於中道乞食溧陽，適會女子止綿於瀨水之上，筥中有飯，子胥遇之……女子知非恆人，遂許之」；同書卷四又載，子胥伐楚還吳，「過溧陽瀨水之上。」《水經 禹貢山川澤地所在》：「中江在丹陽蕪湖縣西南，東於會稽陽羨縣入於海。」漢魏蕪湖縣在今蕪湖市東，陽羨在今宜興市南。西元前529年，「啟越大夫常壽過作亂，圍固城，克息舟。」並在此增築軍事城邑[4]。這說明，丹陽諸湖在春秋時期就已經被人們利用為吳楚間人員

① 胡煥庸、任美鍔、李旭旦：〈東壩考察記〉，《方志月刊》1933年第6卷第2期。
② 魏嵩山：〈晉溪運河形成的歷史過程〉，《復旦學報》（社會科學版）歷史地理專輯，1980年增刊。
③ 參見楊伯峻：《春秋左傳注》。
④ 《左傳 昭公十三年》。

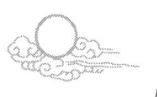

物資往來和軍戰的重要航道了。所以，楚人在當塗以西長江的北岸設有昭關和東關①，即可看出吳楚利用江湖埠岸作關隘則對於雙方都具有重要的戰略意義。因此，吳在丹陽湖畔築固城邑以拒楚，就更顯示出了這裡的地理位置重要。

在農田灌溉方面，丹陽諸湖所起的作用也不可忽視。由於諸湖水來自於蘇、浙山地，水系大都是自東南向西北注入長江，水位落差較大，有利於蘇、皖二省間的平原和丘陵地區的農田灌溉。雖然先秦時期的歷史文獻沒有記載這裡有較大的水利工程和具體的特產資源種類，但地方史志則記載，在今高淳東壩鎮附近曾設有銀淋、苦李、何家、余家、分水、東壩等五堰②。其目的在於一方面攔截洪水期的湖水氾濫免致太湖為害；另一方面是有利於引輪灌溉。單鍔在《吳中水利書》中說：「公輔以為五堰者，自春秋時吳王闔閭用伍子胥之謀伐楚，始創此河以為漕運，春冬載二百石舟，而東則通太湖，西則入長江。」儘管伍子胥在此曾始開人工運河的說法不可信，但卻給我們提供了一個資訊，即從地理條件上看，丹陽諸湖東部地區的丘地是有築堰建壩的地理條件的。因此，善習水性的吳越人在這裡進行小規模的水利建設不是沒有可能，從春秋戰國時期丹陽諸湖地區盛產水稻也可看出這一點。《廣陽雜記》卷四說：「東壩有上下二壩，有小石碑，言地古名艮林，其地糧稅加派於郡辦納。」說明今固城湖地區在歷史上是盛產糧食的地方。因此，清人劉獻廷對「五堰」始建於唐代說持懷疑態度，是有一定道理的③。所以，位於長江下游的丹陽諸湖，當是春秋時期吳越人開發、治理最早的湖區。《史記　河渠書》記：「於吳，則通渠三江，五湖。」顯然，長江下游地區幾個大的湖泊，均由吳、越、楚人先後綜合開發利用。直至現在，今固城湖（即故丹陽

---

① 曹雲忠、席木森等：《昭關》，《中華名關》；又《讀史方輿紀要》。

② 清《光緒高淳縣志》卷〈輿中志〉五堰條。

③ 《廣陽雜記》。

湖）仍是蘇皖之間物資運輸的重要航道。由此可見，先秦時期的丹陽諸湖對於吳、越國的經濟發展，以及後來楚都東遷後調運江南物資促進東西間的商業貿易往來，無疑發揮了重要的功能。

第四章　楚國中部地區的水利

　　江漢地區是楚人在此經營最早的地區。在楚人未來到這裡之前，當地的農田水利已有了一定的基礎。這一地區的考古資料表明，今湖北襄陽、房縣、京山、天門、宜昌、宜都、枝江、當陽、荊門、江陵、沙市、公安、松滋、潛江、洪湖、監利、仙桃、漢川、蔡甸等市縣，已出土了大量新石器時期至商周早期的遺址和遺物，反映出早在三四千年前，江漢地區的土著人已在這裡從事水稻種植和漁獵等活動。也就是說，在楚人尚未來到江漢地區之前，這一地區並非是一個荒無人煙的地方。

　　楚人大約在商末周初，即開始活動在漢水流域的丹江、淅水一帶；至楚熊渠周夷王時，楚人的勢力已擴展到江漢平原，並「甚得江漢間民和①」。自此以後，這一地區的農業經濟逐漸開始發生了變化。先進的中原農耕文化和青銅器文化，在這一地區得到更廣泛的傳播和發展。然而，由於地理條件和文化發展的不平衡，江漢地區的農業生產發展和農耕生產方式同其他地方相比仍然存在著地方性的差異。如楚國北部或中部北緣南陽盆地的農業和水利建設，從文獻記載來看，

---

① 《史記　楚世家》。

要比江漢平原略早[①]。因此，楚人在江漢地區發展農業，興修水利，必須要考慮到這裡特殊的地理環境，以便採取適宜的措施。

第一節　擴大耕地　開發江心洲

江漢地區的土著人，主要是被統稱為「楚蠻」的原三苗的後裔，但也有部分濮人和越人。如江漢間的枝江、松滋、石首、當陽以及漢水上游的竹山、房縣等地就分布有濮人[②]；江陵、沙市、潛江以及鄂東地區，大都分布有揚越[③]。

於是，外來的楚人或巴人來到江漢間，一般來說都會儘量選擇在土著人居地之外聚居以逐步發展其勢力。不然，外來民族就不會受到當地人的擁護和形成「甚得江漢間民和」的局面。因此，《史記·楚世家》記楚君熊渠：「乃立其長子康為句亶王，中子紅為鄂王，少子執疵為越章王，皆在江上楚蠻之地。」說明楚人來到平原地區，首先控制的是江上洲灘之地和江漢河畔的湖澤地。考古工作者在湖北枝江百里洲、宜都白水灘、江陵萬城和荊南寺、沙市北郊楊叉古和白廟子，以及當陽趙家湖等地，皆發現有商、西周乃至春秋早期村落遺址[④]，即可看出早期楚人大都在當時的長江、沮漳河、古揚夏水的洲灘上定居和從事各種生產勞動。同時，從楚熊渠三子受封的地理位置看，長子封在長江邊上江陵[⑤]，中子封在鄂東梁子湖的高河河畔[⑥]，少

---

① 《詩·都人士之會·采綠》。
② 蒙文通：《巴蜀古代論述》，四川人民出版社1981年版，第55頁。
③ 張正明：《楚文化史》，上海人民出版社1987年版，第24頁。
④ 湖北省博物館：〈湖北枝江百里洲發現春秋銅器〉，《文物》1972年第3期。又，根據江陵、沙市、枝江、當陽文博部門提供的文物普查資料。
⑤ 《史記·楚世家》。
⑥ 參見《大冶縣交通志·縣境梁子湖航道》，廣西人民出版社1989年版，第21頁。

子封在湖北長江邊上的秭歸[①]。這說明，楚人自荊山腳下來到平原地區，首先是在江河洲灘上和湖畔逐漸開墾並發展起來的。然而，利用這樣的地貌條件也並非是楚人獨創的先例，新石器時代先民就已對洲灘的利用有了一定的認識，在今沙市軍劉臺、監利福田、洪湖柳關和烏林等長江內河洲灘上發現新石器時代遺址[②]，即可為證。

　　在西周、春秋之際，江漢地區雖然土地面積遼闊，物產資源豐富，但由於當時生產力低下，生產工具簡陋落後，雖有大片森林、荒湖以及草木叢生的丘崗，也難以開發，於是洲灘、江湖邊上便成為早期楚人發展農耕、從事漁獵最理想的地方。也就是說，楚人來到江漢平原，首先是在江湖邊或江上洲灘地發展農業，而不是選擇在野獸成群的森林、荒崗地去發展。這同時說明，在西周中晚期以至春秋早期，整個江漢平原地區的農耕經濟的發展並不很快，楚人的農業生產依然處在比較落後的階段。直至楚武王時，仍說：「吾不得志於漢東也。」[③]說明這時楚的政治、經濟中心主要是在沮漳河的中游和下游。其控制地帶亦主要是長江中游的沿江兩岸。這主要是因為在當時荊江河段的流勢處於呈扇狀的散流河段以致水位不高的情況下，江上洲灘地是最適宜楚人居住的。同時，在這樣的土壤條件下從事農業耕種，收成亦是相對有保障的。從文獻說楚熊渠所封三子「皆在江上楚蠻之地」，也可看出當時楚人農業生產活動的基本狀況。

　　進入春秋早中期，大約在楚成王時，楚國加快了發展步伐，也有了一定的經濟實力去「布德施惠，結舊好於諸侯[④]」。這時楚國的農業耕地除了繼續利用長江、沮漳河洲灘地外，南陽盆地的申、呂二國

---

① 　張正明：《楚文化史》，上海人民出版社1987年版，第25頁。
② 　參見張修桂：〈雲夢澤的演變與下荊江河曲的形成〉，《復旦學報》（社會科學版）1980年第2期。
③ 　《左傳　桓公六年》。
④ 　《史記　楚世家》。

135

的大片良田也皆為楚有，成為楚人北進中原新開闢的產糧基地。隨著楚人勢力的逐漸強大，尤其是軍事上的需要，在春秋中期，楚人已逐漸將農耕面積向江漢平原的內河水系邊上和洲灘地上推移，從楚人滅州、滅鄖和孫叔敖在江漢平原開渠灌雲夢，即可看出這一變化。

《荊州記》說夏、湧：「二水之間，謂之夏州，首尾七百里。」[①]此「夏洲」當指江漢平原古長江和夏水間的沙洲。其範圍大體上包括今長江北岸的沙市以東，潛江市的西南、東南，監利縣的中部和洪湖市的中部及東北部。《水經注 夏水》說：「夏水出江津於江陵縣東南，江津豫章口東有中夏口，是夏水之首，江之汜也。……又東過華容縣南，縣，故容城矣。春秋魯定公四年，許遷於容城是也……按春秋魯昭公三年，鄭伯如楚，子產備田具以田江南之夢。郭景純言，華容縣東南巴丘湖是也。」《說苑 正諫篇》：「荊文王得茹黃之狗，箘簬之矰，以畋於雲夢，三月不反，得舟之姬，淫，期年不聽朝。」古代的州、舟通用，《說苑 正諫篇》的「舟之姬」，即「州之姬」，當為州國之女[②]。這說明，楚人在春秋時已致力於夏洲首尾七百里的廣闊耕地和獵區的開發建設。近年來在今潛江西南龍灣和黃土崗、監利西北新溝和黃穴以及洪湖黃蓬山和新灘，皆發現有春秋時期古文化遺址[③]，是可與文獻記載相契合的。這就是說，在春秋時期，楚人在江漢平原居住和生產，也是選擇在河流的洲灘上和湖澤邊的。而只有選擇這樣的地理環境，才能適宜楚人實行「火耕水耨」的農業耕作方式。

戰國時期，隨著鐵器的廣泛使用，江漢地區的農業有了很大的發展。江漢平原不再像從前那樣荒野和耕地稀疏。這時的農業耕種面

---

① 引自《太平御覽》。

② 何浩：《楚滅國研究》，武漢出版社1989年版，第214頁。

③ 根據湖北省潛江市、監利縣、洪湖縣文博部門提供的文物普查資料。另我們亦曾到實地作過調查。

積不僅有所擴大，而且主要分布在長江、漢水、沮水、漳水、夏水、揚水、涓水、灄水等幾大河流的沖積扇上。這與古人喜好在河邊聚居的生活習慣是密切相關的。《戰國策　楚策一》載江乙說：「州侯相楚，貴甚矣而主斷」。此州侯為楚宣王前期的令尹、封君。同書《楚策四》載莊辛說：「君王左州侯、右夏侯，輦從鄢陵君與壽陵君，專淫逸侈靡，不顧國政」。州，地名。《史記　楚世家》記有「考烈王元年納州於秦以平」，《集解》引徐廣曰：「南郡有州陵縣」。顧棟高《春秋大事表》、張琦《戰國策釋地》，都認為「今湖廣荊州府監利縣東三十里有州陵城」，為「古州國」地。夏，《戰國策集注匯考　楚策四》引程恩澤按江水曰：「自楚莊王討陳夏氏，鄉取一人以歸，謂之夏州。地近漢水，於是漢水遂有夏名。凡夏口、夏首、夏侯，及漢之江夏郡縣，皆以此立名。據此，則夏侯封地，亦當在今漢陽、武昌之間。」另一種說法是夏侯之夏，在今湖北沙市、監利間[1]。結合兩地的古地貌分析[2]，這兩種說法都有可能。因為無論是漢陽、武昌，還是沙市、監利，都是楚人活動較早的地區。很顯然，故長江州陵附近的洲灘地和故江、夏間的「夏州」地，在戰國時已成為楚國重要的產糧區和狩獵場地[3]。《史記　楚世家》記：楚頃襄王「二十二年，秦復拔我巫、黔中郡。」「二十三年，襄王乃收東地兵，得十餘萬，復西取秦所拔我江旁十五邑以為郡，距秦。」「考烈王元年，納州於秦以平。」由以上記載可以看出江漢地區在戰國時，已經是一個農耕經濟比較發達、工商貿易繁榮的地方。不然，楚國就不會將肥沃的「州」地讓給秦國，以作為秦人不與楚戰的一個條件。因此，《史

① 李玉潔：《楚史稿》，河南大學出版社1988年版，第365頁。
② 袁純富：〈沙市市歷史地貌及其演變過程〉，《荊州師專學報》（社會科學報）1983年第3期；袁純富、劉玉堂：〈武漢古地理變遷及其對經濟的影響〉，《古代長江中游的經濟開發》，武漢出版社1988年版。
③ 《戰國策　楚策》。

記　貨殖列傳》說：「江陵故郢都……東有雲夢之饒」，這應當是對戰國時期楚國江漢平原農耕經濟和其他物產資源豐富的真實寫照。

　　總而言之，楚人自荊山山區來到江漢平原後，由於這一地區水多陸地少，有些地方不是被當地土著人佔據，就是野獸出沒、森林茂密的荒蕪之地。因此，楚人欲圖在江漢平原生存發展，只有先選擇在河灘、湖畔這些容易開發的空地上開始。就是說，楚人在南方平原地區最早的農耕文化，應當是在洲灘和湖濱地區發展起來的一種不同於中原地區的農耕文化。

第二節　排澇引灌　農副漁並重

　　楚人在江漢地區發展農業，最首要的是考慮如何對水資源的充分利用，雖然在先秦時期這一地區總體上具有水多陸地少的地理特點，但其水資源的分布則是不平衡的。在江漢平原以西地區，除了當時有流量較大的長江、漢水、沮漳水、蠻河外，還分布著一些山區溪流性河流。這種河流對於山區坪壩地區的農田灌溉，是頗為便利的。因此，在當時人口稀少、生產力不甚發達的情況下，利用溪河灌田也不失為一個好的辦法。文獻未記江漢平原西部有大的水利工程，恐怕也有這個因素。但是，在江漢平原，其水源情況就不同了。江漢平原在先秦時期水的來源主要有三個方面：一、由於這一地區的地勢是四周高中間低，並自西北向東南傾斜，因此，江漢平原的水資源主要是來自於西、西北和北部山地自然河流及散水。二、長江、漢水、夏水在汛期的氾濫。三、天然雨水。從現象上看，江漢平原在先秦時期水資源是豐富的。但是，在當時江、漢堤防尚未大規模興起的情況下，山地的來水及江河汛水，皆可通過這一地區大大小小的內河水系分別散流於漢水和長江。因此，在先秦時期江漢平原的水多屬客水性質，

以致這裡時常有旱澇不均的情況出現，甚至在旱時夏水也會出現枯竭[1]，澇時低窪地即出現湖面，水的存量是極不平衡的。這就是說，楚人在這樣的地理環境下去發展農業，最首要的任務是如何治理好這一地區的洪澇與乾旱問題。

春秋時期，引水灌溉是發展農業的命脈，排澇抗旱是糧食保收的關鍵。對此，楚人是有深刻認識的。據文獻記載，春秋戰國時期楚人在江漢平原進行較大的灌溉排澇工程就有四次：第一次是孫叔敖激沮漳之水，而灌雲夢大澤；第二次是伍子胥在江陵附近開鑿溝渠，引江水灌田；第三次是楚靈王時期楚人在今江陵、潛江間開渠灌溉，兼作漕運；第四次是楚人在今宜城附近引河水灌農田數千頃。在這四次水利工程中，其中第一次和第三次灌溉良田的範圍涉及甚廣，基本上已包括今江漢平原的腹地潛江、仙桃、監利全境及江陵、荊門大部地區。這一地區曾被認為是跨大江南北的一片汪洋湖泊。但事實已經證明，楚「雲夢大澤」不是一片汪洋湖泊，否則楚人就不可能開渠引沮漳水、漢水、江水去灌溉江漢平原的一些良田。這也進一步說明，春秋戰國時期的江漢平原不僅不是一片汪洋湖泊，而且在長江漢水尚未形成一線的堤防情況下，旱澇現象是十分嚴重的，這也正是楚人在此多次引江河水灌溉農田的因由。

雖然北魏酈道元在《水經注 沔水》中描述江漢平原地貌時指出這一地區分布著許多面積很大的湖泊，但根據目前所掌握的考古資料和文獻記載看，〈沔水〉中的一些湖泊，基本上是在戰國晚期至秦漢時期逐漸發育起來的。同時這些湖泊大都屬河流遺跡湖、決口湖、河間窪地湖一類湖泊性質。20世紀50年代以來，考古工作者在江陵東長湖、范家淵湖、白水灘湖，潛江南龍灣鄭家湖、監利柳關湖、洪湖瞿家灣湖、仙桃排湖，以及在漢川這個被稱為「水窩

---

[1] 《水經注 夏水》。

子」的地方發現多處新石器時代至兩周時期的文化遺址和墓葬,即說明了上述地區湖泊的形成年代,都是較晚的。因此,在兩周時期江漢平原多水應指多河流之水,而不是多湖泊之水。當地民間所謂「河多不治就會澇,湖少不雨即有旱」,同樣反映了先秦時期江漢平原水資源的基本狀況。

據文獻記載,開挖溝洫、排澇灌溉之法,大約在大禹時期即已興起。《史記 夏本紀》說:大禹「卑宮室,致費於溝淢」。又說:大禹「與益予眾庶稻鮮食。以決九川致四海,浚畎澮致之川」。這說明,江漢平原的農田水利建設,大致上可以推溯到四五千年前的新石器時代。進入春秋戰國時期,由於農業的發展對於各國政權的鞏固至關重要,因此,一些較有遠見的政治家都很重視農田的水利建設。楚蒍掩為司馬時,就曾將全楚的山川河流及耕地都作過整治規劃,並且強調「規堰潴」,即把抗旱排澇的水利設施修繕好。同時,春秋時今河南臨潁人管仲在齊國任相時,曾與齊桓公有過一番對話:「(管仲)曰『故善為國者,必先除其五害,人乃終身無患害而孝慈焉。』桓公曰:『願聞五害之說。管仲對曰:『水,一害也;旱,一害也;風霧雹霜,一害也;厲,一害也;蟲,一害也。此謂五害。五害之屬,水最為大。五害已除,人乃可治。』桓公曰:『願聞水害。』管仲對曰:『水有大小,又有遠近。水之出於山而流入於海者,命曰經水;水別於他水,入於大水及海者,命曰枝水;山之溝,一有水,一毋水者,命曰谷水;水之出於他水溝,流於大水及海者,命曰川水;出地而不流者,命曰淵水。此五水者,因其利而往之可也,因而扼之可也,而不久常有危殆矣。』」①管仲還對所謂「五害」、「五水」的治理,提出了一系列切實可行的辦法,他說:「決水潦、通溝瀆、修障防、安水藏,使時水雖過度,無害於五穀;歲雖凶旱,有

---

① 《管子 度地》。

所獲。」①把「夫水之性，以高走下，則疾」②的原理用於灌溉和排澇。這種原始的灌溉排澇方法，不僅對於春秋時楚成王以後楚國發展農業有所教益，而且對於戰國時楚國的農田灌溉排澇方式，仍然產生著較大的影響。楚人在今湖北宜城引西山之水，灌溉良田數頃，其基本方式亦是採用了水「以高走下」這一原理。因此，戰國時曾在楚國擔任過蘭陵令的荀子在《荀子 富國篇》中說：「高者不旱，下者不水，寒暑和節，而五穀以時熟，是天下事也。」從而強調「修堤梁，通溝澮，行水潦，安水藏，以時決塞；歲雖凶敗水旱，使民有所耕艾③」。這說明，到了戰國時期楚國的農田水利設施已經基本完備，與此同時，江漢平原的糧食生產很可能已達到了當時的最高水準。考古工作者在楚都江陵紀南城內陳家臺戰國時期鑄造作坊遺址西部，發現五處被火燒過的稻米遺跡，最大的一處長約3.5公尺，寬約1.5公尺，厚約0.5—0.8公尺④。這些碳化了的稻米，很顯然是當時作坊工匠們的食糧。一個作坊就五處存放食糧，足以顯示楚國糧食之充足。《楚辭 大招》云：「魂兮歸來，樂不可言只。五穀六仞，設菰粱只。」王逸注云：「七尺曰仞。」又洪興祖在「設菰粱只」一語下注云：「此言積穀之多爾，非謂穗長六仞也。」古代一仞，有的說是七尺，也有說是八尺⑤。即便按七尺計算，六仞為四十二尺，戰國一尺合今0.23公尺，那麼六仞就是10.66公尺了。可見，戰國時楚國國都糧食真可謂堆積如山，難怪文獻說楚國「粟支十年」。

戰國時期楚國的糧食產量固然十分可觀，但若沒有春秋時楚人在此打下堅實的水利設施基礎和推行牛耕，戰國時楚國的糧食產量是

---

① 《管子 立政》。

② 《管子 度地》。

③ 《荀子 王制篇》。

④ 湖北省博物館：〈楚都紀南城的勘查與發掘（下）〉，《考古學報》1982年第4期。

⑤ 許慎：《說文解字 仞部》。

不會有這麼高的。事實上，楚國的糧食產量在春秋中晚期就已達到了較高的水準。《史記　伍子胥列傳》記楚國懸賞捉拿出逃的伍子胥時說：「楚國之法，得伍胥者賜粟五萬石，爵執珪。」即可證實這一問題。總之，春秋中晚期以後楚國的糧食產量之高和儲存之豐，與春秋戰國時期楚國江漢地區的農田灌排設施之完善有著直接的關係。

由於先秦時期江漢地區有著優越的地理條件和豐富的物產資源，楚人在這一地區除了精心耕耘，發展種植水稻外，還很注重發展牧、副、漁等多種經濟。《漢書　地理志》說：「楚有江漢川澤之饒，江南地廣，或火耕水耨，民食魚稻，以漁獵山伐為業。」這是文獻對楚人在江漢地區從事農耕經濟和發展多種經營的真實記錄。

春秋戰國時期，江漢地區除了盛產稻、稷、麥、豆、麻即王逸所說楚之「五穀」外，還出產各種魚類。《竹書紀年　周紀》記周厲王元年，「楚人來獻黿、貝。」《左傳　宣公四年》：「楚人獻黿於鄭靈公。」《戰國策》：「江漢魚、鱉、黿、鼉，為天下饒。」近年來，考古工作者在江漢地區長江中游和漢水的中下游，以及沮漳河、故夏揚水的沿江河兩岸，即今湖北枝江百里洲、宜都城背溪、當陽季家湖、荊門道師灣、鍾祥豐樂、江陵紀南城、沙市周良玉橋、潛江龍灣章華臺、仙桃月洲湖、監利柳關與福田、洪湖黃蓬山等先秦時期的文化遺址中，除發現有大量各種野生動物獸骨、稻穀殼外，還出土了不少的魚類骸骨，其中以魚、鱉、鱷、黿、蚌遺骸最為豐富[1]。同時在漢水下游的武昌地區，在先秦亦是盛產魚類的地區[2]。說明當時楚人除了在此發展農田水利和擴展耕地面積外，還充分利用水資源條件繁殖和發展漁業生產與貿易。甚至進入漢魏南北朝時期，江陵、仙桃、公安等地，尚有大量的鱷、鱉、黿等水生動物在此繁殖，並且成為「南

---

[1]　根據近年來已發表的考古資料綜合整理。
[2]　何光岳：〈揚子鰐的分布與鄂國的遷移〉，《江漢考古》1986年第3期。

人嫁娶，必得食之^①」的佳餚。所以《顏氏家訓　歸心》說江陵有「以賣鱔羹為業者」並非空穴來風。

　　楚國江漢地區特殊的地理環境，催生了當地果木業的興盛。春秋戰國時期這裡不僅盛產橘柚，而且還出產了一些花椒、柿、梨、杏、棗、梅子、櫻桃、栗子、荸薺、菱角、蓮子等果物。如在楚國中部北緣今河南信陽長台關戰國時期楚墓中，曾出土有花椒、松塔、柿核、栗子、杏核、棗核、梅核^②；湖北江陵望山二號楚墓出土的果物有栗子、梅核、櫻桃核^③；湖北江陵雨臺山楚墓出土的植物果實有菱角、蓮子^④；湖北荊門包山二號楚墓出土的果物有栗子、荸薺、菱角、大棗、小棗、花椒、梨核、柿核等^⑤。這些墓主人生前所食用的大量果物，當是楚地生長之物。

　　至於戰國時期楚國江漢地區果木種植的範圍和分布情況，文獻中屢有所載：《史記　司馬相如列傳》說：「雲夢者，方九百里，其中有山焉。……其東則有蕙圃衡蘭……其南則有平原廣澤……蓮藕菰蘆，菴䕡軒芋，眾物居之，不可勝圖。其西則有湧泉清池，激水推移，外發芙蓉菱華，內隱巨石白沙。其中則有神龜蛟鼉，瑇瑁鱉黿。其北則有陰林巨樹，楩楠豫章，桂椒木蘭，檗離朱楊，樝梨梬栗，橘柚芬芳。」《史記　貨殖列傳》說：「蜀、漢、江陵千樹橘。」《呂氏春秋　本味》說：「江浦之橘，雲夢之柚。」高誘云：「浦，濱也，橘所生也。生江北則為枳。雲夢，楚澤，出柚。」又《水經注　江水》說：「宜都……北有湖里淵。淵上橘柚蔽野，桑麻

---

①　《太平御覽》。

②　〈我國考古史上的空前發現——信陽長台關發掘一座戰國大墓〉，《文物參考資料》1957年第9期。

③　湖北省文物工作隊：〈湖北江陵三座楚墓出土大批重要文物〉，《文物》1966年第5期。

④　荊州地區博物館：〈江陵雨臺山楚墓發掘簡報〉，《考古》1980年第5期。

⑤　湖北省荊沙鐵路考古隊包山墓地整理小組：〈荊門市包山楚墓簡報〉，《文物》1988年第5期。

闇日，西望倠山諸領，重峰疊秀，青翠相臨，時有丹霞白雲，遊曳其上。……江水又東巡上明城北，晉大元中，苻堅之寇荊州也。刺史桓沖徒渡江南，使劉波築之，移州治此城。其地夷敞，北據大江……（枝江）縣左右有數十洲，槃布江中，其百里洲最為大也。中有桑田甘果，映江依洲。」《廣輿記　湖廣　土產》說漢陽府產橘、橙，荊州府產合歡橘，岳州府產橘。文獻表明，古代江漢地區橘的分布主要在長江中游的江浦兩岸和沙洲上；柚的分布主要在江漢平原的西部沿江地區和所謂雲夢長數百里的夏洲上；菱角、荸薺、蓮子等水生果物除了人們居住的屋前屋後自掘堰塘可生長外，主要分布在江漢平原以南地區；杏、柿、棗、梨的分布主要在江漢地區的中部北部和西北部，即今當陽、荊門、南漳、襄陽、棗陽、隨州、京山、宜昌、秭歸一帶。花椒的種植在整個江漢地區來說，都是非常普遍的。事實證明，楚國江漢地區的果木業之繁盛，與其良好的水利條件是密不可分的。

同時，楚國江漢地區的蔬菜也不次於中原地區。蔬菜在古代是人們一日不可或缺的生活必需品。《爾雅》曰：「菜謂之蔬，不熟曰饉。」說明蔬菜在古代荒年亦是一種可供人們充饑的食物。

蔬菜栽培的歷史，在我國來說是十分久遠的。從考古材料得知，早在距今四五千年前的新石器時代，我們的祖先就已學會栽種葫蘆、甜瓜、白菜和芥菜等蔬菜了。在西安半坡新石器時代的遺址中出土的一罐菜籽，其中有芥菜和白菜籽[①]，就已給人們提供了這一訊息。

進入商周時期我國基本上已普遍栽種瓜、瓠、韭、葵、荷、芹等三十餘種蔬菜，並且有了專門的菜園「圃」了。《初學記　園圃》引《天文要集》云：「匏瓜為天子果園；又天園主果實菜茹蓄儲。」同

---

① 中國科學院教研所西安工作隊：〈西安半坡村新石器村落遺址的發掘〉，《科學通報》1955年第7期。

時《詩經》中也提到了不少的蔬菜。如《豳風　七月》中就有：「七月食瓜，八月斷壺（瓠）……九月築場圃，十月納禾稼」。當時蔬菜一般都種植在人們居住的房前屋後的閒地上。到了春秋時期，我國南北方蔬菜栽培更逐漸趨於專門化。《論語　子路篇》說：「樊遲請學稼，子曰：『吾不如老農。』請學為圃，曰：『吾不如老圃。』」可見，農圃在當時已經有了明確的分工。

在春秋戰國時期楚國的江漢地區，蔬菜的種類和栽培技術，基本上是與中原各國同步而互相促進的。《呂氏春秋　本味》說：「菜之美也……雲夢之芹。」江藩《爾雅小箋》云：「芹菜，青白色，味甘美，有水芹、旱芹，疑即楚葵。」《博物志　異草木》說：「江南諸山郡中，大樹斷倒者，經春夏生菌，謂之椹，食之有味。」《荊楚歲時記》說：「仲冬之月，採擷霜燕、菁、葵等雜菜乾之。」菁，即蕪菁，又名蔓菁，俗名大頭菜。其根葉作蔬菜，鮮食或鹽醃，製乾後食用。《太平廣記》引《嘉話錄》說：「今呼蔓菁為諸葛菜，江陵亦然。」近年來考古工作者在湖北江陵望山、荊門包山發掘的楚墓中，出土有南瓜子、生薑、藕、蔥、葫蘆子等，由此可看出楚人在江漢地區種植蔬菜，發展農副業生產，是頗有成效的。文獻記子貢南游於楚，過漢陰，見一丈人，方將為圃畦，鑿隧而入井，抱甕而出灌。子貢曰：「有械於此，一日浸百畦，用力甚寡而見功多。」[①]說明這一地區的菜圃園地栽培和灌溉技術，在春秋時期就有了很大的提高。因此，在春秋戰國時期，楚國在江漢地區已能熟練掌握蔬菜的栽培、醃製、儲藏、灌溉等一系列技術。有人根據楚墓中出土植物果實的保存狀況，認為楚人還有很高明的果品保鮮技術，認為「楚人在保存食物上還有我們沒有想到的先進方法[②]」。

---

① 《莊子　天地》。
② 林奇：〈楚墓中出土的植物果實小議〉，《江漢考古》1988年第2期。

第四章　楚國中部地區的水利

此外，在春秋戰國時期楚人在江漢地區還普遍種植桑麻，發展絲織業。《周禮 祭儀》記：「歲既殫矣，世婦卒蠶，奉繭以示於君，遂獻繭於夫人……服既成，君服以祀先王先公。」〈月令〉云：「分繭稱絲效功，以供郊廟之服。」《繹史 列女傳》說：「白公死，其妻紡織不嫁。」當時楚國十分重視桑麻蠶絲的生產，並且還有剩餘產品輸出到中原。

春秋戰國時期楚國絲織業之所以居於各國領先地位[1]，與其桑麻種植範圍之廣泛是分不開的。據史料分析，楚國僅在江漢地區建立的種植桑麻的基地就有不少處，其中包括今湖北襄陽、宜城、枝江、當陽、宜都、江陵、天門、松滋、潛江、監利、洪湖、荊門等市縣。《襄陽耆舊記》說：「中盧、宜城西山、鄢、沔二谷中，土地平敞，宜桑麻，有水陸良田。」《水經注 江水》說：枝江「百里洲最為大也。中有桑田……」。又：宜都「有湖里淵……桑麻闇日」。《水經注 沔水》說：今沔陽縣有「左桑」、「橫桑」。《南齊書 州郡下》說：「以臨沮西界，水陸紆險，行逕裁通，南通巴、巫，東南出州治，道帶蠻、蜑，田土肥美，立為汶陽郡，以處流民。屬氏陷襄陽，桓沖避居上明，頓陸遜樂鄉城上四十餘里，以田地肥良，可以為軍民資實。」可見，這些史料不僅反映了漢魏時期江漢地區農桑經濟的發展狀況，而且可以看出這些地區的農耕水利及產桑植麻的歷史淵源。近年來，在江陵、荊門、當陽、松滋、襄陽、宜城、雲夢、隨州、潛江、宜都、宜昌等市縣發掘的東周至秦漢時期的古墓中，皆出有用絲、麻編織成的綿袍、麻鞋和帽等[2]，即是對文獻記錄江漢間在楚時盛產桑、麻的實物證據。

總之，楚人除了在江漢地區大興農業、注重糧食生產、發展水利

---

① 荊州地區博物館：〈湖北江陵馬山磚廠一號墓出土大批戰國時期絲織品〉，《文物》1982年第10期。
② 以上資料來源主要是近年來各縣市已發表的墓葬發掘報告和有關文博單位的考古資料。

外，他們對於生活中必用必食的牧、漁、果、蔬等多種經濟的生產，也是極為重視的。史載吳起在楚「謂荊王曰：『荊所有餘者，地也；所不足者，民也。今君王以所不足益所有餘，臣不得而為也。』於是令貴人往實廣虛之地。」[1] 說明楚人為了發展牧、漁、蔬、桑、麻等副業的多種經營，必須大力開發墾殖和進行水利建設。文獻記錄這一地區在楚時有田、園、圃、苑、堤、陂以及人工運河等，即是明證。

①《呂氏春秋　貴卒篇》。

第五章　楚國東部地區的水利

　　楚國東部地區在商周時期即是農業發展比較快的地區。早在新石器時代，長江下游地區就已開始種植水稻，實行犁耕[①]。進入春秋時期，吳越地區的農田水利建設也得到空前發展。在浙江紹興陶堰張家堰曾出土越國的呈「V」字形的青銅犁[②]。史書記吳王曾夢見兩副犁鑱靠在宮室的牆上，公孫勝為之占夢，以為是「越人入吳邦，伐宗廟，掘社稷也[③]」。這反映出春秋時吳越地區已有犁耕。但其主要農耕生產方式，文獻一般都將楚國「火耕而水耨」的生產方式與之相提並論。到戰國時期，楚、越的生產和生活習俗也基本相同[④]。這充分說明楚人自中原來到南方之後，經過數百年的艱苦奮鬥，不斷地擴展疆域，楚越文化因而相互影響，成為有別於中原文化的、具有鮮明水鄉兼山地特色的南方文化，這是楚、越人共同勞動、智慧的結晶。因此，分析、總結楚國東部故吳越地區的農田水利建設的特點，無疑對於人們了解我國先秦南方農田水利建設的成就是有益處的。

---

① 牟永杭、宋兆麟：〈浙江的石犁和破土器──試論我國犁耕的起源〉，《農業考古》1981年第1期。
② 〈紹興出土的春秋戰國文物〉，《文物》1979年第5期。
③ 《越絕書》。
④ 《史記　貨殖列傳》及《隋書　地理志》。

第一節　火耕水耨　輔以鳥田

　　火耕水耨的農田耕種方式，最重要的是對水資源的依賴，無水是不可成其為「水耨」的。在楚國東部的故吳越地區，其地理環境是山多、水多、陸地多，是適宜水稻耕種，發展漁、鹽、礦等其他農副業的理想所在。《逸周書　職方解》說：「東南曰揚州，其山鎮曰會稽，其澤藪曰具區，其川三江，其浸五湖，其利金、錫、竹箭，其民二男五女，其畜宜雞、狗、鳥、獸，其穀宜稻。」《史記　貨殖列傳》說：吳越地「東有海鹽之饒，章山之銅，三江、五湖之利」，都是對這一地區古代農耕經濟發展狀況的真實記述。

　　楚國東部故吳越地區的農業開發和水稻種植的方式，基本上略同於春秋時楚國腹地江漢平原「火耕而水耨」的農耕方式。《國語　越語》說越「五穀睦熟」；《越絕書　記吳王占夢》說：「昔者，吳王夫差之時，其民殷眾，禾稼登熟，兵革堅利，其民習於鬥戰」。這說明，春秋時吳越地區的糧食產量是相當可觀的。

　　吳越人與楚人一樣，懂得因地制宜，利用自然資源和地理條件去發展農業的道理。他們意識到，只有「田野開闢，府倉實」，才能使「民眾殷富①」，國家富強。於是，吳越人的農業經濟發展脈絡，大體上與楚人一樣，皆是從丘陵山區走向平原，在江旁湖畔、平原廣澤的地理環境中，逐漸發展起來的。《國語　越語》記吳王夫差欲圖中原而伍子胥進諫吳王說：「不可。夫吳之與越也，仇讎敵戰之國也。三江環之，民無所移，有吳則無越，有越則無吳，將不可改於是矣。員聞之，陸人居陸，水人居水，夫上党之國，我攻而勝之，吾不能居其地，不能乘其車。夫越國，吾攻而勝之，吾能居其地，吾能乘其舟。此其利也，不可失也已，君必滅之。」這雖然說的是軍戰地利之

---

① 《國語　越語》。

事，但可看出吳越人在春秋時，皆已活動在三江、五湖的高臺地上。考古工作者在長江下游濱江地區的江蘇揚州蜀崗、丹徒煙墩山、儀征破山口、南京江浦、江都鳳凰河東岸、六合程橋和太湖流域的武進、無錫、蘇州、吳縣、長興、吳興，以及錢塘江流域的杭州、紹興、余杭、海鹽乃至石臼湖流域和秦淮河流域的溧水、高淳、江寧、句容等地，先後發掘出西周至東周時期的文化遺址和墓葬①，即是對文獻記載這一地區在東周時期人口集中在江湖澤畔提供了可靠的實物依據。

　　據文獻記載，楚國東部故吳越地區的農耕方式除了火耕水耨外，還實行了一種具有濃厚神話色彩和地方特點的「群鳥耕田」法。這種耕田法，傳說為禹時所興。《越絕書 外傳記地傳》說：「昔者，越之先君無餘，乃禹之世，別封於越，以守禹塚。問：『天地之道，萬物之紀，莫失其本。神農嘗百草、水土甘苦，黃帝造衣裳，后稷產穡、製器械，人事備矣。疇糞桑麻，播種五穀，必以手足。大越海濱之民，獨以鳥田，小大有差，進退有行，莫將自使，其故何也？』曰：『禹始也，憂民救水，到大越，上茅山……因病亡死，葬會稽……無以報民功，教民鳥田，一盛一衰。」《吳越春秋 越王無餘外傳》說：「禹崩之後，眾瑞並去，天美禹德而勞其功，使百鳥還為民田，小大有差，進退有行，一盛一衰……往來有常。」《水經注 浙江水》說：「昔大禹即位十年，東巡狩，崩於會稽，因而葬之。有鳥來為之耘，春銜拔草根，秋啄其穢，是以縣官禁民不得妄害此鳥。」這說明，今江蘇、浙江地區最早的農田耕種方法，很可能就是《史記 夏本紀》裴駰在〈集解〉中引〈地理志〉所說的「有群鳥耕田」之法。

　　「群鳥耕田」，亦稱之為「鳥田」。「鳥田」自然包括著水田和旱田。其生產功能大體上是人們經過對鳥的訓練，使之有利於農田除

第五章 楚國東部地區的水利

151

草、滅蟲、殺鼠、增肥，減輕勞動力和保護農作物的生長。近年來，在浙江余姚河姆渡遺址發現具有6000年前的動物遺骸中，能辨認出是鳥類的就有8種[①]。即可看出這一地區的先民，率先在此開創「鳥田」是有條件的。但是，越地先民從事「鳥田」，也並非完全不以人力去耕種。《論衡　書虛》對鳥田的耕種程式曾作了這樣的解釋：「天地之情，鳥獸之行也。象自蹈土，鳥自食蘋。土蹶草盡，若耕田狀，壤靡泥易，人隨種之。」可見，越地所謂的鳥田只是輔助性耕種，主要還是依靠人去播種、保養和收割。鳥的作用不過是對農田生長植物的保護和「拔草根」。而農田灌溉和生產工具，仍然是從事鳥田耕種不可缺少的重要手段和工具。儘管如此，這也是我國南方東部地區越地先民在發展原始農業生產中的一項了不起的創造。

事實證明，吳越地區的先民不僅擅長「鳥田」，而且直至漢魏時期這一地區的人們仍然將鳥類視作一種可以從事輔助性勞動的動物。《水經注　浙水》說：「浙江又東迻烏傷縣北，王莽改曰烏孝，《郡國志》謂之『烏』傷。《異苑》曰：東陽顏烏，以淳孝著聞。後有群烏……故致慈烏，欲令孝聲遠聞，又名其縣曰『烏』傷矣。」《博物志　異鳥》說：「有鳥如烏，文首，白喙，赤足，曰精衛。故精衛常取西山之木石，以填東海。」又說：「越地深山有鳥如鳩，青色，名曰冶鳥。穿大樹作巢如升器，其戶口徑數寸，周飾以土堊，赤白相次，狀如射侯……越人謂此鳥為越祝之祖。」《吳越備史》說：「中和辰巳間，越中獸有聖經云，有羅平鳥主越人禍福，敬則福，慢則禍，於是民間悉圖其形以禱之。」看來吳越人與鳥的不解之緣由來已久，他們將鳥視作一種神靈，頂禮膜拜。這種現象的出現，正好反映了吳越人是在長期的社會勞動實踐中，與鳥類建立了一種極其微妙的人神關係。當然，這種關係無疑是在原始而落後的地理環境和生產

---

① 浙江省博物館：〈河姆渡遺址動植物遺存的鑒定研究〉，《考古學報》1978年第1期。

條件下逐漸形成起來的。這就是說，雖然文獻中將鳥田描述為一種「天降祥瑞」、「聖人化感鳥獸」的神聖行為，但從有關考古資料和史籍記載看，吳越人在發展農業生產過程中，確實是使用了與「火耕水耨」相結合的「鳥田」。總之，吳越人在發展我國南方東部地區農田水利的過程中，是積累了極其豐富的經驗的，尤其是在種植水稻方面，吳越人的祖先已經進入了世界領先行列[1]。

據考古資料表明，我國南方東部地區的水稻種植，早在7000年前就已經出現[2]。進入春秋時期，吳越兩國對發展水稻、興修陂池也是極為重視的，因而糧食產量有了顯著的提高。《國語　越語》說：「四方之士來者，必廟禮之，色踐載稻與脂以行。」《吳越春秋　勾踐陰謀外傳》說越國鬧饑荒，越王向吳王求援，「吳王乃與越粟萬石」。「二年，越王粟稔，揀擇精粟而蒸還於吳，復還斗斛之數，亦使大夫種歸之吳王。」有人認為這些粟應指稻穀，此說可從[3]。這說明春秋末年，吳越兩國水稻的產量已經比較高了。至戰國時期楚並吳越故地之後，楚人繼吳越之先進農耕技術，已將該地區發展成為戰略後方和產糧基地。《越絕書　外傳記吳地傳》說：「吳兩倉，春申君所造。西倉名曰均輸，東倉周一里八步。」《漢書　地理志》記：「南郡，戶十二萬五千五百七十九，口七十一萬八千五百四十。縣十八。」同書又記：「會稽郡，戶二十二萬三千三十八，口百二十三萬七千七百六十四。縣二十九。」這說明，隨著戰國後期楚國政治中心的東移，故吳越地區的人口戶數，受其影響而有了明顯的增長。生產力的發展，對戰國後期楚國的農田水利建設，是起到了極大的推動作用的。

① 石興邦：〈關於中國新石器時代文化的體系問題〉，《南京博物院集刊》1980年第2期。
② 游修齡：〈對河姆渡遺址第四文化層出土稻穀和骨耜的幾點看法〉，《文物》1976年第8期。
③ 林東華：〈試論河姆渡文化與古越族的關係〉，《百越民族史論集》，中國社會科學出版社1982年版。

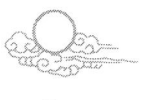

　　糧食產量的提高，除了要具有先進的農耕生產方式和進步的生產工具外，耕種面積的擴大和農田水利設施的增強，也是一個極為重要的因素。在夏商至東周時期，楚國東部故吳越地區的水稻田分布，結合已出土的考古資料和文獻記載看，主要在長江下游的沿江兩岸和太湖、錢塘江流域，如考古工作者在桐鄉羅家角、嘉興馬家浜、吳興邱城、吳江梅墊袁家埭、吳縣草鞋山、蘇州越城、常州圩墩、武進潘家塘、青浦崧澤、南京北陰陽營、余姚河姆渡、鄞縣辰蛟、寧波八字橋等地，皆發現有古代稻穀殼遺物，即可證實這一問題。因此，楚勢力在未進入故吳越地區以前，吳越人對我國南方東部地區的農耕文化，即已作出了巨大的貢獻。

第二節　注重陂湖引灌　發展多種經營

　　吳越人在發展農業的過程中，水利設施建設和農副產品的經營，基本上是成正比例發展的。傳說中的大禹時期，先民在越地艱辛治水。春秋時期，吳國為了加強自己的經濟實力，先後在廣陵、吳都附近開渠灌田，並且「以通糧道，北上攻齊」。與此同時，與吳毗鄰的越國也派范蠡在越地大興水利，發展水稻耕田。越並吳後，范蠡又在今蘇州之北鑿渠，「西通太伯瀆①」，使這一地的農田水系能夠「於吳則通渠三江、五湖②」，興利於民。

　　《越絕書　外傳記吳地傳》說：「蛇門外塘波洋中世子塘者，故曰王世子造以為田。塘去縣二十五里」；「吳北野禺欐東所舍大疁者，吳王田也。去縣八十里」；「吳西野鹿陂者，吳王田也。……去縣

---

① 《太平寰宇記》。
② 《史記　河渠書》。

二十里」；「吳北野胥主疁者，吳王女胥主田也。去縣八十里」；「搖城者，吳王子居焉，後越搖王居之。稻田三百頃，在邑東南，肥饒，水絕。去縣五十里。」同書《外傳記地傳》在記越國陂、田時說：「麻林山，一名多山。……以山下田封功臣，去縣一十二里」；「富中大塘者，勾踐治以為義田，為肥饒，謂之富中。去縣二十里二十二步」；「苦竹城者，勾踐伐吳還，封范蠡子也。其僻居，徑六十步。因為民治田，築塘長千五百三十三步」；「勾踐已滅吳，使吳人築吳塘，東西千步，名辟首。後因以為名曰塘。」這說明，吳越人在發展農田水利的過程中，不僅對興築陂塘、引水灌田工程極為重視，而且大都是以陂塘、田畝相配套的方式去發展吳越農田水利的。

　　同時，從實地調查的情況看，春秋時吳楚所謂的鹿陂、期思陂、朱湖陂、龍陂等，大都是利用高地修築陂塘，引蓄河流和散水為池，去灌溉陂塘周圍的良田。如江陵西北地方的龍陂，當時主要的作用是灌溉郢都附近的農田；宜城西部的朱湖陂，亦是為鄢郢附近農田所用；固始至壽縣一帶的期思陂和芍陂，顯然為後期壽春楚郢都附近的農業發展，起到了很大的推動作用。這就是說，在春秋戰國時期，無論是楚國的東部還是西部，楚越人興修陂池是以田畝的多少來確定其規模的。《越絕書　外傳記地傳》說：勾踐伐吳還，「為民治田，築塘長千五百三十三步」，可看出當時越都附近的土地，皆已開發成為可以耕種的良田。文獻記越都附近的越人曾將塘命名為美田[1]，正好反映出楚越人陂塘的修築，是以農田為基礎而配套發展的，因此陂塘設置與城邑周邊開發的農田的距離不會太遠，這也說明當時農田的耕種和灌溉設施的建設與人口的稠密程度有著十分密切的關係。同時據上引《越絕書　外傳記地傳》記越王勾踐「築塘長千五百三十三步」，

---

[1] 《越絕書　外傳記地傳》。

若按九百步為三里計算①，那麼此塘的長度將近五里。一般說來，七畝堰塘可灌溉水稻田三十餘畝。可見，當時吳越地區陂塘的規模及灌溉能力十分可觀。史書記越王勾踐在位時，已明白「人之要在於穀，故民眾則主安，穀多則兵強」②的道理，因而就出現了「九年不收於國，民有三年之食」的產糧鼎盛期。越滅吳後，越搖王居於搖城，有「稻田三萬頃，在邑東南③」。這說明楚國在未滅越之前，吳越地區的農田水利已得到大規模開發。新中國成立以來，考古工作者在江蘇、浙江地區發現大量春秋戰國時期與農業相關的生產工具，其中包括頗具代表性的銅犁、鏵、鐮、鋸、畚、鋤等④，可看出吳越農耕文化並不一定落後於同時期的楚人。但是，由於吳越受地域範圍以及地理環境的限制，加之兩國間的不斷爭戰，致使其農田水利的發展規模受到了一定的限制。

在春秋時期，吳越人的農耕與水利設施的建設，在不同程度上也受到了楚人的一些影響。當時由於政治或其他方面的因素，楚臣伍子胥奔吳，為吳王「與謀國事⑤」。楚人范蠡助越，並受到越王重用。史載伍子胥在吳國強調「非暮春中夏之時，不可以種五穀，興土利」，十分重視農時。范蠡對越王說：要想保證年年有好的穀物收成，大王「必親於野」。他又說：「尊萬乘之主，使百姓安其居，樂其業者，唯兵。兵之要在於人，人之要在於穀。……穀多則兵強。」⑥可見，這二位分別把楚人在治兵、治國以及發展農田水利的理論和經驗傳播到吳、越二國。事實上，春秋時期，儘管楚、吳間曾多次發生戰爭，但兩國間文化上的交流往來則從未間斷。尤其是在春秋晚期楚的勢力範

---

① 參見賀業鉅：《考工記營國制度研究》，中國建築工業出版社1985年版，第62頁。
② 《越絕書 外傳記地傳》。
③ 《越絕書 吳地傳》。
④ 林華東：〈吳、越農業初論〉，《農業考古》1988年第2期。
⑤ 《史記 伍子胥列傳》。
⑥ 《越絕書 外傳記地傳》。

圍已擴展到今安徽鳳陽東至含山一線^①，贛江流域也成為楚國的東境和吳國的西境^②。楚吳間的經濟文化交流就更加頻繁了。

據《史記　河渠書》記載：「於吳，則通渠三江、五湖。」《越絕書　吳地記》云：「吳故水道，出平門，上郭池，入瀆，出巢湖，上歷地，過梅亭，入楊湖，出漁浦，入大江，奏廣陵。」又云：「百尺瀆，奏江，吳以達糧。」同時吳王夫差曾在廣陵附近開鑿邗溝引江水東北通射陽湖，西北至今淮安古末口入淮^③，其目的在於溝通糧道，北上伐齊。越滅吳後，搖越又鑿「通江南陵」，「以伐上舍君^④」。並且這些河道皆與吳國都城內外相通達。文獻記：「吳大城……陸門八，其二有樓。水門八。」^⑤「吳小城……門三，皆有樓。其二增水門二，其一有樓。」^⑥越王勾踐之城，亦是「陸門三，水門三」，「小城……陸門四，水門一。」^⑦

這說明在春秋中晚期，吳越地區的水道不僅四通八達，有利於當時吳越兩國的糧運與軍運，而且這些與湖、江、城邑相通的水道，無疑對於這一地區的農田排澇、引灌，起到了良好的作用。當時吳越地的水稻田大多分布在城邑周邊的平原和山崗窪地即人們通常所說的高臺沖地上，這樣的地理環境有利於築壩圍塘，鑿渠灌田。據《越絕書　吳地記》記載：「蛇門外塘波洋中世子塘者，故曰王世子造以為田。塘去縣二十五里。洋中塘，去縣二十六里。」「吳北野禺櫟東所舍大疁者，吳王田也，去縣八十里。吳西野鹿陂者，吳王田也，今分為耦瀆。……去縣二十里。吳北野胥主疁者，吳王女胥主田也。去縣

---

① 參見《中國歷史地圖集》第一冊《春秋楚、吳、越》版圖，中華地圖學社1996年版。
② 《元和郡縣志　江南道四》。
③ 《左傳　哀公九年》杜預注。
④ 《越絕書　吳地記》。
⑤ 《越絕書　吳地記》。
⑥ 《越絕書　外傳記地傳》。
⑦ 《越絕書　外傳記地傳》。

八十里。……稻田三百頃，在邑東南，肥饒，水絕。去縣五十里。」
由此可見，在吳國已形成的以國都為中心的連湖達江通海的水道格
局，恰好與吳都周邊的農田分布緊密關聯。因此，這些分布在楚國東
部的故吳越地區的水道，對於戰國中晚期楚國的農田開發和水利建設
的發展，奠定了良好的基礎。

　　楚滅越後，楚國出於政治、經濟和軍事上的需要，進一步加強了
對故吳越地區的農田水利建設，使之成為當時楚國抗秦經濟物資的後
方基地。尤其是楚春申君受封來到故吳地後，注重農桑、整治湖田、
興築陂塘、疏通河道、修建糧倉，為楚國東部地區農田水利的開發建
設作出了重要的貢獻。據《越絕書　吳地記》記載：「無錫曆山，春
申君時盛祠以牛，立無錫塘。去吳百二十里。無錫湖者，春申君治以
為陂，鑿語昭瀆以東到大田，田名胥卑。鑿胥卑以下南注大湖，以瀉
西野。去縣三十五里。」《七國考　楚食貨》引《一統志》云：「南
直常州申浦在江陰縣西三十里。昔春申君開置田為上下屯，自大江南
導，分而為二：東入無錫，西入武進、戚野，俱達於運河。今江陰之
山川，多以春申君取義。」同時文獻又云：「無錫西龍尾陵道者，春
申君初封吳所造也。屬於無錫縣。以奏吳北野胥主嘮。」[1]「嘮」，清
段玉裁《說文解字注》云：「篇韻皆云，田不耕，火種也。謂焚其草
木而下種，蓋治山田之法為然。《史記》曰，楚越之地或火耕也。」
這說明楚相春申君在吳地不僅組織人們充分利用江湖造田，築陂開
渠，引水灌溉，而且懂得在劈山修築「陵道」的過程中，利用勞力放
火燒山，擴大山區耕地。這種所謂「火種」、「治山田之法」，在當
時吳地山多、水多、陸地少的地理條件下，不失為一個極好的方法[2]。

---

① 《越絕書　吳地記》。
② 清段玉裁認為「火種」為「田不耕火種也」，亦稱之為「治山田之法」，此說不僅可信，而
　且其延續時間很長。甚至在解放初期乃至20世紀70年代，我國廣西壯族自治區以及越南一些
　山區裡，仍然有放火燒山，借火力將土燒松以利下種的做法。

這種方法不僅可使吳地增加田畝，而且促進了糧食與稅賦的增長。因此，戰國晚期的故吳越地區，已成為楚國盛產糧食的地方。《越絕書　吳地記》記：「吳兩倉，春申君所造。西倉名曰均輸，東倉周一里八步。」這就給我們提供了當時故吳地圈田墾荒規模之大、收穫之豐的資訊。

自西元前447年即楚惠王42年楚滅蔡，占領蔡都州來後，今安徽壽縣至當塗一線皆成為楚國的地盤。但在春秋早期，按徐旭生先生在《中國古史的傳說時代》一書中考證，江淮地區屬於淮夷即群舒的居地，其書云：「當日淮水南，大江北，如今霍邱、壽縣、六安、合肥、舒城、盧江、桐城、懷寧等縣，西不過霍山山脈，東不過巢湖，這一平坦的地帶，除了六、蓼、鍾離各國以外，全屬群舒散處的地域。」[1]後來「群舒」先後被楚所滅。

《史記　貨殖列傳》云：「郢之後徙壽春，亦一都會也。而合肥受南北潮，皮革、鮑、木輸會也。與閩中、干越雜俗。」司馬遷在同書中又指出：「南楚也，其俗大類西楚。」這說明今河南東南部至安徽西南部即故「群舒」地區，當是春秋戰國時期楚越文化與當地土著文化混雜交錯的地方。因此，這一地區的農耕方式也是「火耕而水耨」，以種植水稻為主，糧食產量不會太低。《史記　貨殖列傳》云：「是故江、淮以南，無凍餓之人」，即說明了這個問題。

在戰國晚期，隨著楚國政治、經濟、文化中心的東移和楚人大批東遷，糧食的需求量勢必大為增加。於是楚國在遷都於陳後，對淮南地區的農田水利建設尤為重視。楚人依據淮河南岸多山地丘陵、河流河床比降較大，以及每逢汛期其下游湖澤、原野就氾濫成災這一地理狀況，在壽春以南修築了大型蓄水灌溉工程——芍陂，不僅為這一地區的農田灌溉乃至農副業發展奠定了基礎，而且為「楚北伐滅魯……

---

① 徐旭生：《中國古史的傳說時代》，科學出版社1960年版，第180頁。

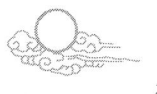

楚復強^①」發揮了不可低估的作用。

在春秋戰國時期，楚國不僅對東部地區的農田水利建設十分重視，而且對於這一地區的農副業、漁業以及其他農作物的經營亦十分注重。在江浙、淮南山地，旱糧和其他農作物種類甚為豐富。然而在眾多的糧食種類中，除了稻穀為水田栽培外，其餘皆為旱田所為。這種糧食作物的生產狀況，在春秋戰國時期楚國東部的淮南、淮北地區更為多見。同時楚人乃至此前的越人在開發農田、興築陂塘、開鑿池渠的過程中，利用江、湖這一有利的地理條件，大興漁業養殖。據《越絕書　吳地記》記：「作湖，周八十頃，聚物多魚。」《越絕書　記地傳》：「會稽山上城者，勾踐與吳戰，大敗，棲其中。因以下為目魚池，其利不租。」《太平御覽》卷九三引《吳越春秋》佚文云：「越王既棲會稽。……范蠡等曰：臣竊見會稽之山有魚池，上下二處中有三江四瀆之流，九溪六谷之廣。上池宜於君王，下池宜於民臣。畜魚三年，其利可以致千萬，越國當富盈。」越趁吳「稻蟹無遺種^②」之機，滅掉了吳國，成為當時「兵橫行於江、淮東，諸侯畢賀，號稱霸王^③」的一方強國。在淮南地區，其民也多食「魚稻」，捕魚養魚也是當時百姓生產生活的一個重要手段。1977年，在安徽貴池（今池州）臨近長江的一個山坡上，出土了一套14件時代為春秋戰國時期的越人青銅魚鉤。其大小有別，形狀與現代魚鉤基本相同，鉤部呈三角形，有倒鉤，柄端有一道凹槽，便於拴繩。最大的一枚魚鉤殘存10公釐，最小的僅3公釐。同時還出土了多件農具，如銅犁、銅鋤、銅鏟等^④。這說明，在春秋戰國時期楚國東部地區的漁業生產是十分普及的。楚人乃至此前的吳越人在江淮、江浙地區除了發展漁業外，

① 《史記　春申君列傳》。
② 《國語　吳語》。
③ 《史記　越王勾踐世家》。
④ 安徽省博物館：〈安徽貴池發現東周銅器〉，《文物》1980年第8期。

還利用各種山坡坎地種植其他經濟作物，如瓜果、蔬菜類有：「梅、棗、杏、李、櫻桃、粗榧、榛子、西瓜、桃核以及葫蘆、菠菜、蕹菜等。」①其中柑、橘亦甚有名氣。《群芳譜　橘》引〈述異記〉說：「越多橘柑園，越人歲出橘稅」。此外，越人對桑、麻、葛的耕種，也十分重視。據《越絕書　記地傳》記：「葛山者，勾踐罷吳，種葛，使越女織治葛布。」又：「麻林山，勾踐欲代吳，種葛……。」《漢書　地理志》記：「越人男子耕農，種禾稻紵麻；女子桑蠶織績。」春秋時期，楚與吳在其邊境上還發生了一起因爭桑而引發的一場激烈的軍事衝突②。桑、麻、葛、芒等是人們衣著穿戴的重要物質來源。當時楚國東部地區的人們不僅將桑、麻、葛、芒視作重要的農作物來耕種，而且在收割、製作處理方面，積累了較豐富的經驗。當時一畝麻田可產五十至一百石，較低的也能達到三十石。考古工作者在江西貴溪崖墓中發現有苧麻布土黃、深棕和印花三種③；安徽舒城縣鳳凰咀春秋中期墓出土有苧麻布殘片④；1973年8月，江蘇六合縣仁和東周墓發現一層織物，經上海紡織科學研究院鑒定係麻布，屬苧麻纖維⑤。而這些物品的繪畫與出土銅器的風格，在不同程度上都受到楚文化的影響。事實證明，在春秋中晚期乃至戰國，先後納於楚國東部版圖的故吳越地區，不僅物產資源較為豐富，而且其紡織等手工業的生產技術，也達到了較高水準⑥。

　　總之，楚人和吳越人都屬於善於習水治水，發展農業水利的「蠻夷」民族。他們深知水可為患，亦可興利，也懂得糧食是治國治民之

① 參見中國社會科學院考古研究所編：〈新中國的考古發現和研究〉，《漢代農業、手工業的考古發現與研究》，第462頁。又，此出土物年代顯屬西漢，但上述這些植物皆係生長延續率甚長，可證在春秋戰國時期，上述植物在我國南方各地山坡坎地都能生存移植。

② 《史記　楚世家》《史記　吳太伯世家》。

③ 江西省歷史博物館：〈江西貴溪崖墓發掘簡報〉，《文物》1980年第11期。

④ 安徽省文化局文物工作隊：〈安徽舒城出土的銅器〉，《考古》1964年第10期。

⑤ 吳山菁：〈江蘇六合仁和東周墓〉，《考古》，1977年第5期。

⑥ 參閱程應林、劉詩中：《江西貴溪崖墓發現一些紡織品和紡織用具》。

本，水利亦是農業發展的命脈。於是，他們十分重視興水利，勸農桑，發展多種經濟。這也可謂是春秋戰國時期楚越經濟發展的一個重要特徵。楚國也正是在這種特定的歷史條件下，依據各地的地理環境、土壤條件以及水資源狀況，在其東部疏浚河道，興築陂塘，引灌良田，發展多種經營，把故吳越地區變成了楚國最富裕的糧倉。

第六章 楚國南部地區的水利

楚人自荊山腳下來到江漢平原建都後，曾三次南征「百越①」；及至戰國時，「楚悼王素聞起賢，至則相楚」，「於是南平百越②」。自此今湖南全境、廣西東北部、江西中北部和廣東大部，皆納入楚國的版圖。春秋中晚期至戰國早中期，楚人在對上述地區進行政治控制和文化滲透的同時，也十分重視這一地區的農田開發和水利設施的建設，從而把當時南方「無君長總統，各邑落自居」，社會組織渙散的故「百越」之地，建設成為楚國重要的產糧基地。事實上，楚國在春秋戰國時期的這一舉措，其目的在於北進中原，東拓江淮，一併天下。春秋戰國時期楚人對江南地區的開發以及農田水利建設，為秦漢以降我國南方的農田水利建設和水稻耕種區域的布局，打下了堅實的基礎。

第一節　山丘盆地種稻　河流溪水灌田

楚國南部是一個山地丘陵眾多、河流水系密布、溪谷盆地與高

---

① 第一次是楚成王初年，見《史記　楚世家》；第二次是楚共王「撫征南海」，見《國語　楚語》；第三次是楚平王「舟師以伐濮」，「王收南方」語，見《左傳　昭公十九年》。
② 《史記　孫子·吳起列傳》。

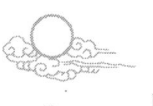

山峻嶺渾然一體的地貌複雜多樣的地區。湘、資、沅、澧、贛五大
河流自南向北縱貫其間，形成沖積平原與山丘盆地並存的格局。先
秦時期這裡氣候要比今更為溫暖，曾「以象耕田[1]」，故民間修神廟
供奉於象[2]。這說明，在楚人未進入長江以南和五嶺南北之時，這
裡散居的「百越」、「百濮」人就已經受到殷商文化的影響，在今
湖南、江西境內，出土了不少具有中原商文化特徵的青銅器，以及
從事漁獵、紡織、農業耕種的各種生產工具[3]。事實上，早在新石
器時代，這裡的農業和原始的引水、用水技術有了一定的發展。根
據新中國成立以來考古工作者在上述地區進行的考古發掘情況看，
新石器時代遺址以及商周時期的遺址與遺物，一般多發現在山區丘
陵地帶和山溪河流衝擊扇的高臺地上，包括近湖澤的高崗之地[4]。
這就給人們提供了一個啟示，即早期的南方「百越」以及「百濮」
人，主要是活動在山區峽谷之類水資源較為豐富的地方。這種狀況
的出現，主要是因為故江南地區山多水豐而平地少，且不規則的山
丘盆地又多分布在江河中上游的山溪夾谷中。以致他們不得不選擇
在山區與平原的過渡臺階地上從事漁業和農業活動。楚武王時（西
元前704年），楚因政治原因「始開濮地而有之」，並將原居住於
江漢平原西部的一部分濮人遷徙至今湖南西北部山區[5]。在春秋早
期，楚人就開始進入了江漢平原的西部建都立國。由於楚人活動區
域與「百越」和「百濮」僅有一江之隔，因此，自中原而來且善於
旱耕的楚人，吸收了越人「火耕而水耨」的農耕方式；與此同時，

---

① 《論衡 偶會》。
② 《水經注 湘水》。
③ 江西省博物館：〈江西清江吳城商代遺址發掘簡報〉，《文物》1975年第7期。
④ 參見：〈三十年來湖南文物考古工作〉；〈江西考古工作三十年〉；〈三十年來廣西文物考
　古工作的主要收穫〉，《廣東考古結碩果 嶺南歷史開新篇》；《文物考古工作三十年》，
　文物出版社1979年出版。
⑤ 蔣炳釗：〈「濮」和「越」是我國古代兩個不同的民族〉，《百越民族史論叢》，廣西人民
　出版社1984年版，第11頁。

越人也在不同程度上吸取了楚人所帶來的農業和手工業生產技術。所以，楚國南部地區農田水利事業的發展，是楚越人相互影響、相互促進的過程。

春秋戰國時期楚國南部地區，在地理環境、氣候、土壤和水資源等方面，與中原比較起來，是有很大差距的。中原平原廣闊，河流水勢較為平緩，湖泊多分布在河流中下游間，雖有洪患，但排泄能力較強，因而適宜人們利用河道上游丘地築陂溉田，同時也可利用湖泊、河流交錯的地方開鑿人工運河。但是，在春秋戰國時期楚國的南部即今湖南、江西與廣東中北部，以及廣西的東北部，要想開鑿人工運河、修築較大的陂池，似乎是不可能的。因此，春秋戰國時期楚國南部的農田開墾、水利設施建設，多係分散型，一塊塊地分布在山區丘陵間。這樣的地理環境，恰好適宜人們栽培水稻，種植桑麻，是發展多種經營最為理想的地方。這種種稻狀況按現在的說法，屬「高地水稻」。由於「高地」水稻大多生長在連綿起伏的山地中，易生雜草、蟲害，於是人們通過火燒、翻耕、休田後，穀的產量才能夠得到提高。當時「長沙之粟」在各諸侯國中頗有名氣，即可說明儘管在當時楚國江南地西北有武陵山，中部有雪峰山，南部有著名的五嶺山脈中的都龐嶺、萌緒嶺、騎田嶺，東部有九嶺山、武功山、萬澤山、諸廣山等，屬高山峻嶺之地，但在這些山區中的坎窪丘陵平地上（即山區人常說的沖地），也還是可供人們進行農田耕種的。同時由這些山脈所發源的湘、資、沅、澧、贛等河流中的中上游段的山崗丘陵地區，同樣也適宜當時楚越人種植水稻、桑麻。事實上，當時楚越人主要是依據這裡的地理環境和氣候以及山澗溪水資源豐富等條件，在山區丘陵中以及境內幾條大的河流高臺地上，從事漁獵、山伐、耕種和水利建設的。

據《史記　貨殖列傳》記：「楚越之地，地廣人稀，飯稻羹魚，或火耕而水耨。」《漢書　地理志》亦有類似的記載：「江南地

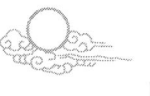

廣，或火耕水耨，民食魚稻，以漁獵山伐為業，果蓏蠃蛤，食物常足。」這說明在當時楚之南方在農田耕種的方式上，大抵與楚國東部的江淮、江浙地區相同。但二者在人文環境上有很大的差異。江淮地區侯國林立，爾後又一度成為戰國晚期楚國政治、經濟、文化、軍事的中心；江浙地區在春秋時，一直是吳越開拓、發展的中心，至戰國中晚期才併於楚之東境。而楚國南部地區長期以來百越與百濮錯居雜處，並能形成有影響的封國或方國，楚人佔領其地後，也沒有重點經營。因此，江淮、江浙乃至江漢地區農田水利建設的規模要比楚國南部地區大得多。然而，後者規模雖小但分布甚廣，凡丘陵沖地都適合引溪水築陂塘灌田。這可以說是春秋戰國時期楚國江南地區農業及水利發展、建設的基本特點。

春秋戰國時期較盛行的「火耕而水耨」的農業生產方式，同樣適合楚國南方溪河縱橫交錯的地理環境。「火耕」實際上是人類早期改造荒原、開闢耕地的一種重要手段。在當時的農業生產工具鋤、斧、刀、鐮等尚不能適應原野雜草荊棘茂密和山區土質堅硬的情況下，放火燒山除掉野草，使其土質疏鬆，再經人工引水或天然雨水淋灌後下種，當是人們早期旱田耕種的最好方法。這種耕種方法是直至明清時期南方山區人們在開闢、改造旱田過程中減輕勞力的重要手段。「火耕」方法不僅在山區可以適用，而且在平原、洲灘上也能適用。同時在南方山區及丘陵澗窟沖地上開闢水稻田，照樣能夠使用這種方法。《禮記　月令》夏季（六月）條記：「是月也，土潤溽暑，大雨行時。燒薙行水，利以殺草，如以熱湯，可以糞田疇，可以美土疆。」從這段史料記載看，似乎不是單純地把「火耕」說成是只能適應於水稻田。如「燒薙行水」就不可能在六月水稻田裡進行。一般說來，陰曆六月稻穀禾苗生長即將成熟，七月底即可收割。因此，這裡「燒」一說，當指旱田。旱田也需「行水」去改變土壤條件。所以在歷史文獻中，曾多次提到春秋戰國時

期乃至漢魏隋唐時期的我國南方農田耕作方式是「火耕而水耨①」，但在實施過程中，水田和旱田的「火耕而水耨」還是有所區別的。水田在休田數年後，前期準備必需「燒薙行水」；旱田在墾荒中，亦需「燒薙行水」。因此，我們不能將「火耕而水耨」的農田耕作方式單一看成是一種專指水稻田種植的方式。據《周禮 秋官》薙氏條記載：「薙氏掌殺草，春如生而萌之，夏日至而夷之，秋繩而芟之，冬日至而耜之，若欲其化也，則以水火變之。」這說明薙氏掌殺草並非專殺稻田之草。事實上，這段史料也給我們提供了一個資訊：即在殺草的過程中，要依據不同的季節除之，並指出夏、秋是燒殺雜草的最佳時節，尤便於「冬日至而耜之」，為明年農田春耕做好準備。同時還強調要根據農田所處不同的地理環境和條件，無論是「熟田」、「休田」，還是新開的荒田，都要將「火」與「水」的關係處理好。這就是所謂的「若欲其化也，則以水火變之」的道理。在當時，燒山林以開荒地，不是人們隨意可以進行的。《禮記 月令》記：在仲春之月，「毋焚山林」，意即春時萬物雜草皆生，濕度較大，不利以「火耕」去開墾丘陵坡田。並且要做到「善相丘陵、阪險、原隰，土地所宜，五穀所殖②」。到了春三月，還要「修利堤防，道達溝瀆，開通道路，毋有障塞③」。即務必把農田水利灌溉事情做好。在春秋戰國時期，楚人已深諳其道。據《左傳 襄公二十五年》（西元前548年）記載：楚蒍掩為司馬時，曾「書土田，度山林，鳩藪澤，表淳鹵，數疆潦，規偃瀦，町原防……量入修賦」。強調要把楚國境內不同類型的土地，根據其土壤性質、地理位置、水資源狀況與農田灌溉條件等進行綜合評估，然後按一種標準折合，以確定其賦稅徵收的基數。這種因地制宜、

① 《史記 貨殖列傳》、《史記 平准書》、《晉書 食貨志》、《隋書 地理志》。
② 《禮記 月令》。
③ 《禮記 月令》。

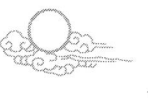

量入修賦的法規的頒行，無疑對楚國農田水利的建設和賦稅的徵收產生積極的影響。但楚的南方是多山區，其平原亦皆係河流、山溪所沖積而成，泥沙夾石地甚多，不適宜種植水稻作物，倒是種植林木花果比較理想的地方。不過，在丘陵山區利用凹地小塊或大面積崗沖平原和近湖澤的邊緣地區種植水稻，也是楚國南方地區的基本特點。

據《水經注　沅水》記載：「沅水又東與序溪合，……序溪，最為沃壤，良田數百頃，特宜稻，修作無廢。」同書《澧水》云：「澧水入縣，左合涔水，水出西北天門郡界，南流逕涔坪屯，屯堨涔水，溉田數千頃。」又同書《豐水》記：「豐水又北過便縣之西……縣界有溫泉水，在郴縣之西北，左右有田數千〔畮〕，資之以溉，常以十二月下種，明年三月穀熟」。《續漢書　地理志》鄽縣條引《荊州記》云：「周回三里，湖在今清泉縣東二十里，通沫水，可溉田百頃。」涔坪屯，按熊會貞解釋在今澧州東北；序溪，在今漵浦南；溫泉水，在郴州市北留崗。這說明，在今湖南境內凡有河流、溪水、湖泊經流山崗丘陵的凹形沖地，都是能夠種植水稻的。除此之外，在江西和廣東中北部以及廣西東北部的山區丘陵地帶，水稻田的分布也較為廣泛。《讀史方輿紀要》一書給我們提供了這一方面的資訊，該書卷八十四江西南昌府豐城縣蛟湖條云：「蛟湖縣南十五里，源發劍池東北流五里許，匯流長樂港，灌田數百頃，下流入於章江。」同書瑞州府碧落山條云：「米山在府北二十五里，《豫章記》：『此山四面流泉，土地膏沃，生禾香茂，為米精美。』」同書卷八十五江西三南康府德化縣柴桑山條云：「馬良山在府西南八十里，……下有白鶴洞，門高二丈許，其深無際，四時出泉溉田百頃。……又清泉洞在府西九十里，洞深如屋，水源無竭，可灌田百餘頃。」同書廣信府永豐縣青金山條云：「覆泉山在縣西北十二里，……山有泉八十四，冬夏水沸出，溉田萬頃。又鶴山在縣西三十里，山有龍池，四時不

竭，其東北接上饒之銅山。王象之曰，鶴峰左有天井，廣丈許，深莫測，溉田數百頃。」同書貴溪縣百丈嶺條云：「貴溪在縣南百餘里，南通福建光澤縣，西連昂山廣七十餘里，內多美地良田，物產番庶。」同書卷八十七江西五吉安府安福縣遊嶺條云：「石廊洞在縣西百三十里，洞門廣丈餘，中可容千人者，數處澗水從中流出，溉田數百頃。」又臨江府峽江縣玉笥山條云：在縣南四十里，有「天柱崗，高千仞，形若天柱。陶弘景《玉匱書》云：玉笥山盤踞數十里，地產稻穀肥美。」又袁州府宜春縣嚴嶺條云：府北五十里「仰公山，下有小溪，溉田甚廣。相近者田磜嶺，上有居民。」又同書卷八十八江西六贛州府信豐縣香山條云：「禾溪山在縣東八十里，怪石峭峻，下有溪流，陰田數千頃。」從上述情況看，山區丘陵地區的農田灌溉多屬溪水引灌，並且引溪水灌田甚至可達到上萬頃的規模。當然，在引溪水灌田的過程中，並不是任其水勢直接沖灌，而是依當地的地勢借用其水勢，使「泉水激為陂①」而溉田。這就是《齊民要術》在〈水稻篇〉中所說的凡種稻穀，就必須「選地欲近上流」。春秋戰國時期楚國南方地區的山區農田灌溉及其分布格局大都是遵循這個原則。因為在當時務農者都必須懂得「相高下，視肥墝，序五種，省農時②」，高度重視「相丘陵阪險原隰，土地所宜③」之事。因此，「引河及川谷以溉田；……依小渠披山通道④」，已成為當時人們發展山區農田灌溉的一種普遍方式。事實上，在楚國的南方山區種植水稻和發展其他農作物，也是需要陂、堰、塘等引排水設施相配套的。《水經注湘水》記：湘陰縣西北有「西陂」，《讀史方輿紀要》卷八十七江西五吉安府吉水縣湖條云：「柿陂在縣西北八十里，源出分宜縣，溉田

---

① 《讀史方輿紀要》監江府新淦縣小廬山條。
② 《荀子·王制篇》。
③ 《呂氏春秋·季夏紀》。
④ 《史記·河渠書》。

第六章　楚國南部地區的水利

千頃。」並且同書臨江府新淦縣小廬山條亦云：「小廬山縣東北六十里，山周百里，上有石池泓澄如鏡，又有石泉分飛瀑，四道匯於山麓，溉田甚眾。」此外，還有「廬陂，凡數十丈。」這說明在歷史上，陂、堰、塘、池、溝、渠這些與農田灌溉排澇相關的水利設施，無論是在平原廣澤、山區丘陵，還是在河流沖積而成的洲灘地上，都是當時人們開闢、發展農田建設不可缺少的。進入春秋戰國時期，由於人們對大自然的認識不斷增進，居於我國南方的「百越」、「百濮」人與楚人相融合後，這裡的農田水利建設以及其他領域的經濟發展，也相應地發生了一些變化。

新中國成立以來，考古工作者先後在今湖南、江西、廣東、廣西發掘出了不少與春秋戰國時期人們生產活動尤其是農田水利相關的遺址和遺物。其中在湖南境內發現有春秋時期的石門古城堤、慈利白雲城、桃源楚王城、汨羅古羅城、平江上黃安定古城址、麻陽九曲灣古銅礦遺址，在沅陵董家坪、辰溪譚家灣、大庸城關內[①]和長沙太子沖等地，還發現有春秋時楚人的聚落遺址[②]。在漵浦馬田坪發掘戰國早、中期楚墓58座，在湘潭發掘戰國時期楚墓300座，資興舊市發掘楚墓80座，古丈縣發掘楚墓60餘座，並且在長沙、常德德山、郴州、益陽新橋區、湘鄉韶山灌區、衡陽、株洲等地，也發掘出了不少的春秋晚期至戰國時期的楚墓[③]，總數已達到2000多座[④]。在廣西的恭城、平樂、灌陽、興安、平南、靈山等地，發現了不少春秋晚期至戰國時期的墓葬和遺址，這些墓中所出土的器物，大都與楚文化有著密切的關係[⑤]。在江西的靖安、臨川、新干、九江、清江、武寧、

---

① 黃綱正：〈楚文化在湖南的發展歷程〉，《楚文化研究論集》第1集，荊楚書社1987年版。
② 〈長沙太子沖文化遺存〉，《文物》1960年第3期。
③ 黃綱正：〈楚文化在湖南的發展歷程〉，《楚文化研究論集》第1集，荊楚書社1987年版。
④ 〈三十年來湖南文物考古工作的主要收穫〉，《文物考古工作三十年》，文物出版社1979年版。
⑤ 〈三十年來廣西文物考古工作的主要收穫〉，《文物考古工作三十年》，文物出版社1979年版。

新建、修水、上高、貴溪等地，也發掘、發現了不少春秋戰國時期具有楚、吳風格的墓葬、遺址和遺物。在廣東發現的春秋晚期至戰國時期並與楚文化有密切聯繫的墓葬、遺址更多，分布更為廣泛，幾乎遍及廣東全省。如在廣東的清遠、德慶、肇慶、四會、廣寧、佛崗、懷集、龍川、羅定、龍門、揭陽、佛山、增城等地，都曾發現、發掘出了不少春秋晚期至戰國時期的古遺址和古墓葬。在上述湖南、江西、廣西、廣東等地發現的古遺址、古墓葬中，出土的青銅生產工具有銅犁、鋤、斧、鐮、耑、鋸、刀、鏟、鏟；鐵制生產工具有鐵犁、鋤、鏟、夯錘、錛（斤）、耜、耑、削刀、鑿、錐、銼、鑽等[1]。同時在廣東肇慶、增城還發現兩處戰國時期的窯址[2]。在江西新干界埠發現了戰國時期糧倉遺址，並在其周圍還發現了居住遺址和窯址、墓葬以及鐵器等。在糧倉遺物中，發現了大量的碳化米粒，經鑑定為粳米。該糧倉遺址長6.15公尺，寬11公尺，坐東朝西，疑為竹木結構建築[3]。可見，當時糧食倉庫占地面積與建築規模是很大的。

根據上述地區的考古資料和相關歷史文獻記載，基本上可以得出如下幾個方面的結論：其一、在春秋戰國時期楚國南部地區的農業、冶煉業、製陶業、紡織業和其他經濟領域的行業，在楚越人的共同努力下，得到了較快的發展。其二、在春秋戰國時期楚國南部地區因受「耕田有邑聚」的影響，其文化習俗、生活環境以及「火耕而水耨」的農業生產方式，不僅延續時間很長，而且對後世當有著深刻的影響。其三、從這些出土文物和墓葬、遺址的分布情況看，春秋戰國時期的楚越人主要活動在山區丘陵、江河湖澤的高臺地上，他們充分利用這裡多山丘所形成的三面環山、中間凹平的地理環境從事種植水稻和築堰引溪、河水灌溉良田，同時也利用這些水源去從事製陶和冶

① 參見《文物考古工作三十年》之江西、湖南、廣東、廣西，第241、310、325、339頁。
② 〈廣東考古結碩果，嶺南歷史開新篇〉，《文物考古工作三十年》，文物出版社1979年版。
③ 〈江西考古工作三十年〉，《文物考古工作三十年》，文物出版社1979年版。

煉。這就是說，在多山多水的山區中，發展農耕，種植水稻，依據溪水灌田，選擇盆地種植作物，是當時楚國南方農耕文化的主要特點。這種在山谷間築壩蓄水灌田的特點，廣東佛山和陝西漢中出土的東漢陶製稻田模型，就已給我們提供了形象資料①。其四、隨著鐵農具的興起與發展，加之該地區水質、土壤、氣候條件良好，水稻逐漸成為這一地區農業生產的主要作物。當時齊威王使人說越王無強就曾指出：「復讎、龐、長沙，楚之粟也。」由此即可看出春秋戰國時期楚國南部地區已經發展成為其重要的糧食生產基地。

第二節　推廣桑麻種植　開發農副業產品

西周時期，國家對於種植桑麻、保護山林水域以及圍獵捕魚都是有嚴格規定的。當時周天子設有掌葛、山虞、林衡、川澤衡之官職。其目的在於按時令行農事，制約人們濫伐山林，亂行漁獵②。這項制度對於西周乃至春秋戰國時期各諸侯國的法制建設，都有著很深的影響。楚國也不例外，他們對山林、藪澤、丘陵、陂堰所產生的一切收穫，都要納入賦稅之法③。因此，在楚國疆域內凡是有條件的地方，都得種植桑麻，發展紡織和人們所需的農副產品，這也可謂是時代需求所致。

春秋戰國時期，在楚國南部地區，山陵丘地約占65%，湖泊約占15%，河流沖積平原約占20%。這裡土地濕潤，雨水充足不僅適宜耕種水稻，而且種植桑麻，發展水生植物和竹木藥材，也非常合適。因此，《漢書　地理志》記：江南地廣，「民食魚稻，以漁獵山伐為

① 〈漢代農業考古的新發現〉，《新中國的考古發現和研究》，文物出版社1984年版。
② 《周禮　地官》。
③ 楊伯峻：《春秋左傳注　襄公二十五年》。

業」。《鹽鐵論　通有篇》云：「（荊揚）伐木而樹穀，燔萊而播粟。」儘管主要指漢代，但也包括漢代以前。事實上，桑麻植物在我國出現甚早，遠在新石器時代就已發現①。同時《尚書　禹貢》對紵麻、葛布的分布情況，也有記載：「荊、河惟豫州，厥貢漆、枲、絺、紵，厥篚纖、纊、錫貢磬錯。」又云：「荊及衡陽惟荊州，……厥貢羽、毛、齒、革惟金三品，杶、榦、栝、柏、礪、砥、磬、丹惟菌簵、楛，三邦底貢厥名。包匭菁茅；厥篚玄纁璣組，九江納錫大龜。」可見，當時桑麻、紵葛已經盛產於楚國南北兩方。桑麻的出現則對於古代人們來說，至關重要。春秋戰國時期的楚國在發展農業的過程中，對桑麻的種植與開發極為重視，他們將「麻」納入「穀」的範疇②，即說明麻與粟、稻具有同等重要的地位。麻的生產技術先秦文獻無載，只能從後世賈思勰的《齊民要術　種麻》中得聞其詳。其書云：「凡種麻用白麻子，麻欲得良田，不用故墟。地薄者糞之，耕不厭熟，田欲歲易。良田一畝用子三升，薄田二升。前十日為上時，至日為中時，至後十日為下時。」又云：「止取實者，種班黑麻子，耕須三遍。一畝用於二升，種法與麻同。三月種者為上時，四月為中時，五月初為下時。大率二尺留一科，鋤常令淨，既放勃。凡五穀地畔近道者，多為六畜所犯，宜種胡麻麻子。慎勿於大豆地中，雜種麻子。六月中可於麻子地間，散蕪菁子而鋤之，擬收其根。」又引《雜陰陽》書曰：「麻生於陽，或前七十日花，後六十日熟，種忌四季辰、戊、丑、未、巳。《汜勝之書》曰：種麻預調和田。二月下旬，三月上旬，傍雨種之，麻生布葉鋤之。率九尺一樹。樹高一尺，以蠶矢糞之，樹三升無蠶矢，以溷中熟糞糞之亦善。樹一升，天旱以流水澆之。樹五升，無流水，曝井水殺其寒氣以澆之。雨澤適時勿澆，澆

① 〈江西考古工作三十年〉，《文物考古工作三十年》，文物出版社1979年版。
② 《初學記　五穀》引「周官」鄭司農注。

不欲數，養麻如此。美田則畝五十石及百石，薄田尚三十石。獲麻之法，霜下實成速斫之。其樹大者以鋸鋸之。崔寔曰：二三月可種苴麻。」這段史料說明，種麻不僅要講究季節、土壤、水源、肥料、除草、翻耕、休田、變種，而且對於麻田與周邊種植五穀田畝的關係，都得要處理好。只有這樣，麻田的產量才能達到預期的效果。由於當時人們已經掌握了耕田種麻的道理，故春秋戰國時期楚國的南部地區的麻田種植就十分普遍。據《水經注 沅水》及〈江水〉提供的資訊，凡具有一定規模的江、河洲灘上，和近河流溪水的丘陵山坡上，都能適宜人們種植桑麻、柑橘。一般來說，種麻與種水稻在土壤條件上尚有差異。水稻田不僅需要泥土熟爛肥沃，而且田中不能漏其底水，要有一定的水分保持禾苗。然而，河中洲灘泥沙土種麥、豆、桑、麻較為適合。同時《廣輿記》記：湖南長沙府出葛麻、斑竹，岳州府平江幕阜山產藥材、紵麻，常德鹿山「桑果成林」；江西南康府產葛布、茶葉，贛州府產竹、葛，九江府產葛、鱅魚，臨江府產紵布、葛布，袁州府產夏布、紵布、綿布；廣東韶州府產紫竹、紵麻，肇慶府產麻、梧桐布、玳瑁，潮州府產蕉布[1]。這說明，上述地區在春秋戰國時期不僅產稻，而且盛產紵麻、竹木。新中國成立後，考古工作者先後在湖南、江西、廣東、廣西等地發現不少春秋中晚期乃至戰國時期的楚人遺址和墓葬，出土了一些麻織物和錦織物，並且還有絹、綢、紗類織物。如在湖南長沙市仰天湖[2]、左家公山[3]、廣濟橋[4]、楊家灣[5]、左家塘[6]、瀏城橋[7]等戰國時期的楚墓中，出土的絲

① 《廣輿記》湖廣、江西、廣東、廣西篇。

② 〈長沙出土的三座大型木槨墓〉，《考古學報》1957年第1期。

③ 〈長沙左家公山的戰國木槨墓〉，《文物參考資料》1954年第2期。

④ 〈長沙廣濟橋第五號戰國木槨墓清理簡報〉，《文物參考資料》1957年第2期。

⑤ 〈長沙楊家灣M006號墓清理簡報〉，《文物參考資料》1954年第12期。

⑥ 〈長沙左家塘44號墓清理簡報〉，《文物參考資料》1957年第2期。

⑦ 〈長沙瀏城橋一號墓〉，《考古學報》1972年第1期。

織物大都與紵、麻有著密切的關係。在江西貴溪西南仙岩發掘了春秋晚期至戰國時期墓葬14座，其中2號、4號、10號墓出土有絹布和麻布紵；在1號、2號、3號、6號、8號、10號、12號、13號墓中，還出土了紡織器材共36件①。在廣西平樂發掘的110座墓葬中，基本上在陶器和銅器上隱約可見麻布和殘絹片，並且在不出兵器的墓葬中都有陶紡輪出現②。在廣東的廣州華僑新村、淘鑫坑、三元里馬鵬崗、羅崗等地秦漢時期的墓葬中，以及廣州南越王漢墓，都在不同程度上反映了麻、紵、絹在這一地區的存在③。同時，在春秋戰國時期楚的南疆廣東、廣西等地，還生長一種會開花吐絮的灌木植物，人們稱之為木棉。其樹「落葉喬木，大合抱，高數丈，花紅如山茶，蕊黃色，瓣極厚，結實大似酒杯，絮茸茸如細毳，可作茵褥。又，草本之棉花，亦曰木棉。本名吉貝，或作劼貝。劼貝，即木棉也。狀如土葵有殼，剖以出花，如柳絮，可紉為布④」。《尚書　禹貢》有：淮海惟揚州，「島夷卉服，厥篚織貝」的記載。《書經集傳》蔡沈引注：「卉服，葛及木棉之屬。」孔穎達《尚書正義》釋：「卉服，葛越也，南方布名，葛為之。」《史記　夏本紀》張守節〈正義〉云：「東南之夷草服葛越，焦竹之屬，越即苧祁也。」由此可見，無論是歷史文獻記載，還是考古資料，都表明春秋戰國時期甚至可上溯到商周時代，我國南方地區的種葛織麻和種桑養蠶業，已經在民間廣泛興起。尤其是進入戰國時期，隨著社會生產力的發展，農業生產技術不斷地提高，以及南北農耕文化交流的日益廣泛，以致楚人進入這一地區後，更加注重發展桑麻，提高織造工藝，從而在花色品種及染製工藝方面，都達到了

---

① 〈江西貴溪崖墓發掘簡報〉，《文物》1980年第11期。

② 參見蔣廷瑜：〈從銀山嶺戰國墓看西甌〉，《考古》1980年第2期。

③ 《廣州漢墓》，文物出版社1980年版。

④ 參見《辭源》，商務印書館1939年版。

第六章　楚國南部地區的水利

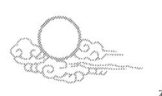

驚人的水準①。這可以說是楚越人長期在這裡生存發展，共同創造的結晶②。《墨子·非多下》云：「今也農夫之所以蚤出暮入，強乎耕種樹藝，多聚升粟，而不敢怠倦⋯⋯今也婦人之所以夙興夜寐，強乎紡績織絍，多治麻統葛緒捆布縿，而不敢怠倦。」又云：「賴其力者生，不賴其力者不生。」③這說明，春秋戰國時期人們在發展農業生產的過程中，男耕女織仍然是一項重要的社會分工。同時也從另一個側面告訴人們：在春秋戰國時期，家庭作坊式的自種桑麻、自織布衣，已經十分普遍。因此，春秋戰國時期楚國的南方地區，亦是楚越人種葛麻、養桑蠶的重要地方。

春秋戰國時期在楚國南方地區，農副漁及其他種植物也是十分豐富的。《史記·貨殖列傳》和《漢書·地理志》皆記楚越之地「飯稻羹魚」，當與這裡的廣種水稻田，興築陂池塘堰有著密切的聯繫。種稻需要「以瀦蓄水，以防止水，以溝蕩水，以遂均水，以列舍水，以澮瀉水④」。這是治理水稻田的基本方法。既然耕種水稻則必須開溝渠，引陂塘堰池之水溉田，並且在稻穀收割後，仍需引水將稻田浸泡，為明年春耕而做好準備。據文獻考證，當時田間已形成的用耦掘土成溝，「寬一尺，深一尺為畖；畝田首端的水溝加倍，寬二尺，深二尺稱為遂；九夫的田為一井，井與井之間的水溝，寬四尺，深四尺，亦稱之為溝；十里見方為一陳，陳與陳之間的水溝，寬八尺，深八尺，稱之為洫；百里見方為一同，同與同之間的水溝，寬二尋，深二仞，稱為澮；澮中之水，直流入川。」⑤農田的規整布局尤其需要與農田灌溉相關的溝渠、陂塘；而在近郊的田畝上，不僅可以種稻、

---

① 荊州博物館：《江陵馬山一號楚墓》，文物出版社1985年版。
② 張正明：《楚文化史》，上海人民出版社1987年版。
③ 《墨子·非樂上》。
④ 《周禮·地官》。
⑤ 參見聞人軍：《考工記導讀》，巴蜀書社1988年版，第295頁。

麻等農作物，而且還能夠在這些溝渠、陂塘甚至水稻田里，養殖魚、螺、蛤、貝之類水生食物。事實上，在溝渠、陂塘中無論是蓄天然雨水，還是引蓄外來溪河之水，經過一定時間後水就會變質，產生昆蟲雜草之物。這樣的水質最適合養魚蝦和蛤螺。尤其是進入夏秋時，江湖溪河水泛溢，農田間溝渠魚類更為豐富。因此，文獻才記載楚越人「飯稻羹魚[①]」。其中亦包含有種稻即有魚，養魚必出稻的意思。正如唐人張守節所云：「楚、越水鄉，足螺魚鱉，民多採捕積聚，捶疊包裹，煮而食之。」[②]

由於楚國南部地區有武陵山、南嶺、雪峰山、幕阜山和羅霄山聳立其間，並呈「山」字形自南向北延伸，以致湘、資、沅、澧、贛幾大河流皆自南向北流，並在其下游匯入長江處的衝擊扇上，形成了不少大大小小的壅塞湖泊。這些湖泊在當時主要分布在今湖南益陽以北的洞庭湖流域和江西南昌東北的鄱陽湖流域。這兩大區域在春秋戰國時期，尚未形成如今天這樣的整片湖區，屬典型的水鄉澤國的地貌景觀，也是當時人們最適宜「以漁業為生」的地方。

據文獻記載，楚人范蠡是善於養魚的。《世說新語 賢媛》說他「少時作魚梁吏」，並著有《養魚經》一書，專門講述如何繁殖魚種和如何利用陂塘、河流、湖泊等淡水資源去發展漁業，使其產生經濟效益。可惜此書失傳，但《齊民要術 養魚》對此作了這樣的追述：「（楚）威王聘朱公，問之曰：『聞公在湖為魚父，在齊為鴟夷子皮，在西戎為赤精子，在越為范蠡，有之乎？』曰有之。曰：『公任足千方，家累億金，何術乎？』朱公曰：『夫治生之法有五，水蓄第一。水蓄所謂魚池也，以六畝地為池。池中有九洲，求懷子鯉魚長三尺者二十頭，牡鯉魚長三尺者四頭，以二月上庚日納池中，令水無

---

① 《史記 貨殖列傳》。
② 《史記 貨殖列傳》張守節〔正義〕。

聲,魚必生。……內鱉則魚不復去,在池中繞九洲無窮,自謂江湖也。至來年二月,得鯉魚長一尺者十萬千枚,三尺者四萬五千枚,二尺者萬枚。枚直五十,得錢一百二十五萬。至明年,得長一尺者十萬枚,長二尺者五萬枚,長三尺者五萬枚,長四尺者四萬枚,留長二尺者二千枚作種,所餘皆取錢,五百一十五萬錢。候明年,不可勝計也,王乃於後苑治地,一年得錢三十餘萬也。池中九洲從谷,谷上立水二尺。又谷中立水六尺,所以養鯉者。鯉不相食,又易長也。』」可見,楚人用圍湖作池、引水築陂的方式去發展漁業,這在當時是十分先進的。這種作法不僅能獲得可觀的經濟效益,而且對於改善自然環境方面以及發展農田灌溉和水稻種植,都具有很大的積極作用。尤其是范蠡提出的「水蓄第一」的思想,無論是在當時,還是對於後世,都產生了極為深刻的影響。《世說新語 任誕》注引《襄陽記》曰:「漢侍中習郁於峴山南,依范蠡養魚法作魚池,池邊有高堤,種竹及長楸、芙蓉、菱芡覆水,是游燕名處也。」這說明,在春秋戰國時期楚國的築陂池養魚法,不僅在當時得到推廣,而且至漢魏時期仍有人仿效其法。新中國成立後,在四川、廣東、貴州以及陝西漢中和河南南陽等地的漢墓中,出土有陶製田池模型。模型大多呈長方形,中間有壩相隔,一則為池塘,一則為水田,壩上沒有閘門;也有水田和池塘分制的,並且池塘向稻田方向逐漸降低,末端又略微升高;水壩低於兩旁邊沿,以示在山谷間築壩蓄水,池內塑有魚、鱉、蛙、螺和菱角等①。說明春秋戰國時期乃至兩漢,我國南方長期以來就有「民食魚稻」的生活習俗,這與其山多、水多、稻田多的自然環境是分不開的。事實上,在春秋戰國時期楚國的南部地區的人們食魚與稻,並非是一種原始落後的現象,它恰好反映出這一地區的農田水利事業具有魚、稻並重的特點。

---

① 〈漢江農業考古的新發現〉,《新中國的考古發現和研究》,文物出版社1984年版。

春秋戰國時期，楚國長江以南地區自然環境優美，空氣植被狀況良好，加之山丘地勢起伏較大，其他物產資源也十分豐富，尤其是竹木業在楚國占有很重要的位置。據文獻記載，今湖南長沙產斑竹，湘潭、新化出硃砂，平江幕阜山中產藥材、方竹、柑、橘，邵陽產楠竹，常德出柑、橘且桑果成林；今江西南昌西山崔嶺產茶甚佳，九江、贛州產竹木；撫州、臨江、新余、南安等地產竹箭、柑、橘、柏木；廣東韶關產紫竹，頗有名氣[①]。總之，楚國南部地區竹木的繁殖和生長由來已久。據前引《尚書　禹貢》記載可知，楚地有名的橙、枏、栝、柏四種木材及丹沙、美竹、楛樹等，皆屬於當時的貢品。同時，《廣志》曰：「桂出合浦，生必高山之嶺，冬夏常青。」[②]《齊民要術　木》引：「莊子曰：楚之南有宜冷者，以五百歲為春，五百歲為秋。司馬彪曰：木生江南，千歲為一年。」可見，樹木的生命力延續時間甚長。楚人控制南方後，在利用木材作器械等方面，占有得天獨厚的自然條件和優勢。《漢書　地理志》記：江南地廣，「以漁獵山伐為業」，正是對這一地區楚越人擅長林業活動的真實寫照。已發掘萬餘座春秋戰國時期的楚人墓葬中所出土的棺槨和竹木漆器等[③]，即是最好的實物依據。

　　然而，春秋戰國時期楚國南部地區的楚越人，除了種植水稻、養殖魚鱉、發展竹木林業外，對於水生植物的種植和採集，也是十分重視的，並且將其視之為發展農副產品和多種經營的一個重要方面。據《輿地紀勝》「常德府」都錄梁伍安貧〈武陵記〉云：「其湖產菱，殼薄肉厚，味特甘美，楚平王嘗采之，有采菱亭。」《藝文類聚》卷八十二草部下引《國語》云：「屈到嗜菱，有疾，召其宗老而屬之

---

①　見《廣輿記　湖廣》及長沙、岳州、常德、南昌、贛州、撫州、九江、韶關等府、縣。

②　《齊民要術》。

③　參見《文物考古工作三十年》江西部分第240頁；湖南部分第310頁；廣東部分第325頁；廣西部分第339頁，文物出版社1979年版。

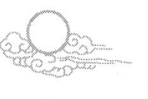

曰：祭我必以菱。」菱，即今人所謂菱角，盛產南方陂池、湖塘。種菱也得下種，無種不生。在湖塘、陂池中除了種菱，還可種藕、茭、蓮子等。在《齊民要術》卷五的注解中，對菱、蓮子、藕、茭的下種方法，都作了比較詳細的記載。同時在陂塘中所生的藻，也是當時人們食用的一種食物。《齊民要術》卷十對此作了這樣的記述：「《詩》曰：于以采藻。注云：聚藻也。《詩義疏》曰：藻水草也。生水底，有二種：其一種，葉如雞蘇，莖大似箸，可長四五尺；一種莖大如釵股，葉如蓬，謂之聚藻。此二藻皆可食，煮熟挼去腥氣，米麵摻蒸為茹，佳美。荊揚人饑荒，以當穀食。」這些記載，無疑反映了楚國南部地區的楚越人對於凡是能食用的水生植物，都會不斷地去繁殖和開發。當年楚平王常到江南去採集菱角，就意味著鼓勵人們要因地制宜地去發展多種經營。事實上，在春秋戰國時期楚國南方的水（野）生植物是十分豐富的。《楚辭》中〈離騷〉、〈湘夫人〉和〈招魂〉，亦給我們提供了這方面的資訊。如〈離騷〉云：「制芰荷以為衣兮，集芙蓉以為裳」，〈湘夫人〉云：「蓀壁兮紫壇，播椒兮成堂」；〈招魂〉云：「芙蓉始發，雜芰荷些。紫莖屏風，文綠波些。」然而，這些水生植物大都與當時農田水利建設中的陂池、堰塘、溝渠有著密切的關係。《藝文類聚》卷九水部下引魏文帝詩云：「兄弟共行游，驅車出西城；野田廣開劈，川渠東相經；黍稷何鬱鬱，流波激悲聲；菱茨覆綠水，芙蓉發丹榮；柳垂重陰綠，向我池邊生；乘渚望長洲，群鳥讙譁鳴；萍藻氾濫浮，澹澹隨風傾。」又，魏文帝〈芙蓉池〉詩云：「乘輦夜行游，逍遙步西園；雙渠相灌溉，嘉木繞通川……」晉張載洪〈池陂銘〉曰：「開源東注，出自城池；魚鱉熾殖，水鳥盈涯；菱藕狎獵，秔稻連畦……」由此可見，水生植物的繁殖與培育，當是春秋戰國乃至漢魏時期農業生產的一個重要組成部分。

春秋戰國時期楚國的南方在發展蔬菜方面，也甚有特色。蔬菜在

人們生活中，是不可缺少的必需品。《禮記》中有：「仲秋之月，乃命有司，趣民務蓄菜」的記載①。春秋戰國時期，楚越人不僅會種蔬菜，而且在製作蔬菜的烹飪技術方面，也頗有名氣。吳越人用肉類與菜製作出來的羹，在當時就十分有影響②。種植蔬菜需要選擇土質，注重施肥，防止乾旱和引水灌溉。當時在山區丘陵者種植蔬菜，一般選擇在靠近房前屋後坡、坎和靠近水源的地方；在平地者，則選擇與陂池、堰塘、溝渠相近處，或居住地的前後有小型水池、水井的田間空地③。同時在較大的都邑裡，人們亦可利用城中的空地，進行蔬菜種植④，並且以掘井的方式實施引灌。在故楚都紀南城遺址中，發現數百座水井⑤，說明掘井不僅是供城內人們飲水和冷藏食物，而且與以井水灌溉蔬菜有關。《莊子　天地》記：「子貢南游於楚，反於晉，過漢陰，見一丈人方將為圃畦，鑿遂而入井，抱甕而出灌，搰搰然用力甚多而見功寡。子貢曰：『有械於地，一日浸百畦，用力甚寡而見功多，夫子不欲乎？』」期楚人利用桔槔器械去灌溉旱地作物，亦當包括澆灌蔬菜。

在春秋戰國時期的楚國，隨著農業經濟的發展，人們對農副產品的認識也不斷提高，對於種植瓜果的重視，就是一個例證。據《新書　退讓》記：「梁大夫宋就者，為邊縣令，與楚鄰界。梁之邊亭與楚之邊亭皆種瓜，各有數。梁之邊亭劬力而數灌，其瓜美。楚窳而希灌，其瓜惡。楚令固以梁瓜之美，怒其亭瓜之惡也。」這段史料雖然說的是楚人種瓜技術不如梁人，但說明了楚國境內生產瓜類，是毋庸置疑的。事實上，在楚國的南方，由於地處山區丘陵，江河湖澤密

①　見《藝文類聚》。
②　見《楚辭　招魂》篇：「大若鹹酸，辛甘行些」及「陳吳羹些」語。
③　見《藝文類聚》。
④　在楚都紀南城遺址內的西、西北地，有春秋中期墓地，未發掘前封土尚存，說明此處在戰國早中期形成的楚國都邑內，尚有空閒之地。同時在城垣外，還發現大量陶片。
⑤　譚維四：〈楚都紀南城考古概述〉，《楚都紀南城考古資料彙編》，湖北省博物館編印。

181

布，瓜果種類極為豐富。《藝文類聚》卷八十七果部下引《吳越春秋》曰：「吳王夫差為越所敗，遁而去，得自生之瓜食之也。」又引《吳志》曰：「步騭避難江南，單身窮困，種瓜自給。」又，《吳錄》曰：「姚俊常種瓜菜，灌園以供衣食。」並引《廣志》云：「瓜之所出，以遼東、廬江……之種為美。」至秦漢時，南郡有一溪人不僅善於教別人種瓜，而且自種黃瓜達到上千頃^①。雖然此話有所誇張，但可看出瓜果在楚國的南方不僅分布甚廣，而且產量可觀，是當時人們既可充饑作菜食，也可變賣生效益的重要副食物品。此外，楚國南方所出產的果品，在列國中頗有名氣。據《韓非子　五蠹》記載：「上古之世……民食果蓏蚌蛤，腥臊惡臭，而傷害腹胃，民多疾病。」可見，人類最初是從食野果、魚蛤、貝螺開始的。據《齊民要術》卷十記載，我國南方的果木有：棗、桃、李、梨、橙、橘、柑、柚、椵、栗、枇杷、柙、甘蔗、棪、鬱、蔞、櫻、楊梅、沙棠、柤、椰子、檳榔、鬼目、橄欖、龍眼、荔枝、楠、豆蔻、蒟子、芭蕉等。這些果物大都屬當時人們家種養植。同時，《藝文類聚》分別在卷八十二、卷八十六、卷八十七中引文對棗、桃、櫻桃、栗、甘、橘、沙棠、椰子、柚子、楊梅、荔枝、甘蔗等作了較詳細記述。其書云：「棗，《毛詩》曰八月剝棗，十月獲稻。桃，《禮記　月令》曰仲春之月，桃始華。櫻桃，《爾雅》曰楔，荊桃，今之櫻桃也。栗，《山海經》曰南山其上，多栗；又，桂陽有栗，叢生，大如柿子；越中出如拳之栗。甘，《風土記》曰甘橘南方之屬，滋味甜美特異者也；又，漢武帝平百越，以為園圃，民獻甘橘。沙棠，《呂氏春秋》曰果之美者棠實。椰子，《廣志》曰高六七尺者，無枝條，葉如美如蜜，核中有白膚，厚半寸，口味似胡桃，出交北。柚子，〈離騷〉曰斬伐橘柚，列樹苦桃。楊梅，《廣州記》曰盧山頂有湖，楊梅山桃繞其

---

① 《太平御覽》。

際。荔枝，《後漢書》曰（交）州舊貢荔枝及生犀獻之。甘蔗，《說文》曰諸庶也；《廣志》曰甘蔗其餳為石蜜；《神異經》曰南方荒內，有盯睹林焉，其高百丈，圍三丈八尺，促節多法，甜如蜜。」這說明，在楚國南方果物種類不僅豐富，而且大都具有亞熱帶氣候所生植物的特色。考古工作者在湖北、湖南、廣東、江西等地，發掘出土有大棗、砂梨、楊梅、橄欖、酸棗、人面子、杏、李、紅棗、櫻桃、粗榧、榛子、桃等果核①，說明楚國南部地區水果品類之多和分布之廣。

---

① 〈漢代農業考古的新發現〉，《新中國的考古發現和研究》，文物出版社1984年版。

第七章　楚國西部地區的水利

　　楚國在江漢間立國都後，大抵在楚成王時，已是「楚地千里[①]」。楚國為了鞏固這一成果，先後對楚的東部地區和南部地區做了大量的開發工作[②]。在楚國的西部地區，雖然分布著巴、庸、盧等國，但楚人的勢力已滲透了這一地區。《史記　楚世家》記：熊渠「乃立其長子康為句亶王，中子紅為鄂王，少子執疵為越章王，皆在江上楚蠻之地」。越章，按張正明先生考證，在今湖北秭歸縣較為可靠[③]。這說明，自西周中晚期以來楚人率先開發的地區，還是楚的西部即今漳河流域以西，漢水流域以南，以及長江中游西端的秭歸沿江兩岸。這一地區屬我國大巴山、巫山、武陵山相互連接之地，河谷深切，溪、河水流湍急，地形十分複雜。儘管如此，早在新石器時代就已經有人類在此生息、繁衍，並從事原始的山獵、漁業及農耕文化[④]。這種狀況延續時期很長，直至殷商時期仍然還有這種原始的生產、生活方式存在[⑤]。但是，從西周中晚期以至春秋戰國，隨著青銅農具和鐵農具的

---

① 《史記　楚世家》。

② 何浩：〈春秋時期楚對江南地區的開發〉，又，《春秋時期楚滅國芻議》，《楚滅國研究》，武漢出版社1989年版。

③ 張正明：《楚文化史》，上海人民出版社1987年版。

④ 王勁：〈江漢地區新石器時代文化綜述〉，《江漢考古》1980年第1期。

⑤ 〈以農業為主的社會經濟〉，《商周考古》，文物出版社1979年版。

產生、交通事業的發展、資訊的暢通，國與國之間、地區與地區之間的往來不斷地增進，山區的農耕經濟也發生了較大的變化。楚人對山區的自然環境並不陌生，他們就是從山區裡發展起來的。因此，楚人對於山區的經濟開發尤其是如何利用這裡的地理條件去發展農耕，還是有比較深刻的認識的。不然楚人就不會提出「度山林」、「辨京陵」、「表淳鹵」、「數疆潦」、「規偃瀦」、「牧隰皋」等「量入修賦」的賦稅整治措施[1]，這同時也說明楚國對於其土地田畝、山川丘陵、江河湖畔的物產資源非常重視。不過，楚國在重視和發展其他經濟領域的同時，深知發展農業才是其富國強兵、安邦治國的根本。楚莊王在執政時，就十分欣賞蘇從「好道者多資，好樂者多迷；好道者多糧，好樂者多亡[2]」的諫言。於是，儘管楚的西部是山區，交通多有不便，但楚人具有「辟在荊山，篳路藍縷」的奮發圖強精神，他們充分利用西部山區水資源豐富，山谷中多盆地，山頂上有平川的地理特點，與當地土著人一道，共同開拓、發展了該地區的農田水利事業。

第一節　依山丘地勢　引溪河溉田

楚國西部地區，據《史記　貨殖列傳》及《漢　地理志》、《漢書　嚴助傳》等文獻記載，屬「地廣人稀」、「深竹叢林」之地，多以「山伐為業」。這類記載是可信的。但是，這只能是對當時楚國「江南地」的宏觀看法，並不能概括楚國所轄範圍內山川河流縱橫交錯的西部山區人們生產、生活狀況的全貌。事實上，在楚國西部大山區里，仍然是「火耕而水耨」，即種植水稻，發展旱田，「以漁獵

---

① 《春秋左傳　昭公十二年》。

② 《說苑　正諫篇》。

為生」。在春秋戰國時期，就種田技術而言，也並非是一件很難的事。《齊民要術　水稻》說：「稻無所緣，唯歲易為良，選地欲近上游」，即只要不誤農時，注重水源，就能夠獲得較好的收成。在當時「地廣人稀」、人口不發達的情況下，「凡田野萬家之眾，可食之地方五十里，可以為足矣[①]」。這就說明無論是在山區，還是在平原，只要有可耕種的地方，就可以養活一方人。尤其是在春秋戰國時期，各諸侯國為了政治上和軍事上的需要，都明白「民事農則田墾，田墾則粟多，粟多則富國，國富則兵強」，懂得「凡治國之道，必先富民，民富則易治也，民貧則難治也[②]」的道理。雖說楚國在當時比較強大，但對農田水利建設仍然是很重視的。同時，楚人不僅了解西部地區的自然狀況，知道哪些地方可以出什麼樣的特產，哪些地方可適宜耕種，而且對其西部地區的農業開發及物產稅賦的收入，也是十分重視的。

　　春秋戰國時期，楚國西部雖然屬於海拔較高的山區，但這裡有長江自西向東，夷水（即今清江）自西南向東北和沮、漳水自西北向東南匯入長江，並且還有其他河流如今南河自西南向東北匯入漢水等，其間溪河縱橫交錯，使這一地區形成許多大小不規則的沖積盆地和丘地，這就給當時的楚人和巴人提供了生存、耕種的條件。據《華陽國志　巴志》記載楚國西部巴地曰：「其地東至魚復，西至僰道，北接漢中，南及黔、涪。土植五穀，牲具六畜。桑、蠶、麻、紵、魚、鹽、銅、鐵、丹、漆、茶、蜜、靈龜、巨犀、山雞、白雉、黃潤、鮮粉，皆納貢之」。又云：「其民質直好義，土風敦厚，有先民之流。故其詩曰：『野惟阜丘。彼稷多有。嘉穀旨酒，可以養母。』……其屬有濮、賨、苴、共、奴、獽、夷蜑之蠻」。濮，按顧鐵符先生

① 《管子　八觀篇》。
② 《管子　治國篇》。

187

考證，基本上集中在兩湖盆地的西部[①]；賨，《輿地紀勝》卷一六二引《晉中興書》云：「賨者，廩君之苗裔也。巴氏子務相……立為廩君，子孫列布於巴中。「劉琳認為：賨人主要居住於今川渝嘉陵江、渠江及渝東長江流域；蜑人主要活動在今渝東、鄂西及湘西北、黔東北等地[②]。這說明，早在春秋戰國時期及至秦漢，活動於楚國西部地區的江漢間濮人以及川東、鄂西、湘西北、黔東北地區的巴人、賨人、夷蜑人，其居住地方皆有良田種植黍、稻，也可從事其他農副業生產活動。1959年，考古工作者在渝東長江北岸的忠縣㽏井溝遺址中，發現有腐爛的小米[③]，即是明證。

春秋戰國時期，楚人和巴人對山區如何進行耕種早有經驗，孫炎在解釋《春秋左傳　襄公二十五年》蒍掩「書土田」、「町原防」時說：「陵阿山田可種穀者，亦田原地。」這種說法是符合山區農田耕種情況的。《呂氏春秋　任地》記：「上田棄畝，下田棄圳。」陳奇猷先生對此作了這樣的解釋：「『上田棄畝，下田棄圳』者，是高旱田要把莊稼種在凹下之處，而不種在高出的畝上；下濕之田要把莊稼種在高出的地方，而不種在凹下出的圳里。實際上，『上田棄畝』就是作凹地種地，合乎如今北方的情形；『下田棄圳』就是作高畦種地，合乎如今南方的情形。」[④]而無論是在山區種田，還是在平原地上耕種，「看地宜納粟[⑤]」，「順天時，量地利[⑥]」是十分重要的。但是在山區荊棘雜草叢生的荒野之地，人們首先要「相丘陵阪險原隰，土地所宜，五穀所植[⑦]」即哪些地方可以耕種，哪些地方不可耕種，這

① 顧鐵符：〈南蠻〉，《楚國民族述略》，湖北人民出版社1984年版。
② 《華陽國志校注　巴志》，巴蜀書社1984年版，第30頁。
③ 姚政：〈論巴族國家的形成〉，《巴渝文化》，西南師範大學出版社1994年版。
④ 陳奇猷：《呂氏春秋校注　任地篇》，學林出版社1984年版。
⑤ 《齊民要術　雜說》。
⑥ 《齊民要術　雜說》。
⑦ 《呂氏春秋　孟春紀》。

也是當時人們十分注重的關鍵環節。一般說來，在山區的山間大小盆地中或近河流、溪流高臺地上或半山坡上作埂圈地，進行燒荒，灌水浸泡後，即可成田，這就是《齊民要術　水稻篇》所謂：「北土高原本無陂澤，隨隈曲而田者。二月冰解地乾，燒而耕之，仍即下水，十日塊既散液，持木斫平之，以備納種。」這種山區開荒耕種的方法，在楚國西部地區使用得十分廣泛。楚國西部地區，屬山多、盆地多、溪水多、河流多、峽谷多地貌，利用丘地築堰、建陂、引水灌田，是有優越條件的。《齊民要術　水稻篇》引《孝經　援神契》云：「汙泉宜稻」，這正好反映出在山區蓄泉水引灌稻田，是其最好不過的方法。同時在《淮南子　墜地訓》中，也提到「江水肥仁而宜稻」。可見文獻中所言的這些適宜種植水稻的水資源條件，在楚國西部山區不僅皆能具備，而且十分充足。

在楚國西部長江三峽地區，雖然沿江兩岸「重岩疊嶂，隱天蔽日」，「險峭壁立」，似為窮山惡水之地，卻是楚人和巴人活動最早的地區之一。據《水經注　江水》記載，自渝東萬縣至宜昌沿江兩岸，有城邑達數十座，且峽江洲灘上多民，東陽灘一帶「山上有大小石城」。尤其是奉節至秭歸一帶，是楚人、巴人活動最為頻繁的地方。這說明長江三峽地區當有田畝可種。據《水經注　江水》記：「江水又逕魚復縣之故陵……，江之左岸有巴鄉村，村人善釀，故俗稱巴鄉清。……溪水伏流至平頭山，內通南浦故縣陂湖。其地平曠，有湖澤，中有菱芡鯽　。」又云：「江水又東逕南鄉峽……其間平地可二十里許，江山回闊。……左右居民多墾其中。」又：「（江水）又東過秭歸縣之南。《地理志》曰：歸子國也。……縣東北數十里，有屈原舊田宅。雖畦堰糜漫，猶保屈田。」同時顧祖禹在《讀史方輿紀要》卷六十九四川四夔川府奉節縣麥子山條中，談到這裡的地理環境時云：「麥子山府東北二百里，山延衾四百餘里，東抵湖廣之房、竹，北接陝西之利平西南，

189

則於奉、雲、開、萬等縣相連，內有紅線、岩篩、羅岩等處，原存古寨，可容數十萬人，上有壤田可資餉給。」又云：「瀼水在村東十里，《輿地紀勝》：公孫述於東瀼水濱墾稻田東屯。……去白帝故城五里，而多稻米，為蜀第一。……《夔門志》：東屯諸處宜瓜時芋區，瀼西亦然。」[1]又：「青苗陂在瞿塘東蓄水溉田，民賴其利。又有天池，浸可千頃。《志書》云：在奉節、巫山兩縣間。」[2]20世紀80年代，我們曾到奉節、巫山、巫溪、秭歸、巴東等縣即長江三峽地區考察，當我們在輪船和木船上看三峽沿江兩岸，確實令人感覺到這裡是一片高山峻嶺，懸岩陡壁，根本不適合人類生存和發展。但是，上岸後進入山裡卻是又一番景觀，山頂上不僅有平川良田，而且凡有人居住的地方皆有堰塘，可供人們生產和生活。即使在半山腰坎中，也有人們居住。他們所從事的農耕一般是旱田多於水田，並且旱田多在半山腰坡上，水田多在山下丘地與丘地間高臺盆地上（鄉人稱之為沖地）。當地居民利用丘地間的谷地和三面或四面高起的斜坡，將其三面或四面的丘間缺口用石土壘築起來，形成陂池或堰塘，下灌稻田。這種利用山區丘地特有的地理條件築壩蓄水灌溉農田的方式，迄今在故楚國西部地區的今鄂西渝東一帶仍較為盛行。然而在山頂上的平地所形成的堰塘，其水源多來自於天然雨水和丘地溪溝之水，故其莊稼收成好壞，自然與降雨量有著極大的關係。儘管如此，三峽中的「夔、巫地形通達，土田饒沃[3]」，當是歷史的事實。新中國成立以來，考古工作者在配合葛洲壩和三峽大壩工程建設中，先後在湖北宜昌小平溪、三峽中長江南岸三斗坪、秭歸南岸龔家大溝和北岸柳林溪，以及秭歸郭家壩楚王城遺址等地，即自宜昌葛洲壩至秭歸牛鎮的長江邊岸，共發現

---

① 《讀史方輿紀要》。
② 《讀史方輿紀要》。
③ 《讀史方輿紀要》。

春秋戰國時期古文化遺址近二十處，古墓群一處，並先後出土了鐵臿、鐵削刀、銅勺等器物以及與鑄造相關的陶範殘片[①]。這說明，無論是顧祖禹在《讀史方輿紀要》中所云：「在瞿塘東，蓄水溉田，民賴其利。又有天池，浸可千頃」，還是《蜀中廣記》卷六十四引〈巴志〉所記「三峽兩岸土石不分之處皆種燕麥。春夏之交，黃遍山谷，土民賴以充食」。都是可信的。但是，山區的農耕生產方式，大抵與平原、湖畔農田耕作方式相似，都少不了要施行「火耕」。王洙在為杜甫《秋日夔府詠懷奉寄鄭監李賓客一百韻》詩「燒畬度地偏」句作注云：「峽土瘠确，居人燒地而耕，謂之畬田。」又，白居易在〈南賓郡齋即事寄楊萬州〉詩中自注曰：「忠州刺史以下，悉以畬田（畬音奢，焚燒田里的草木），粟給祿食，以黃絹支給充俸。自古相傳，風俗如是。」這就告訴人們，楚國西部山區至隋唐時期仍然保留的「火耕而水耨」的農業生產方式習俗當淵源有自。

在楚的西部清江流域，楚人與巴人的活動更為頻繁。清江，亦稱夷水，文獻說是巴人的一支首領廩君最早活動的地方，他們在這裡從事著漁獵與農耕經濟[②]。據《水經注　夷水》記載：「夷水又東逕佷山縣故城南，⋯⋯南對長楊溪，⋯⋯水中有神魚，大者三尺，小者一尺，居民釣魚。」又云：「縣東十許里至平樂村，又有石穴，出清泉，⋯⋯須臾水出，蕩其草穢，傍側之田，皆得澆灌。」又：「夷水下東北，丹水注之。其源百里，出西南望州山，山形竦峻，峰秀其高。⋯⋯登其頂，平可有三畝許，上有故城，城中有水，登望見一州之境。」這表明在楚國西部清江流域的上、中游一帶，雖屬群山峻嶺，但仍有魚可捕，有田可耕。同時也說明高山頂上只要有水，也可築城，而且在群山頂上廣原之地和峽谷

①　參見〈三三〇工程文物普查簡報〉，《宜昌地區歷史文物資料彙編》，1979年1月編印。
②　童恩正：〈巴族早期的歷史〉，《古代的巴蜀》，四川人民出版社1998年版。

盆地中，進行農業種植是該地區農耕文化的特點。這是因為該地區
為巫山、武陵山、大婁山的餘脈連接之處，溪谷深切，山嶺頂部寬闊
平坦，且有眾多大小不等嵌在叢山之間的盆地，以及眾多溪水、支流
的緣故。因此，楚國西都山區在春秋戰國時期屬物產資源豐富，土地
肥沃，五穀俱生的富饒之地。楚國在三峽地區和清江流域分別設置巫
郡、黔中郡，即可透露這一資訊。同時據《宋史　西南溪洞諸蠻上》
記載：咸平五年正月，「夔州路轉運使丁謂言：『溪蠻入粟實緣邊砦
柵，頓息施、萬諸州饋餉之弊。臣觀自昔和戎安邊，未有境外轉糧給
我戍兵者。』先是，蠻人數擾，上召問巡檢使侯廷賞，廷賞曰：『蠻
無他求，唯欲鹽爾。』上曰：『此常人所致，何不與之？』乃詔諭丁
謂，謂即傳告陬落，群蠻感悅，……且曰：『天子濟我以食鹽，我願
輸與兵食。』自是邊谷有三年之積。」[1]又，宋天聖元年，順州刺使
因反抗朝廷失敗，「上誓言，願還所掠金帛、器械，且輸粟二千石自
贖。」可見，直到北宋初年，在當時「地廣人稀」，耕種條件不及廣
闊平原的清江流域，其粟、穀產量亦是十分可觀。至於這一地區的農
田分布狀況和地理環境，顧祖禹在《讀史方輿紀要》中則作了這樣的
描述：施州「衛東北二百里，崇崗深麓，映帶左右，山之下多良田廣
囿。」又云：「九度溪在衛北，源出四川石柱宣撫司流入衛境，至
都亭山下。又東入清江，居民多引水灌田。」[2]又，「木李溪，衛東
三百里，源出長望洞，曲折數百里，沿溪萬山深僻傍，地平曠，可耕
作。」[3]這說明在山區的低山丘平地上耕種，大都是引溪水灌田。既
然是「引」溪水溉田，必然要築塘作堰，因為沒有堰塘設施，溪水自
行氾濫，是無法引其水灌田的。因此，在山區凡有水稻田的地方，都
與平原地區種植水稻一樣，必須要有陂堰、溝渠設施相配套。這就是

---

① 《讀史方輿紀要》。
② 《讀史方輿紀要》。
③ 《讀史方輿紀要》。

在先秦時期人們所認識到的水稻無水不生，但「生於水而不能生於湍瀨之流[①]」的道理。但是，根據這一地區在北宋時期人們還不善牛耕和人口戶數不多[②]，以及戰國時「巴、楚相互攻伐」的情況看，春秋戰國時期這裡出現與農田相關的堰塘、陂池，當多係農人私家互助所為。這種私家互助築堰灌田的辦法，直至明清時期在清江流域山區，仍是十分普遍，總之，楚國西部地區的清江流域山區，在當時生產力不甚發達，交通、資訊不暢通，且山多田少的情況下，楚人與當地的土著人，仍然處於「民依山為田，刀耕火種，備歷艱辛[③]」的農業生產狀況之中。

在楚國西部的沮、漳河流域，從地理形勢上看，沮、漳二水皆發源於湖北荊山東南腳下，二水流至今當陽市兩河口附近合流，繼而經今枝江、荊州後入江（古入江口在今枝江鳳臺附近入江）。該流域的上游地段，皆屬山區，其下游為河谷平原，其東南則為江漢平原，其東為荊山餘脈延伸所形成的自然過渡於江漢平原的丘陵階地。在這一地區，土地肥沃，氣候適宜，且物產和水資源極為豐富，是人們發展農耕文化的理想地方。但是，在楚人尚未來江漢平原之前，沮漳河流域的東西兩岸，以及包括今南河流域的山區丘陵地帶，有不少的蠻人、濮人或其他族人在這裡生息，從事狩獵、山伐、種植以及其他各種社會活動。分布在這裡的蠻人、濮人以及漢南間的越人[④]，對於習水、墾荒甚有經驗。並且在沮漳河的上游，尚有敢趁「楚大饑」之年「帥群蠻以叛楚[⑤]」的庸國。這說明，在楚人未來到江漢平原以前，其西北山區的農業已經得到了開發。當楚

---

① 《淮南子　說山訓》。
② 道光《施南府志　名臣傳》卷二十二：「李周判施州，州界群獠不習服牛之利……。」
③ 清康熙年間《巴東縣志》。
④ 劉玉堂：〈論湖北境內古越族的若干問題〉，《民族研究》1987年第2期。
⑤ 《春秋左傳　文公十六年》。

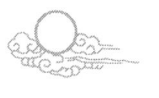

人在控制了整個江漢平原後，楚國的農業發展速度明顯加快，可以
說已經達到了足食足兵的地步。西元前611年即楚莊王三年，楚師
自郢伐庸，自帶軍糧，從盧到庸則「振廩同食」，一舉滅了庸國。
這說明楚國即便在荒年災月，「公倉尚有儲糧①」，農業發展形勢
相當可觀。

　　在沮漳河流域的上游地區，儘管是高山峻嶺、河流湍急、森林
密茂，人們依然憑藉著河谷沖積土地和丘陵階地，去種植桑麻，發
展農耕，據《水經注》之〈沮水〉、〈沔水〉、〈漳水〉等記載，
在春秋時期楚國的西北部山區分布諸侯國有十來個②，楚滅其國
後，又在該地區建立城邑市埠達十餘座。這就給人們提供了一個資
訊，即凡「諸山陵近邑，高危傾阪及丘城上，皆可為田③」。即使
「丘陵阪險，不生五穀者，以樹竹木，春伐枯槁，夏取果瓜，秋蓄
蔬食，冬發薪蒸」，也可「以為民資④」。這就是荀子在《富國》
篇中所云：「田野縣鄙者，財之本也。」山區中的「麻葛繭絲鳥獸
之羽齒革也，固有餘足以衣人矣」。只要人們「耕者樂田」，無論
是山區，還是平原，皆可衣食充裕，國家賦稅也能增長⑤。因此，
春秋戰國時期楚國從來未放棄對西部山區的開發和治理。文獻記楚
地多出竹箭、羽毛、皮革、杞、梓等木材⑥，即反映出了這一歷史
事實。在楚國西北山區，不僅多出竹木、桑麻、皮革，而且盛產穀
物，其可耕種之地大都分布在沮中、漳水、南河和楚西北漢水流域
的沿江兩岸。據《讀史方輿紀要》卷七十五湖廣一沮水條云：「襄
陽以南，沮水左右地皆曰沮中，亦謂租中。……中盧宜城西山鄢沔

① 參見張正明：《楚文化史》，上海人民出版社1987年版。
② 參見何浩：《楚滅國研究》，武漢出版社1989年版，第10頁。
③ 《齊民要術　耕田》。
④ 《齊民要術　耕田》。
⑤ 《荀子　富國》篇。
⑥ 《國語　楚下》。

二谷中，土地平曠，宜桑麻，有水陸良田。租中者，沔南之膏腴沃壤也。」又云：「襄陽縣有滍河溉田三千頃[①]」；「府西五十里有武陽洞，懸崖深邃，水出其中，堰以溉田，為利甚博[②]」；（郧西）「縣西北八十里有娘娘山，山多岩穴出泉九處，緣山田疇，資其灌溉[③]」；（遠安縣）「又有泊溪出縣北五十里洪岩洞中，可溉田[④]」；「筧水口在（遠安）縣西北八十里，其地有雞頭山，水出石孔中，居民以木竹為梘，以水灌田，南流入沮。」[⑤]這些史料足以說明，在楚的西北山區即沮漳流域和南河流域，當有田地可耕，春秋時期，楚令尹孫叔敖曾在沮漳河流域「激沮水作雲夢大澤之池[⑥]」，引灌良田。同時酈道元在《水經注 沔水》中云：「沔水又南，得木里水會，楚時，於宜城東穿渠上口，去城三里。漢南郡大守王寵又鑿之，引蠻水灌田，謂之木里溝。……夷水，蠻水也，桓溫父名夷，改曰蠻水，夷水導源中盧縣界康狼山，山與荊山相鄰。……余水又下入木里溝……故渠引鄢水也灌田七百頃，白起渠溉三千頃，膏良肥美，更為沃壤也。」白起渠，按曾鞏《長渠記》云：「鄢入秦而白起所為渠因不廢，引鄢水以灌田。」意即白起渠原為楚國所開鑿。這說明，楚人在江漢間立國都後，對楚的西部地區的農田水利開發與建設，是極為重視的。新中國成立以來，考古工作者先後在湖北襄陽山灣、郧縣城區、房縣桃源、興山陳家灣和甘家坡、南漳葉家灣和羅家營、當陽趙家湖和金家山、枝江間安青山和新華、遠安城關和南襄等小型盆地及丘地，發現和發掘春秋戰國時期楚墓葬1000多座，出土有銅斧、錛、鐮刀、錐等生產工具，

① 《讀史方輿紀要》。
② 《讀史方輿紀要》。
③ 《讀史方輿紀要》。
④ 《讀史方輿紀要》。
⑤ 《讀史方輿紀要》。
⑥ 《史記 循吏列傳》裴駰〔集解〕引《皇覽》。

第七章 楚國西部地區的水利

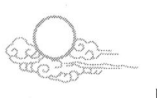

同時在沮漳河流域兩岸還發現春秋戰國時期古文化遺址與城址近百餘處①。這些古文化遺址和古墓葬，正好與湖北荊州市西北馬山、川心店、熊家塚即沮漳河東岸古墓群連成一片。這說明在春秋戰國時期，楚國對其西北部地區的農業經濟開發是十分重視的。總之，楚人善於利用山區丘地引溪水、河流灌溉良田，發展耕地，這是他們在長期的社會勞動實踐中，總結出來的一種有利於農業發展的可貴經驗，這種經驗還被推廣應用到楚國的東部以及南部山區。春秋戰國時期，不僅農夫已普遍懂得種稻須「選地欲近上流」「凡耕高下田，不問春秋，必須燥濕得所為佳②」的規律，而且當時統治者也明白這樣一個道理：「草萊不避，田時不治，雖擅山海之財，通百末之利，猶不能瞻也。是以古者尚力務本而種樹繁，躬耕趣進而衣食足。雖累凶年而人不病也。故衣食者民之本，稼穡者民之務也。二者修，則國富而民安也。《詩》云：『百室盈止，婦子寧止』」。③因此，各諸侯國對於農業的發展，包括水利設施的建設，都十分重視。楚國作為當時一個農業大國，對於無論是山區、丘陵，還是平原、湖澤地區，其土地和其他資源，都是鼓勵人們去開發治理的。當年孫叔敖正是因為善於治水，楚王才委他為相。可見，春秋戰國時期，楚國始終將農田水利建設視為重中之重。

---

① 參見〈三三〇工程區文物普查簡報〉，《宜昌地區歷史文物資料彙編》1979年1月編印。又，參見《楚文化考古大事記》，文物出版社1984年版，第75、76、66、67、70、40、97、133、123、119頁。

② 《齊民要術　耕田》。

③ 《鹽鐵論　力耕》。

第二節　漁稻並舉　林特兼營

在楚國西部山區，楚民不僅善於狩獵伐山、耕稻種田，而且習舟捕魚，故以魚稻為食為業的現象十分普遍。《荀子　王制》云：「山人足乎魚。」《博物志　五方人民》記：「有山者采，有水者漁」。在春秋戰國時期，魚類是楚人生活中的重要食物之一，楚人養魚捕魚甚有經驗，楚人范蠡著《養魚經》即透露了這一資訊。同時楚人養魚也是楚國發展農業經濟的一個重要組成部分，史書只要提到楚人的食俗，就與「民食魚稻」結合起來。可見，在楚國，「魚」與「稻」關係十分緊密。事實上，在春秋戰國時期以魚池水灌稻田和在稻田中放水或在溝洫中養魚，都是很常見的現象。事實上，在山區小型盆地中種稻，同樣也可用此法養魚。而且在水稻田里養魚，對水稻用肥亦有幫助。在楚國的西部山區，雖然是山多平地少，但是，江、河分布其間，溪水縱橫交錯，氣候比今溫暖，生態自然環境良好，因而這裡的魚類及野生動植物無需養殖就已經十分豐富。在清江流域，據《水經注　夷水》記載：「（廩君）從夷水下，至鹽陽，鹽水有神女，謂廩君曰：此地廣大，魚、鹽所出，願留共居。」又云：「丹水又逕亭下，有石穴甚深，……穴口有泉，冬溫夏冷，秋則入藏，春則出遊，民至秋，闌斷水口，得魚，大者長四五尺，骨軟肉美，異於餘魚。」又：「丹水又東北，兩岸石上有虎跡甚多。……夷水又逕宜都北，東入江，……夷水所經岩石山，路無土岸，其水虛映，俯視遊魚，如乘空也。「這說明在楚的西部清江流域，不僅產魚豐富，而且人民從事漁獵活動的歷史十分悠久。在清江北岸長陽土家族自治縣魚峽口鎮東南0.5公里處，發現受楚文化影響的香爐石遺址。該遺址出土有大量的魚骨、獸骨、陶紡輪、網墜、螺螄殼和生產工具鏟、鑿、鋸、錐，生活用具筷、勺、笄、器蓋、滑輪以及動物骨骼牛、羊、水鹿、麂、熊、豹、豪

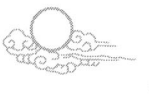

豬、野豬、玃、狼、獼猴等^①，即反映出這一地區在先秦時期主要是以漁獵、採集和種植相互輔助的農業經濟。在長江三峽流域，物產資源也十分豐富。這裡不僅產魚，而且盛產鹽，其產鹽的時代亦十分久遠。據《水經注　江水》記載：「江水又東逕瞿巫灘，……左則楊溪水注之，水源出縣北六百餘里上庸界，翼帶鹽井一百所，巴川資以自給，粒大者，方寸，中央隆起，形如張傘，故因名之曰傘子鹽。」為加強對食鹽的管理，故至漢時，中央政權在南郡巫地設鹽官^②。可見，楚國大部分的食鹽可能需巫郡輸送。食鹽是人們飲食生活中不可缺少的重要物品，鹽的出現則對於促進人類社會生產力的發展與進步，起到了不可低估的作用。楚國與其西部巴人時戰時和，不能說與三峽乃至清江流域地區產鹽沒有關係。《水經注　江水》又云：「江上左岸有巴鄉村，……村側有溪，溪中多靈壽木。（溪）中有魚，其頭似羊，豐肉少骨，美於餘魚。」《華陽國志　巴東郡》記：「胸忍縣，郡西二百九十里。水道東陽、下瞿數灘，山有大小石城，有靈壽木、橘圃、鹽井、靈龜。」胸忍，李賢在《後漢書　吳漢傳》中注云：「故城今夔州雲安縣西萬戶故城是也。」《漢書　地理志》記：「魚復縣，有橘官。」《春秋左傳　文公十六年》記：楚師伐庸，「唯裨、鯈、魚人實逐之。」杜預注：「裨、鯈、魚，庸三邑。魚，魚復縣。」可見，長江山峽地區不僅產橘、木，而且多出魚、龜甚至有以「魚」而故名的縣邑，說明這裡人們多以漁稻、山伐和開發鹽業為生。在20世紀80年代，考古工作者為了配合三峽工程，先後在秭歸、巴東、奉節、巫山等地進行考古發掘，在許多遺址中發現有大量的魚骨、獸骨、陶紡輪、網墜、銅魚鉤等深受楚文化影響的遺物。其中的銅魚鉤形制與今大體相同，可鉤釣一

---

① 王善才：〈長陽香爐石遺址揭示出古代巴人早期文化類型〉，《長陽香爐石遺址發掘與研究》，湖北省清江隔河岩考古隊編印，1997年9月。
② 《漢書　地理志》。

兩斤至四五斤的大魚①。這說明，在春秋戰國時期楚國的西部地區即長江三峽流域，出產魚類是十分豐富的。

在楚國西北漢水、堵河、南河流域，魚類及其他物產資源亦是極為豐富的，據《廣與記》卷十四湖廣襄陽府襄水條記：「襄水，府城西北，源出柳子山，又名渼水。〈荊州記〉：水中有物，如馬甲如鮮鯉，七八月間好曝磧上，頭似虎掌爪，小兒不知取以戲弄，便殺人。」又云：「府城沔水先有蛟為患，漢鄧遐守襄治之。」「漢江出鯿魚，亦謂槎頭鯿。」在堵河的發源地之一有洞俗稱為「官封魚洞」，經當地人們調查，洞口約0.8平方公尺，比河床高1公尺，洪水季節略高出水面，每年春夏之際，河水瀑漲，水流湍急，洞里的魚群便隨泉水湧擠而出，當地農民只需用一些簡單的捕撈工具，便可收穫上萬斤的鮮魚。而且此洞出錢魚，鱗片形似古銅錢，頭小，肉肥嫩，味鮮美，一般每條重量在一斤左右，大的達到五斤多重。究其原因，原來是魚洞外接溪洞，內通暗河，入冬時魚群游入洞中取暖，次年春回大地，洞中泉水相對轉冷，魚群便游聚洞口而隨溪水進入河中②。這種情況大體與《水經注　夷水》記載極為相似：「穴口有泉，冬溫夏冷，秋則入藏，春則出游，民至秋，闌斷水口，得魚，大者長四五尺，骨軟肉美。」這說明，凡與江河相溝通的溪泉洞穴，皆有魚、鼉、黿可出。因此，《戰國策》卷三十二記：「江漢魚、鱉、黿，為天下之饒」。

「楚有江漢川澤山林之饒③」，「荊有長松、文梓、梗、枏、豫樟。」④在春秋戰國時期，楚國西部山區不僅出魚稻，而且多出果木及野生動物，據《水經注　沔水》記載：「沔水又東逕龍巢山下。

① 〈宜昌覃家沱兩處周代遺址的發掘〉，《江漢考古》1985年第1期。
② 參見〈官封魚洞〉，《湖北風物志》，湖北人民出版社1985年版。
③ 《漢書　地理志》。
④ 《戰國策》。

山在沔水中，高十五丈，廣員一里二百三十步。山形峻峭，其上秀林茂木，隆冬不凋。」這說明在沔水中凸出範圍不大的小高山上，一片「秀林茂木」的景觀，那麼在今房縣、竹山、竹溪、興山、秭歸、咸豐、鶴峰、巴東、建始等地即楚之西部山區，更是森林密茂，野生動物出沒活躍。據文獻記載，恩施出羚羊；房縣出錦雞、桑木、青�ّ、橘柚、竹木、虎、豹、丹砂；竹溪、竹山多竹木，出山雞、野豬[①]；宜都西北「橘柚敝野，桑麻闇日[②]」。據調查，在楚的西部山區，至今尚生存有不少的野生動物和名貴樹木，如野生動物類有金絲猴、毛冠鹿、蘇門羚、金錢豹、雲豹、小靈貓、鼯鼠、金絲燕、熊、麖等；野生植物類有樟、楠、柏、紫莖、黃楊、青檀、珙桐、水杉、銀杏、梭羅、香果樹、連香樹、水青樹、鵝掌楸、領春木、紅豆杉等稀有的名貴樹木，同時也出箭竹和桃、李、柿、栗、梨、核桃等果類[③]。這些果實及動物的骨骼在楚墓葬和遺址中多有發現[④]。在房縣城關鎮東北五里多的羊鼻嶺遺址中，還發現有石鑵、鋤、鐮、刀及陶紡輪、鼎、鬲、罐等生產、生活器具[⑤]。這說明在楚國的西部山區，楚民除了利用溪穴溝池、河流高臺階地發展農耕外，還利用這裡得天獨厚的物產資源，去發展果木、狩獵獸禽、繁殖山鹿。尤其楚國的鹿，在北方是很受歡迎的[⑥]。楚國山區多產楠竹、荊竹和漆樹，這些竹木是做箭的極好材料，其中楠竹可做箭的弓，荊竹可做箭杆，漆可塗在箭杆上以防潮並使之善觀耐用。楠竹、荊竹以及漆樹不宜在平源湖澤地區生長。至於「犀兕麋鹿」盛產的地方，譚其驤先生在〈雲夢與雲夢澤〉一文中考

---

① 《廣輿記》卷十四湖廣荊州府山川，鳳凰山條；又，湖廣鄖陽府房縣土產條。
② 《水經注　江水》。
③ 參見〈神農架〉，《湖北風物志》湖北人民出版社1984年版。
④ 參見林奇：〈楚墓中出土的植物果實小議〉，《江漢考古》1988年第2期；又見王善才：〈湖北地區古人類遺存的發現與展望〉，《江漢考古》1980年第2期。
⑤ 參見〈羊鼻嶺文化遺址〉，《湖北風物志》，湖北人民出版社1984年版。
⑥ 《管子　輕重戊》。

證「荊有雲夢，犀兕麋鹿盈之」時指出：「《戰國策》、《楚辭》三次提到的所謂「雲夢」，「夢」，當是山林原野而非湖沼池澤。「雲夢」，「實際上是一個以山林原野為生，澤數只占其一小部分的區域。」並認為楚的「西部『則有湧泉清池』（引《子虛賦》語），中有神龜、蛟鼉、瑇瑁、鼈黿。」戰國時期的江漢地區是楚王的游獵區①。這種說法，是有見地的。事實上，文獻中所云：「金木竹箭所生，龜珠角齒皮革羽毛所備」，則多指楚國西部山區，而且其中有許多的物品為製造軍械所需。《史記 禮書》云：「楚人鮫革犀兕，所以為甲，堅如金石。」因而有人認為：「惟楚有材」，「如杞、梓、皮革，自楚往也。」②當是對楚國山區物產經濟資源豐富的真實寫照。

春秋戰國時期，楚國對於植麻苗、育桑蠶、種果木、養魚黿等，是十分重視的。因為這本來就是楚國農業生產一個必不可少的重要組成部分。楚人認識到商周時期農業的興盛，則大都是因「量地以制邑，度地以居民③」，「勸農桑之本，通魚鹽之利。」④即所謂「商周之興，用此道也⑤」。因此，他們在種植桑麻、果木和養蠶采鹽等方面自然也不遺餘力。在楚國西部山區丘陵地帶，即凡有人們居住和城邑周邊的地方，男種林果，女養桑麻，是十分普遍的。據《襄陽耆舊記 柤中》記載：「柤，音如租稅之租，柤中，在上黃西界去襄陽一百五十里。魏時，夷王梅敷兄弟三人，部曲萬餘家屯此，分布在中廬、宜城西山、鄢沔二谷中。土地平敞，宜桑麻，有水陸良田。沔南之膏腴沃壤，謂之柤中。」又，《水經注 江水》記：「（江水）又

---

① 參見譚其驤：〈雲夢與雲夢澤〉，《復旦學報》（社會科學版）1980年增刊。
② 《左傳 襄公二十六年》。
③ 《晉書 食貨志》。
④ 《晉書 食貨志》。
⑤ 《晉書 食貨志》。

東南過夷道縣北，……北有湖里淵，淵上橘柚蔽野，桑麻闇日。」這說明在沮漳河流域、漢水流域、夷水中下游以及荊江上游段的沿江兩岸和洲灘上，皆是生長麻葛的主要地區。同時在楚國西部山區即今恩施、宣恩、南漳、穀城、十堰、郧西等地的大小盆地中，也都是適宜種植麻葛、桑樹的地方。同時在這些地區種植桑麻、葛紵，人們大都選擇在房前屋後或城邑周邊的高坡地進行，並且農人還以桑樹作為田間或居住地的一種界線。《襄陽耆舊記 韓系伯》云：「齊韓系伯，襄陽人也，事父母謹。（襄陽土俗）①領居種桑樹於界上為志，系伯以桑枝蔭妨他地，遷數尺，鄰畔隨復侵之，系伯輒改種。鄰人慚愧，還所侵地，躬往謝之。」這段故事雖然說的是系伯為人寬宏大量，但卻反映出了故楚地襄陽種桑養蠶不僅盛行，而且由來已久，不然不會稱之為「土俗」。事實證明，在春秋戰國時期楚國不僅種植桑麻、葛紵的面積廣、產量大，並且在織造方面也達到了驚人的水準。楚國在發展農業的同時，對於園圃蔬菜的種植也不忽視，當時人們在飲食方面已知五味葷素，並且已形成「農分田而耕，賈分貨而販，百工分事而勸②」的社會分工局面，楚國蔬菜業的發展，即是以這樣的歷史條件為背景的。有學者考證，東周時期楚「郢都紀南城內的人口應為29.85萬，其高峰期人口數大體有30萬之多，堪稱世界第一流大城市③」。由此不難看出，如此多的人口，其糧食與蔬菜等物資的供給，在數量上應是不小的數目。因此，楚國除了重視糧食生產外，鼓勵農民種植蔬菜，既是他們在發展農業經濟中的一個重要舉措，也是保障城鎮尤其是首都食品供應的必然途徑。雖然在先秦文獻中，對於楚國的蔬菜種類沒有較詳的記載，但據賈思勰在《齊民要術》卷之二、卷之三中引崔寔云：當時已有蔓青、蕪青、蘆菔、䕡葑、韭、芥、胡荽、荏蓼、襄

① 參見黃惠賢：《校補襄陽耆舊記 韓系伯》考證條，中州古籍出版社1987年版。
② 《荀子 王霸》。
③ 馬世之：〈略論楚郢都城市人口問題〉，《江漢考古》1988年第1期。

荷芹（《爾雅》稱：楚葵也）、茄子、冬瓜、南瓜、瓠瓜，山蔥、大小蒜、芋等蔬菜，可供人們食用。同時在許慎《說文解字》中，涉及「艸之可食者曰菜」的解說有芺、荳、菹、菔、𦰏、芷、蘘、莧、 蔆等，而這些蔬菜種類，大都適宜在楚國山區丘陵及平原地區生長[1]。由此可見，春秋戰國時楚國的蔬菜，無論是野生，還是人工種植，其種類都是十分繁多的。新中國成立以來，考古工作者先後在清江河、沮漳河、南河、蠻河、堵河及湖北西部江、漢等流域，發現和發掘數千座春秋戰國時期楚國墓葬，即反映出該地區的人口和城邑市埠的分布都是較為密集的。同時，也表明當時楚國的蔬菜種植與供給已形成了一定的規模。20世紀80年代末，在楚國郢都北約30公里處的荊門包山楚墓中，出土了大量的植物果實和南瓜、葫蘆、蔥、生薑、花椒等蔬菜種子。其中「生薑的出土數量最多，且塊體大而豐滿，出土時色澤與新鮮的老薑無異；蔥的根部肥大，並且排列整齊；南瓜子和葫蘆子飽滿而顆粒大，應當是人們種植的產品[2]」。這說明在春秋戰國時期，楚國的蔬菜不僅種類齊全，而且與今之菜類基本相同。不過，當時除了人工種植的蔬菜外，也有相當一部分野生蔬菜供人們採食，在《楚辭》的〈離騷〉、〈招魂〉、〈湘夫人〉、〈山鬼〉等篇章中，涉及到楚國大量植物，其中不少可供人們食用的野生果實、菜類，即反映出這一歷史的事實。

　　總之，在春秋戰國時期楚國的西部山區，無論是在種植水稻、小麥、桑麻、蔬菜方面，還是在漁獵、山伐以及土特產經營方面，都有較快發展。後於邊遠的西南地區。這是因為早在西周時期，楚國的西部地區分布著一些子爵侯國，因鄰近周王朝，其農耕文化在一定程度上也受到了周人的影響，尤其是周人改造農田、從事山伐的經驗。

---

① 　參見許慎撰、段玉裁注：《說文解字　艸部》。
② 　參見林奇：〈楚墓中出土的植物果實小議〉，《江漢考古》1988年第2期。

《詩》裡面有大量關於當時農業生產活動的內容，即可透露出這個問題。因此，楚人自荊山腳下，來到江漢平原，憑藉武當山、荊山、巫山、武陵山餘脈間丘陵與平原的過渡地段，廣泛吸取當地蠻夷和越人、巴人的農耕經驗，大力發展農業，盡收稻粟山川物產之利。這種農耕文化的融合，對於春秋戰國時期楚國的強大，無疑起到了極大的推進作用。

第八章　楚國主要水利工程

　　農業是國民經濟的基礎，水利是發展農業的命脈。農業沒有水利，旱澇時糧食收成就沒有保障；國家沒有糧食，政權就要受到威脅。對此，楚國是有經驗教訓的。西元前611年，楚大饑，「庸人帥群蠻以叛楚[①]」就是一個很典型的事例。因此，春秋戰國時期，楚國將農田水利建設提上了重要議事日程。尤其是在春秋時期，楚國在拓展疆域的過程中，其戰爭鋒芒主要是指向北和東。因為這些地區不僅水資源豐富，而且其他自然經濟資源也十分豐富。從當時楚所滅國及開發區域的地理環境看，大都適宜發展農業、興修水利，成為楚國各類物資的集散之地。春秋時楚滅申、呂、江、黃、英、蔣、蓼、州來等國，即反映了這些地區不僅在當時軍事上占有很重要的戰略地位，而且這些地區大都是盛產稻麥、皮革、竹木、礦產等楚國急需獲得的軍備物資的地方。因此，在春秋時，凡被楚國佔領或控制的地方，楚國都要安頓人心，鼓勵農耕，興修水利。

　　春秋時期，楚國已經具備了修築陂壩、開鑿運河的能力。這個能力首先包括當時楚人對於水性的認識和工程技術上的發明與創造。當時楚人不僅初步掌握旱澇的規律，而且具備建築高臺、深挖城濠、

[①] 《春秋左傳　文公十六年》。

開山採礦的技術。同時，楚地出土有大量春秋時期的各種勞動生產工具，就足以證實當時人們進行水利事業建設的工具是比較先進的。本章探討的是楚國的重大水利建設工程。

第一節　引灌工程

春秋戰國時期，楚國對於農田水利建設十分重視。據史籍記載，當時楚國對於引灌排澇和加強堤（埝）建設等方面，取得了突出的成就，其中最主要的工程就是期思陂和芍陂。

一、期思陂

期思陂是我國歷史上淮水流域最早的水利引灌工程。首先提到這個工程的是《淮南子　人間訓》，其書云：「孫叔敖決期思之水，而灌雩婁之野，莊王知其可，以為令尹也。」爾後東漢崔寔在《四民月令》中也說：「孫叔敖作期思陂以攻寇。」《淮南子》、《四民月令》中提到期思陂和雩婁的地理位置，何浩先生對此作了較為詳細的考證，他說：「期思和雩婁，都是漢置縣，也是春秋時的楚邑。期思屬楚前原為古蔣國地，兩漢時屬汝南郡。」《漢書地理志》汝南郡　寢縣下應劭注：「孫叔敖於所邑之寢丘也，世祖更名固始。」據杜預《春秋釋例》卷六期思條：「弋陽（郡）期思縣東北有期思城。」又據《大清一統志》卷一七六光州　古跡條所指：「固始縣東的蔣鄉為古蔣國所在。故城當在今河南省固始縣東北、史灌河邊的蔣集。」對於「雩婁」的位置，他又說：「雩婁在兩漢時屬廬江郡。《漢書　地理志》記：『雩婁，決水北至蓼入淮；又有灌水，亦北至蓼入決。』《水經注》卷三十二〈決水〉篇「經」文記：『決水出廬江雩婁縣南大別山，北過其縣東，又北過安豐縣東。』故址約在今河南商城、固始和安徽金寨之間。」他

還進一步指出：「決水是古淮河的重要支流之一，今名史河；灌水，據乾隆《光州志》卷六：『孫叔敖曾決以灌田，故後人謂之灌水』，今稱灌河。兩水在今固始北合流，稱史灌河，北入淮。」[1] 同時，余德鴻在〈關於「期思陂」之我見〉一文中也曾指出：「雩婁在今固始縣東南，陳淋鄉以北約四公里處的史河左岸（距期思約70公里）原屬蓼國，此時當然歸屬於期思。雩婁之野即上起雩婁城以下直至史灌河交匯處的史灌河平原，就是現在的固始梅山灌區總幹渠、中幹渠、西幹渠控制的範圍。這塊土地從南向北平緩傾斜，是很理想的灌區。據考『期思陂』就在這塊平原的中間偏上，即今固始縣的黎集、石佛等鄉境內。」[2] 何、余二人對於「期思陂」及「雩婁」地理位置的考證，是可取的。但是，也有人提出「中國土地上從來沒有過一個真實的期思陂」的看法，其主要依據是河南省水利局水利發展史資料組於1975年寫的題為〈關於「孫叔敖決期思之水，灌雩婁之野」問題的探討〉的報告（曾上報當時水電部）中有這樣一段話：「期思在白露河入淮河的尾閭三角地帶，而雩婁在灌河的中游，史河、灌河間，兩地地勢高程差好幾十公尺。《淮南子》上說：『決期思之水，而灌雩婁之野』，從下游引水，灌中游地帶，怎麼可能呢？……最近我們（資料組）在淮濱縣期思公社地區實地調查，發現這一帶白鷺河入淮河的尾閭三角地區，地勢低窪，經常發生洪水漫溢和內澇成災……這一地區地勢為低窪的平原，沒有崗丘和高岸深谷可以築陂蓄水的地形條件。淮河上游，植被很好，幹、支流泥沙很少，地貌變化不會很大，在春秋時代，也不會有崗丘和高岸深谷。……如果硬要說這裡有個期思陂，那不過

[1] 參見何浩：〈古代楚國的兩大水利工程期思陂與芍陂考略〉，《楚文化新探》，湖北人民出版社1981年版。

[2] 參見餘德鴻：〈關於「期思陂」之我見〉，《芍陂水利史論文集》，中國水利學會水利史研究會1988年編印。

是個洪澇水積的窪地，而不能和不必要進行人為加工的湖陂聯繫罷了。」① 實際上，該報告說今河南淮濱原期思公社地區沒有建造期思陂的地形條件，是有理由的。其根據就是古人建陂築壩必須要選擇或利用當地適合的地理條件，而白鷺河入淮河的尾閭三角地區並不具備築陂蓄水的地形條件。我們認為，此根據不足以否認《淮南子》關於「孫叔敖決期思之水，而灌雩婁之野」的記述，問題的關鍵在於報告執筆者和否定期思陂者未能對期思陂所在位置和「期思之水」的位置作深入考證和具體分析，以致得出了錯誤的結論。對此，石泉先生有精細的考證，他說：「關鍵在於怎樣理解『期思之水』的位置。據我看，『期思之水』不一定只限於接近淮河的期思城附近低窪地帶之水，而是指流過當時期思縣境的一條河流或一個水系。按照上引今本《淮南子》原文所云，『期思之水』既能灌溉『雩婁之野』，自當發源於雩婁以南的山區，同時也必然流經期思縣境。我們只要弄清楚雩婁、期思究竟在哪里，境內有什麼河流（特別是富有灌溉潛力的河流），這個問題就好解決了。」於是，他通過對文獻資料的考辨分析，得出了這樣的結論即：（1）「決水、灌水都曾經過雩婁縣境，北至蓼縣（今固始縣北）合流，然後入淮。」（2）「決水又稱史水，北流，經安豐縣故城東（按：這時安豐縣已東遷，故稱故城），至蓼縣東北，與灌水合流。這兩水的名稱、位置與流向，都與現在固始、商城縣境內的史河與灌河相符。兩水在今固始縣北合流後，今名史灌河，東北流入淮水。則位於決水（今史河）以西的雩婁縣以及『雩婁之野』，當不出這一帶，而『期思之水』自亦不出此兩河水系。」（3）「今商城縣東北五十里的李集（原屬固始縣）村西八里的回龍村確有一古城遺址，

---

① 此文引自孫劍鳴：〈關於芍陂（安豐塘）始建時期的問題〉，《芍陂水利史論文集》，中國水利學會水利史研究會1988年編印。

當地群眾認為它就是古雩婁城的遺址。這與《大清一統志》和楊守敬《水經注　疏》的解釋是一致的，但與上引《水經注》所記則有出入（因為它去決水〔史河〕較遠，而更近灌水）。今存遺址既與《水經注》所記不合，似應是遷徙後的縣治所在。」（4）「關於期思，過去一般說法都認為就是現在固始縣西北七十里（今屬淮濱縣）的期思集，則已在史灌河流域以西的白鷺河下游。今按，這一期思，當亦是晉以後的縣城。則晉以前之古期思城當在杜預時代的期思縣東北。這正在當今史灌河邊。」（5）「今史河（古決水）及灌河應即是《淮南子》所云『期思之水』。漢晉期思境也包括今固始縣西境，並南至商城縣境，亦即今灌河兩岸地。則灌河或亦古『期思之水』的一部分，從而『期思之水』也可能就是今史灌河水系之古稱，而『雩婁之野』則在雩婁以北，很可能包括今史河及灌河兩岸（至少是史河兩岸）的平野[①]」。這五點看法，應該說是十分正確的。

　　1988年初，我們對淮濱縣淮水以南的白鷺河以及固始、商城、安徽的金寨一線進行了一些實地調查。從調查的情況看，該地區總的地貌形勢是南高北低，丘陵崗地自南向北平緩延伸。該地區的白鷺河、灌河、史河自大別山腳下呈「川」字形自南向北繼而東北入淮。灌河與史河在今河南固始縣北約十公里左右合流。白鷺河在固始縣往流鎮西北入淮。灌河與史河進入固始縣以南亦即葉集、商城以北，則為二水河流的衝擊平原。此二水皆在故期思縣境內，稱之為「期思之水」，符合史實。固始縣以南、西南以及東北系河流沖積平原，稱之為「雩婁之野」，也無不妥。因此，從調查的情況看，固始縣東南黎集一帶是引史河水入陂，再由陂灌溉史、灌河流域原野之田最為適合

①　參見石泉：〈關於芍陂（安豐塘）和期思—雩婁灌區（期思陂）始建問題的一些看法〉，《芍陂水利史論文集》，中國水利學會水利史研究會1988年編印。

的所在。《讀史方輿紀要》卷十五河南五光州固始縣史河條引《志》云：「史河入境分為二支，上一支曰清河，舊有閘二：曰上閘一名均濟，曰中閘一名清河。中閘承上閘，為啟閉分入勝河，共灌塘堰三十有六。下一支曰堪河，在縣東北蔣家阜分洩。舊亦有閘二：曰普惠，曰均利，共灌湖堰十有六，今多湮廢。」又「曲河」條云：曲河在「縣西十五里，源出商城縣之斛山，東北流經縣北。又東入於史河。縣西舊有曲河，土壩地名石咀頭。天旱則築以障水，東入串子等堰。灌湖堰十有四至九里溝。灌湖堰二十有八」。又「春河」條云：「春河在縣南十五里，源出商城縣馬鞍山，東流入淮。……又有白鷺河，在縣西南三十里（本文按：今固始縣西南三十里當為灌河），自州境流合於春河。有白鷺河土壩，天旱則築壩障水入黃道人等港，灌湖堰十有七。」雖然此書成書時代甚晚，但從顧祖禹所引用的史料看，則給我們提供了這樣的一個資訊，即在今河南固始縣灌河、史河的中游地帶引水灌溉這一地區沿河兩岸的農田，在地理條件上是沒有問題的。然而，從今河南固始地區的灌、史兩河流域所經區域的地貌情況看，除了兩河的發源地以及河流的流向方位和這裡的山區丘陵海拔高度有不同區別外，基本上與湖北沮、漳河流域具有某些相同的特徵。據《史記　循吏列傳》裴駰〔集解〕引《皇覽》說：「或曰孫叔敖激沮水在雲夢大澤之池也。」他在沮漳河流域也曾建造過水利工程。沮漳二水發源於荊山，所流經的區域也是山區丘陵，並在今湖北當陽兩河口附近合流。其下皆為崗地平川。孫叔敖在這裡「激沮水作雲夢大澤之池」以灌當時楚郢都周邊之田，與固始地區在地理環境方面具有同樣的性質。於是，《太平御覽》卷之七十二關於「孫叔敖作期思陂而灌雩婁」的記述，是可信的。事實上，在我國古代，凡治水排澇引灌，都必須要遵循利用地勢一方或多方傾斜，且水往低處流的基本原則。《管子　乘馬》、《周禮　冬官　考工記》等對此已有明確的記載。況且史、灌二河與今湖北江漢平原西部的沮、漳二水所流經區域

的地理環境及地貌特徵，均具備這一水勢流程的基本原理和規律。因此，孫叔敖利用期思境內的史、灌河築陂堰灌溉這一地區的農田是完全可能的。

此外，據《呂氏春秋　異寶》記載：「孫叔敖疾，將死，誡其子曰：『王數封我矣，吾不受也。為我死，王則封汝，必無受利地。楚、越之間有寢之丘者，此其地不利，而名甚惡。荊人畏鬼，而越人信。可長有者，其唯此也。』孫叔敖死，王果以美地封其子，而子辭，請寢之丘，故至今不失。」又，《史記　滑稽列傳》記：「（楚莊王）乃召孫叔敖子，封之寢丘四百戶，以奉其祀。後十世不絕。」裴駰〔集解〕引徐廣曰：「在固始。」張守節〔正義〕：「今光州固始縣，本寢丘邑也。《呂氏春秋》云：『楚孫叔敖有功於國，疾將死，誡其子曰：『王數欲封我，我辭不受。我死，必封汝。汝無受利地，荊楚間有寢丘者，其為地不利，而前有妬谷，後有戾丘，其名惡，可長有也。』其子從之。」《淮南子　人間訓》注云：「寢丘，今汝南固始地。前有妬谷，後有戾丘，名醜。」從地望上看，當年孫叔敖子受封於寢丘之地，當在今固始縣東南楊山、葉集一帶。這一帶的北部、東北部即是「孫叔敖決期思之水而灌雩婁之野」的地方。而且楊山、葉集一帶的地質地貌情況，也完全合乎「前有妬谷，後有戾丘」即山崗地勢自南（即文獻中所說的「前」）向北（即文獻中所說的「後」）傾斜的地理狀況。因此，清乾隆《光州志　仕賢列傳》賈條說孫叔敖子受封於寢丘，當在期思陂不遠處，是有道理的。但是，寢丘封地無疑屬於土壤狀況不好的丘陵崗地。

至於孫叔敖有無能力建造期思陂這項浩大的工程，20世紀70年代至80年代，水利史學界則有過爭議。持反對孫叔敖在期思治水意見者說：「人們都知道，任何一項較大的工程的完成，都是千百群眾之功，決非一人之力。但是，計畫、主持、領導者的作用也是不可缺少的。《淮南子》在編造故事（本文按：指孫叔敖築期思陂）時可曾

想，這難道是一個還未做令尹的『期思之鄙人』能夠辦到的嗎？！」①「孫叔敖在為相之前，怎麼就有這麼大的權力『決期思之水而灌雩婁之野』了呢？」②對於上述質疑，應從三個方面來分析。其一、期思原屬蔣國地，楚成王時即已被楚滅，屬楚地。既然這裡有一個侯國存在，那麼可以想見，在楚未滅蔣國之前，這裡的農業發展當有一定的基礎，而並非是一片荒野未墾之地。因此，孫叔敖在期思引河水築陂灌雩婁之田，亦當可能。其二、對當年孫叔敖的地位和身分的理解問題。《史記 循吏列傳》說：「孫叔敖者，楚之處士也。」《荀子 非相篇》云：「楚之孫叔敖，期思之鄙人也。」《呂氏春秋 贊能》引沈尹莖曰：「期思之鄙人有孫叔敖者，聖人也。」此處「聖人」雖有誇張之意，但當時孫叔敖身為「處士」、「鄙人」，則無問題。據《史記 呂不韋列傳》記：「當是時，魏有信陵君，楚有春申君，趙有平原君，齊有孟嘗君，皆下士，喜賓客以相傾。」又云：「呂不韋以秦之疆，羞不如，亦招致士，厚遇之，至食客三千人。是時諸侯多辯士，如荀卿之徒，著書布天下。……布咸陽市門，懸千金其上，延諸侯游士賓客有能增損一字者予千金。」由此可知，當時所謂「處士」、「下士」、「士」、「辯士」、「游士」、「賓客」等，皆是對當時有一定作為或有較高學識、較大影響者的一種尊稱。他們不僅深為民間所尊重，也深受朝廷器重。《說苑》卷八記：「楚平王有士曰楚傒胥、丘負客，王將殺之，出亡之晉，晉人用之，是為城濮之戰。又有士曰苗賁皇，王將殺之，出亡走晉，晉人用之，是為鄢陵之戰。又有士曰上解于，王將殺之，出亡走晉，晉人用之，是為兩堂之戰。又有士曰伍子胥，王殺其父兄，出亡走吳，

---

① 見孫劍鳴：〈關於芍陂（安豐塘）始建時期的問題〉，《芍陂水利史論文集》，中國水利學會水利史研究所1988年編印。

② 見孫劍鳴：〈關於芍陂（安豐塘）始建時期的問題〉，《芍陂水利史論文集》，中國水利學會水利史研究所1988年編印。

闔閭用之，於是興師而襲郢。故楚之大得罪於梁鄭宋衛之君，猶未邃至於此也，此四得罪於其士，三暴其民骨，一亡其國。由是觀之，士存則國存，士亡則國亡，子胥怒而亡之，申包胥怒而存之。士胡可無貴乎？」這說明在春秋戰國時期，「士」地位、身分是何等重要。對於「鄙人」，也不能望文生義，簡單理解為鄙野之人。究其實，在春秋時期，「人」與「民」是兩個不同的概念。「人」是統治階級，「民」是被統治階級[①]。如《左傳　宣公十一年》記：「冬，楚子為陳夏氏亂故，伐陳。謂陳人『無動！將討於少西氏』。遂入陳，殺夏徵舒，轘諸栗門。因縣陳。」又同書〈宣公十二年〉記：「冬十有二日戊寅，楚子滅蕭。晉人、宋人、衛人、曹人同盟於清丘。」即說明「人」當時應屬於貴族之列。正因為孫叔敖出自於楚的公族，故文獻稱其為「處士」、「鄙人」，這恰好反映出孫叔敖在未為楚令尹前的地位和身分已十分重要，並非是一個遠離楚郢都的郊野之民。事實上，孫叔敖曾在期思居住期間是一個很有影響的人物。《呂氏春秋贊能》記：「孫叔敖、沈尹莖相與友。叔敖游於郢三年，聲問不知，修行不聞。沈尹莖謂孫叔敖曰：『說義以聽，方術信行，能令人主上至於王，下至於霸，我不若子也。耦世接俗，說義調均，以適主心，子不若我也。子何以不歸耕乎？吾將為子遊。』沈尹莖游於郢五年，荊王欲以為令尹，沈尹莖辭曰『期思之鄙人有孫叔敖者，聖人也。王必用之，臣不若也。』荊王於是使人以興迎叔敖以為令尹，十二年而莊王霸，此沈尹莖之力也。」雖然推薦孫叔敖為相者一說是沈尹莖，一說是虞丘子，但這些似乎並不重要。因為無論是誰推薦的，這兩個人的身分及地位都非常高。他們能夠將孫叔敖推薦給楚莊王，且為楚之令尹，不僅說明當時孫叔敖與此二人過從甚密且引為知己，而且說明孫叔敖具有使人主「上至於王，下至於霸」的能力。鑒於此，孫叔

① 參見趙紀彬：〈釋人民〉，《論語新探》，人民出版社1977年版，第3頁。

第八章　楚國主要水利工程

敖在未為相時，在期思調動數千人引水築陂似乎不是一件很難的事，況且築陂溉田是既有利於民又有利於國的功德無量的事。其三、對孫叔敖在期思治水工程規模的推斷。《淮南子　人間訓》記：「孫叔敖決期思之水，而灌雩婁之野。」這是一種說法；唐杜佑《通典》州郡十一壽州郡壽州安豐縣條下注引東漢崔寔《月令》曰：「孫叔敖作期思陂即此。」又，《太平寰宇記》卷一二九壽州安豐縣引《淮南子》云：「楚相作期思之陂灌雩婁之野。」《太平御覽》卷之七十二地部三十七「陂」條，亦有同樣的記載。這是另外一種說法。二者在「灌雩婁之野」這一點上無異，所異者是前者言孫叔敖「決期思之水」；後者言「孫叔敖作期思之陂」，「決」水意味著「疏導」，「作」陂意味著築壩蓄水，二者功能不同，至「灌」野，則是指開渠引水至田間。如果把文獻中所說「決期思之水」與「作期思之陂」，而「灌雩婁之野」這三項事情結合起來看，其工程量固然很大，但春秋時期的楚人完全有能力完成這類既可疏導水流，又能築陂蓄水，還能開渠引灌溉田的水利工程。從楚地已出土的大量春秋時期與土木工程相關的勞動工具，即可說明在春秋時期人們因地勢和水資源狀況修築綜合性水利工程是毫無問題的。這裡還有一個問題，就是在春秋時期思有沒有萬餘人的勞力供使用，回答是肯定的。按周制，一個侯國的社會基層組織是「五家為鄰，五鄰為里，四里為族，五族為黨，五黨為州，五州為鄉。鄉萬二千五百戶也[1]」。並且「出入相友，守望相助，疾病相救，民是以和睦而教化。」[2]又，「今農夫五口之家，其服役者，不下二人。」[3]按建制人口計算，一個鄉有一萬二千五百戶，即一戶按五人推算，則鄉有人口為六萬二千五百人；又按一家五口，其服役者不少於二人計算，則一個鄉可派出勞力二萬四千餘人。孫叔敖

---

① 《漢書　食貨志》。
② 《漢書　食貨志》。
③ 《漢書　食貨志》。

作為有身分的「處士」，受地方政權機構長官委派而主持修建「期思陂」水利工程是完全有可能的①。加之孫叔敖其父蒍賈曾為楚之「工正」，善於主持大型工程，這不能說對孫叔敖沒有深刻的影響。因此，可以這麼說，沒有理由可以否定孫叔敖在這一地區修建過大型水利工程。

期思陂工程的建成，是我國歷史上勞動人民智慧的結晶。正如有的學者所言：「在勞動人民創辦的大量中小陂塘基礎上興建的期思陂，以渠系工程代替溝洫系統，是我國歷史上現有文獻記載中最早的一項大型水利工程，是農田水利建設的一個新發展。」②這種評價是十分客觀和精當的。

二、芍陂

芍陂，唐代稱其為安豐塘，位於今淮水南岸的安徽壽縣城南六十里。芍陂一詞，始見於《漢書 地理志》廬江郡 灊：「天柱山在南，有祠泚山。泚水所出，北至壽春入芍陂。」同書《六安國六》：「故國皋繇後，偃姓，為楚所滅。如谿水首受泚，東北至壽春，入芍陂。」又，《後漢書 王景傳》記：「明年（按：為東漢章帝建初八年），遷廬江太守。先是，百姓不知牛耕，致地力有餘，而食常不足。郡界有楚相孫叔敖所起芍陂稻田。」《水經注 肥水篇》云：「斷神水又東北逕神跡亭東，又北謂之豪水，雖廣異名，事實一水。又東北逕白芍亭東，積而為湖，謂之芍陂。陂周一百二十里許，在壽春縣南八十里，言楚相孫叔敖所造。」至於芍陂的始建年代，目前史學界多有爭議，歸納起來有三種看法：一、認為芍陂係春秋

---

① 據《漢書 地理志》：「汝南郡戶四十六萬一千五百八十七，口二百五十九萬六千一百四十八，縣三十七。」推算，「汝南郡」各縣平均人口達到12513戶，1戶按五口計算，1個縣有62500餘人。因此，在期思調動1萬餘人是無問題的。

② 何浩：〈古代楚國的兩大水利工程期思陂與芍陂考略〉，《楚文化新探》，湖北人民出版社1981年版。

時期孫叔敖所築[①]。二、認為芍陂係戰國時期子思所建[②]。三、認為「『楚相孫叔敖所起芍陂稻田。』語焉未詳，似為傳說[③]」。我們傾向於第一種看法，即芍陂始建於春秋楚莊王時期，為楚相孫叔敖主持修築。程濤平在《楚芍陂溯源》一文中所言：「楚莊王十三年（西元前601年），莊王借平定群舒之叛，滅舒蓼之機，索性對東部疆界進行清理，將東疆正式劃定於滑汭（今合肥東）之地，使楚國的疆土向東又跨進一步，從此，芍陂之地，不折不扣地成為楚國的內地。」[④]同時，當時芍陂工程並非像今天人們所想像的那樣，是一個既費勞力、又耗財力的一個曠日持久的水利工程。事實上，當時楚人始建芍陂是充分利用這裡南高而其他三面低，且稻田多分布在西、北、東三面這一地理條件，從而節約了人力和財力成本。據考古材料報導：「1959年，安徽省文化局文物工作隊，為了配合史、淠、杭灌溉水利工程，在壽縣南六十餘里的安豐塘越水壩地方，發掘出一座漢代閘壩工程遺址。該遺址是用草土混合的散草法築成。它的結構遺存是：閘壩建築在一條泄水溝的上面，溝的東壁和西壁向泄水溝的當中和前面傾斜低下，形成溝向的傾斜面，由南向北逐漸低下，至閘壩前有一水潭。這是由於安豐塘在溝南，地勢較高，水潭在溝北，地勢較低，水順坡由南向北下流的緣故。泄水溝面的生土上是一層沙礓石，礓石上層，便是層草層土疊築，至與閘壩頂平為止。在草土混合層中，還有一排排整齊的栗樹木樁，樁尖穿過礓石層深入生土層內。層草是順水流方向散放的，厚度基本相同，雖未夯築也非常堅實。在閘壩水塘

① 陳懷荃：〈楚在江淮地區的發展和孫叔敖開芍陂〉，又，程濤平：《楚芍陂溯源》，均見《芍陂水利史論文集》，中國水利學會水利史研究會1988年編印。

② 何浩：〈古代楚國的兩大水利工程期思陂與芍陂考略〉，《楚文化新探》，湖北人民出版社1981年版。

③ 許益科：〈安豐塘考〉，《芍陂水利史論文集》中國水利學會水利史研究會1988年編印。

④ 程濤平：〈楚芍陂溯源〉，《芍陂水利史論文集》，中國水利學會水利史研究會1988年編印。

前，還有一道樹木橫疊而成的攔水壩，已大部分被挖去，發掘時還見到一小部分遺存，係用大型栗樹木材斜縱、斜橫層層錯疊築成。據說攔水壩只有縱橫錯疊的木材，沒有豎的木椿，也少見有層草。……由結構和建築形式推測，在缺水時，安豐塘內的水，可以通過閘壩的草層經常有少的水滴泄到攔水壩的水潭內，使之有節制地流到田間，而有很多的水，被蓄在安豐塘內，使之灌溉附近農田。在雨水盈滿或洪水暴發時，又可以憑藉草土混合本身的彈性和木椿的阻力，讓水越過壩頂部，自外泄到潭內，再由攔水壩擋住，緩緩流出壩外。由於水越壩頂入於水潭，在水大時衝力很大，故水潭邊緣附近，還留有水流衝擊的窩槽。」[1]通過這個報導，至少可以看出兩點：第一、在安豐塘發現漢代閘壩工程遺址係草、土、木混合的散草法築成，則給我們提供了一個資訊，即古代的水利工程大多因地制宜，就地取材，應用一種比較簡易的營造方式去修築，其使用的材料和工程技術並不是十分複雜。第二、報導中所說到的「在缺水時，安豐塘內的水可以通過閘壩的草層經常有很少的水滴泄到攔水壩的水潭內，使之有節制地流到田間，而有很多的水被蓄在安豐塘內，使之灌溉附近農田」一類現象，袁純富於20世紀70年代初，在廣西全州、湖南湘西石門和慈利、江西遂川、湖北宜都等地，都見過類似用土石木修建的高壩低堰（塘）流水灌溉的情形。因此，我們推斷在春秋時期楚人修建的芍陂，並非是一個耗費巨大的水利工程。至於芍陂工程究竟有多大的規模，這也一直是人們所關注的問題。據《水經注　肥水》記：「肥水自荻丘，北逕成德縣故城西，王莽更之為平阿也。又北逕芍陂東（楊守敬按：「芍陂縣下。」），又北逕死虎塘東，芍陂瀆上承井門（楊守敬按：「井門為芍陂五門之一。」），與芍陂更相通注，故《經》言入芍陂矣。」楊守敬按：「上云芍陂瀆承井門，則瀆自芍陂出，下

---

[1]　殷滌非：〈安徽省壽縣安豐塘發現漢代閘壩工程遺址〉，《文物》1960年第1期。

肥水，然又云與芍陂相通注，則是肥水、芍陂往復經通。肥水盛時，亦委注芍陂，故知即《經》入芍陂之道。今南肥河北出，不西與芍陂塘通疏，則水道變遷矣。」又：「（芍）陂周一百二十許里，在壽春縣南八十里，⋯⋯陂有五門，吐納川流，西北為香門陂水，北逕孫叔敖祠下，謂之芍陂瀆。⋯⋯肥水又左納芍陂瀆，瀆水自黎漿分水，引瀆壽春北，逕芍陂門右，北入城。」這說明，芍陂既可蓄水溉田，又可通溝渠逕壽春入淮。並且芍陂設有五門，便於引灌農田和航運。至於當年楚人修建芍陂的面積有多大，至今仍是一個謎。酈道元說：「陂周一百二十里許。」這是北魏時的一個資料。今本《辭海》則云：「陂周至二三百里。」此資料當是來自於清人《元和郡縣補志》安豐縣芍陂條下注：「案後漢書云，在縣東，周三百二十四里」語，或《華夷對境圖》「周二百二十四里」折中之說。然而，《芍陂紀事　芍陂論二》夏尚忠在考證芍陂時說：「溯其初制，引六安百餘里之水，自賢姑墩入塘，極北至安豐縣，折而東至老廟集，折而南至阜口，又南合於墩，周圍凡一百餘里。此孫公當日之全塘也。」夏氏說陂「周圍凡一百餘里」的數據，是沿酈道元之說，也不能說是一個十分準確的資料。酈道元在《水經注　肥水》中已作了較明確的說明，他認為芍陂是諸水系自南向北流而「積而成湖，謂之芍陂」。酈道元提出芍陂「周一百二十里許」的數字，自然大抵是指魏晉至北魏時期因陂（塘）北入淮的水系、幹渠逐漸萎縮而「積而成湖」的數字。從地貌上分析，芍陂在先秦時期屬淮南湖區的邊緣地帶。由於大別山北麓的餘脈延伸到今六安、肥西、長豐一帶的淮南地區，形成一片山巒連綿、崗嶺起伏的低山丘陵，於是發源於大別山區的眾多支流皆自南向北經沘水、如谿水至芍陂，「又北會濡水，亂流西北注也。北入於淮[①]」。然而這些經陂入淮的水系，河床比降大，水流湍急，若遇洪

---

① 《水經注　沘水》。

水必然威脅芍陂周邊田野，勢必擴大芍陂積水範圍。同時淮水中游山地的海拔高度一般在300公尺以上，而安豐塘一帶海拔只有26公尺，加之這些入淮水系口門長期受淮水邊灘發育的影響，以及人們在入淮河流的邊灘上不斷地圍灘造田，使水流不暢發生頂托而淤積成許多大大小小的雍塞湖泊。芍陂「積而成湖」的原因，也就是在這種地理環境發生變化的條件下產生的。同時，就芍陂所處的地勢看，今望之是南高北低，兩邊均為水渠，陂中高於外卑，猶如城之濠。南陂面略呈直三角形，為來水之道。這在地形圖上亦能看到這種情形。但是，從實地考察的情況看，似可推測芍陂在未修建以前，其地當屬崗地隆起中的長帶形凹地，當時人們就在這個不規則卻有一定蓄水灌溉能力的凹地修建了蓄水引灌工程。其理由是：（1）芍陂所處地勢是東、西、北三面低，南高正是芍陂所在；（2）芍陂南邊具有豐富的來水資源；（3）芍陂東、西、北均可開溝渠引灌良田，並且陂內水盛可由北注於淮，使得漕運和排泄洪澇兩便；（4）芍陂處於南高北低的中間過渡地段，在此築陂符合來水自高處向低處流的基本原理；（5）在丘前崗地的凹地築陂和陂外周邊開渠引灌（或利用周邊田間舊有溝洫）農田，其工程量亦不是很大，可以節省勞力、物力和財力。20世紀90年代初，原沙市市博物館文必貴曾應邀協助安徽省考古所從事壽春楚郢都的調查工作時，發現壽春郢都遺址城外有古河道遺跡，而且這些古河道遺跡大都與芍陂有著密切的聯繫。因此，從地理角度和實地勘查的情況看，楚人在安徽壽縣南修建芍陂蓄水引灌工程，在選址上是頗有一定科學性的。但是，楚人所建芍陂的面積有多大，它的灌溉能力和工程規模如何，史學界尚有不同的說法。現在只能根據文獻記載，並通過芍陂灌溉的田畝數額，來推測當年芍陂工程的規模。

據《晉書 伏滔傳》記：「龍泉之陂，良疇萬頃，舒六之貢，利盡蠻越，……」龍泉之陂，即芍陂。這是文獻記述芍陂溉田「萬頃」最早的一個資料。但是，劉和惠對此則提出了這樣的看法：「首先，

第八章 楚國主要水利工程

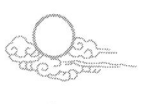

所謂『良疇』是形容這裡土地肥沃，『萬頃』形容其多，是一個抽象的概念，而不是灌溉田畝數位的記載。其次，『龍泉之陂』可以認為包括芍陂，但不是專指芍陂。三國時，鄧艾在淮南廣為屯田，開溝引水，陂塘頗多。東晉距三國不遠，這些陂塘多未荒廢。伏滔之言，意在於此。」並且他還認為：「《宋書 毛修之傳》：『高祖將伐羌，先遣修之復芍陂，起田數千頃。』這雖是一個概數，但它是修復芍陂以後屯田的數字，比較有參考價值。隋開皇中，趙軌為壽州長吏，對芍陂進行了大規模的修建，《隋書 趙軌傳》云：『芍陂舊有五斗堰，蕪穢不修，軌於是勸課人吏，更開三十六斗，灌田五千餘頃，人賴其利。』這是修治以後直接的記載，數位接近確數，是一條可以相信的資料。……綜合以上所述，五千餘頃可以認為是芍陂在正常情況下灌溉田畝的數位。」[1]若這一考訂芍陂在正常情況下灌溉田畝五千餘頃的資料能夠成立，那麼，按當時諸侯各國多用周制，四畝約合今一畝（即如晉伏滔說「龍泉之陂，良疇萬頃」）計算，這一萬頃折合起來，相當今25萬畝[2]。若按五千餘頃計算，便是12.5萬餘畝。但是，也有人提出：「按當時尺度，1尺等於0.246公尺，若以『萬頃』換算今制，約相當於78.1萬市畝。」[3]若按「78.1萬市畝以五千餘頃折算，當為今制39萬餘畝。今湖北省荊州市公安縣毛家港鎮嚴家樓村現有耕地面積3555畝，人口2200餘人，並且該鎮共有34個村。若按劉和惠認定芍陂為五千餘頃是正常灌溉田畝的數字（按『五千餘頃』為今12.5萬餘畝計算），那麼，芍陂在當時的灌溉能力按最低數字推算，已相當於今湖北省公安縣毛家港鎮34個村的田畝數。在新中國成

---

① 劉和惠：《芍陂史上幾個問題的考察》，《芍陂水利史論文集》，中國水利學會水利史研究會1988年編印。

② 安豐塘歷史研究小組：〈古塘芍陂〉，《芍陂水利史論文集》，中國水利學會水利史研究會1988年編印。

③ 朱更翎：〈安豐塘（芍陂）史料溯源及其工程演變〉，《芍陂水利史論文集》，中國水利學會水利史研究會1988編印。

立之前，今湖北省宜都市丘陵地區七畝面積（含堰深8至9公尺）的堰塘，可灌溉水稻田30畝。若按這個數字計算，12.5萬畝農田，則大抵上需要29000餘畝面積的陂塘。這個陂塘面積的數字，則相當於今湖北公安縣毛家港鎮8個村的耕地面積即28000餘畝。然而，據20世紀70年代末有人統計，今湖北潛江市南白露湖在1979年控制水位時，其面積為12195畝[①]」，若按上述29000餘畝面積的陂塘合算，則相當於兩個白露湖的田畝面積。並且其周長在40餘里。通過這些古今數位的比較，則可推算出春秋時期楚人在壽春南修建芍陂的面積大約是29000畝，周長40餘里。這個數字應當接近於歷史事實。因為這個數字對於當時一個縣的面積來說，它所占的比重並不大。

然而，從芍陂水利工程的修建情況看，29000餘畝面積的陂塘用人工挖掘，在今天看來動用15000人在6年內也是難以完成的。因為15000人挖2000畝8公尺深堰塘（按每人一天五立方土計算）則需要5至6個月才能完成。據《漢書　地理志》記：「九江郡，戶十五萬五十二，口七十八萬五百二十五，縣十五。」這說明在當時人口最多的縣，也只是在六萬人左右。楚國縣邑的人口狀況與之差別不會太大。因此，如果在春秋時楚人調動六安國、曲陽、壽春、當塗、博鄉即近鄰於芍陂五邑之軍民十五萬人去挖掘陂塘，那麼，約需一年方可完成，這還不包括開挖溝渠的工程。但是，擅長水利工程建設的楚令尹孫叔敖並未指使人們去這樣修建芍陂，而是依據這裡南部丘地眾多支流散水流經芍陂故水道或河流低窪澗地，並在此採取南引水源，借助東、西、北三面高埠地勢，以圍築堤垸的方式修建陂塘。這樣一來工程土方量不僅大為減少，而且工程的週期也會縮短。並且陂塘建成後，仍可設閘門借用故水道入淮以便於漕運。芍陂東、西、北三面的農田，楚人

① 唐文雅、葉學齊、楊寶亮：〈湖北省主要湖泊面積統計表〉，《湖北自然地理》，湖北人民出版社1980年版，第84頁。

第八章　楚國主要水利工程

稍需對其溝洫進行疏浚整治，很快就可產生效益。據《水經注 沘水》記：「（沘水）東北過六縣東，淠水東北，右會蹲水鼓川水，水出東南蹲鼓川，西北流注淠水。淠水又西北逕馬亭城西（楊守敬按：馬亭城在今六安州北），又西逕六安縣故城西（在今六安北三十里）……淠水又西北，分為二水，芍陂出焉（熊會貞按：《漢志》沘水北至壽春入芍陂，即是此道。）又北逕五門亭西，西北注逕安豐縣故城西。」《水經注 泄水》云：「泄水出博安縣。……泄水自縣上承沘水於麻步川，西北出，歷濡谿，謂之濡水也。北過芍陂，西與沘水合。」又：「肥水又北逕荻城東，又北逕荻丘東，右會施水枝津，水首受施水於合肥縣城東，西流逕成德縣，注於肥水也。北過其縣西，北入芍陂。肥水自荻丘，北逕成德縣故城西，王莽更之為平阿也。又北逕芍陂東，又北逕死虎塘東，芍陂瀆上承井門，與芍陂更相通注，故《經》言入芍陂矣。……陽湖水自塘西北，逕死虎亭南，夾橫塘西注，……水分為二，洛澗水出焉。閣漿水注之，水受芍陂，陂水上承淠水於五門亭南，別為斷神水，又東北逕五門亭東，亭為二水之會也。斷神水又東北逕神跡亭東，又北謂之豪水，雖廣異名，事實為一水。又東北逕白芍亭東，積而為湖，謂之芍陂。……陂有五門，吐納川流，西北為香門陂水，北逕孫叔敖祠下。謂之芍陂瀆。……又北過壽春縣東。」這段史料，對芍陂所處的地理形勢和陂塘南水進，陂水東、西、北出的逕流態勢，以及芍陂是利用原有河流、溪水經此地形形成帶狀凹地修建而成等，都作了詳盡的記述。芍陂的「五門」均設在其西北、北、東北和陂塘的東、西間，這不僅反映出當時所修建的芍陂水利工程有合理的布局和較大的灌溉能力，而且說明這一地帶具有建築陂塘的地理優勢。《周書 韋孝寬列傳》記孝寬率眾攻壽陽時，「初孝寬到淮南，所在皆密送誠款。然彼五門，尤為險要，陳人若開塘放水，即津濟路絕。孝寬遽令分兵據守之。陳刺史吳文育果遣決堰，已無及。於是陳

人退走，江北悉平。」這雖然說的是當時的軍戰之事，但仍可看出當年芍陂所建的位置，正好符合古人強調的高壩低堰的溉田原理。鑒於此，楚國令尹孫叔敖在此動用軍民十五萬人，利用帶形凹地和舊有溝渠、水道修建芍陂蓄水引灌工程，最多用半年時間即可完成，何況當時楚人已具備較強的完成土方工程的能力。《左傳　宣公十一年》記：十一年春（西元前598年）「令尹蒍艾獵城沂，使封人慮事，以授司徒。量功命日，分財用，平板榦，稱畚築，程土物，議遠邇，略基址，具餱糧，度有司。事三旬而成，不愆於素。」這說明，楚人不僅有完成土方工程的能力，而且對於每一項工程的運作都考慮得十分周全，甚至對取土的遠近、材料工具的多少、工期的確定、土方的計算、工程各段主持人的分工，以及地勢的寬狹、高下、方圓、曲直和役夫糧食的籌備等諸多問題都作了很詳細的計畫和安排。有人認為：「孫叔敖約卒於西元前595─前594年間，如果由他主持創修芍陂水利，就只能在西元前601─前594年這幾年內。」[1]事實上，這六七年時間已足夠孫叔敖修建芍陂工程。

由於芍陂水利工程具有較大的農業經濟效益[2]，尤其是進入戰國晚期楚國郢都遷徙至壽春後，芍陂對楚的農業經濟乃至商貿的發展顯得更為重要。因此，楚國委派官員繼續維修整治芍陂蓄水引灌、排澇洩洪、擴展田畝等功能。

《續漢書　郡國志四》揚州九江郡「當塗」縣下，劉昭補注引三國時《皇覽》云：「楚大夫子思塚在（當塗）縣東山鄉，西去縣四十里，子思造芍陂。」這就是子思造芍陂說的由來。子思，有人主張是戰國時期楚國郢都遷徙至壽春後的楚大夫。並且認為子思「很可能是戰國晚期楚頃襄王時人」。進而認定「子思造芍陂」當在楚襄王

---

[1]　石泉：〈關於芍陂（安豐塘）和期思──雩婁灌區（期思陂）始建問題的一些看法〉，《芍陂水利史論文集》，中國水利學會水利史研究會1988年編印。

[2]　《三國志　劉馥傳》。

時①。否認《後漢書　王景傳》記：「有楚相孫叔敖所起芍陂稻田」之說。事實上，說芍陂是戰國時子思始創，恐難成立。《皇覽》原書已佚，其書係三國時魏文帝曹丕主持編纂，它說「子思造芍陂」，當是子思在壽春南重新整治、疏浚、加固芍陂蓄水引灌舊有工程。在當時，「造」字與「作」字、「起」字，是有不同含義的。據《三國志　魏書　劉馥傳》記：建安初年，「江、淮間郡縣殘破」，「馥既受命，單馬造合肥空城，建立州治」。合肥，據《漢書　地理志》記，漢為縣。這說明合肥城邑早在三國時期即已存在，當時劉馥單馬一人至合肥「造」空城，是為了恢復戰亂後的社會秩序，使「流民越江山而歸者以萬數，」以達到「為戰守備」之目的。這個「造」字，即恢復、治理之意。東漢許慎在《說文》中云：「進造登也。就也。」這說明《皇覽》說「子思造芍陂」的「造」字，是進一步完善芍陂舊有引灌工程之意。但是，《水經注　肥水》提到：「陂周一百二十許里，在壽春南八十里，言楚相孫叔敖所造。」這個「造」字又作如何解釋？實際上，據陳橋驛先生考證：《水經注》是北魏延昌、正光間（西元515年—524年）酈道元撰述的一部地理著作②。既然如此，三國魏文帝曹丕（西元220年—225年）和東漢建安初年這個時期在文獻中所出現的「造」字，則與酈氏成書年代相隔長達約二百九十餘年。在這約二百九十餘年的時間里，某些字已發生一些變化。於是清段玉裁在《說文解字注》中「進造」條說：「後引申為凡成就之言。」此說也不是沒有一定的道理。因此，北魏酈道元在《水經注》中說芍陂「言楚相孫叔敖所造」的「造」字，當可理解為「建造」之意。再則，在東漢章帝建初八年（西元83年），王景「遷廬江太守，……郡界有楚相孫叔敖所起芍陂稻田。」並且「由是墾辟倍

---

① 石泉：〈關於芍陂（安豐塘）和期思——雩婁灌區（期思陂）始建問題的一些看法〉，《芍陂水利史論文集》，中國水利學會水利史研究會1988年編印。

② 陳橋驛：《水經注研究》，天津古籍出版社1985年版。

多，境內豐給」。芍陂一度出現如此可觀的經濟效益，《皇覽》編纂者不得不對此引起重視。但是，《皇覽》未提及孫叔敖作芍陂，而說子思造芍陂，這是因為除了上述「造」字與「起」、「作」在不同時期有不同的含義和區別外，另一原因是當時可能已經有了許多包括已失傳的文獻記述了孫叔敖創建芍陂的事，《皇覽》沒有必要對此再作記述。而《皇覽》之所以提出「子思造芍陂」，是想讓人們知道，子思也曾在這裡維修過芍陂這一水利工程。子思若是戰國晚期楚國的一個大夫，楚郢都遷至壽春後，楚王委派他對芍陂進行疏浚溝渠、加固壩埂、新開稻田等修繕工作，也是極有可能的。因為任何一項完成後的農田水利灌溉工程，尤其是有效益的工程，都需要不斷整治維修。《管子 度地篇》對此已說得十分明白。但是，要說楚子思在壽春南創建芍陂水利工程，這在戰國後期對動盪不寧的楚國來說是一件很難的事。據《史記 楚世家》記載：楚頃襄王元年至十三年間，戰爭頻繁，國無寧日。楚頃襄王十四年至十七年，秦楚休戰不到四年時間，即至楚頃襄王十八年，楚「欲伐秦。秦聞之，發兵來伐楚」。至楚頃襄王「十九年，秦伐楚」；「二十年，秦將白起拔我西陵」；「二十一年，秦將白起遂拔我郢，燒先王墓夷陵。楚襄王兵散，遂不復戰，東北保於陳城」；「二十二年，秦復拔我巫、黔中郡。」「二十三年，襄王乃收東地兵，得十餘萬，復西取秦所拔我江旁十五邑以為郡，距秦」；「二十七年，使三萬人助三晉伐燕」；「三十六年，「頃襄王卒」；楚考烈王即位，「是時楚益弱」；楚考烈王「二十二年，與諸侯共伐秦，不利而去。楚東徙都壽春，曰郢」；「二十五年，考烈王卒，子幽王悍立。李園殺春申君。幽王三年，秦、魏伐楚」；「十年，幽王卒」；「王負芻二年，秦使將軍伐楚，大破楚軍，亡十餘城。……五年，秦將王翦、蒙武遂破楚國，虜楚王負芻，滅楚名為（楚）郡云」。這說明，楚國自楚頃襄王后，軍戰連綿不斷，國土日喪，國力日衰，朝廷內耗日劇。在這種情況下，是不

可能修建如此規模的水利工程的。

　　總之，芍陂水利工程始建於春秋，維修於戰國，完善於秦漢，這是比較合乎情理的看法。

三、木里渠

　　木里渠是春秋戰國時期楚國所建的一個頗有影響，且具有一定規模的水利灌溉工程。至漢時，人們又將其稱之為「木里溝」。其源頭位於今湖北省南漳縣城東南的武安鎮西南謝家臺附近，並自西向東北流入宜城市境內，跨越南漳、宜城兩市縣地界。該渠自宜城市西北、西、西南、南，再經今宜城市鄭集鎮東北即今宜城東南李家臺偏北一帶注入漢水。木里渠最早見於《水經注　沔水》記載：「沔水又南，得木里水會，楚時，於宜城東穿渠上口，去城三里。」酈道元不僅率先提出了這裡有木里水，而且主張楚時就有人在故宜城東三里處開口穿渠，此渠顯然即木里渠。後來，「漢南郡太守王寵又鑿之，引蠻水灌田，謂之木里溝，經宜城東而東北入於沔，謂之木里水口也。」[①]這是文獻關於木里水渠與蠻河在楚時或是經漢王寵「又鑿之」而可相互溝通，並流至故宜城「東北入於沔」的記載。同時酈氏又表明「漢南郡太守王寵又鑿之，引蠻水溉田」，是建立在原有木里渠的基礎上將二水溝通起來，加大了木里水渠的流量和灌溉能力，並透露出王寵在該地區做了一些管道、陂塘的修復和疏浚工作。因此，木里渠應當在楚國時即已存在，而並非如民間所傳今南漳縣東南以及宜城市境內所出現的故「木里渠」、「長渠」的創建與開鑿，都與秦將白起開渠引水攻鄢邑有關。

　　據文獻記載，春秋時期今南漳縣南及宜城市境內曾分布有盧、羅、鄢、鄀四個不同姓氏的諸侯國。這些小國在楚穆王五年至十二年（西元前621年—前614年）以前，先後被楚國所滅，並且歸屬楚地長

---

① 《水經注　沔水》。

達340年左右。在這漫長的歲月裡，漢水西岸的鄢邑也曾是楚國的一大都邑。《左傳 昭公十三年》記：「王沿夏，將欲入鄢。」鄢，服虔曰：「楚別都。」其位置在今宜城市東南7.5公里處的鄭集鎮楚皇城村。又，《左傳 定公六年》記：「四月己丑，吳太子終累敗楚舟師，獲潘子臣、小惟子及大夫七人。楚國大惕，懼亡。子期又以陵師敗於繁揚。令尹子西喜曰：『乃今可為矣。』於是乎遷郢於都，而改紀其政，以定楚國。」《史記 楚世家》對這一遷都事件，也作了同樣的記載。同時酈道元在《水經注 沔水》中，也有類似記述：「（沔水）又逕郜縣故城南，古郜子之國也，秦、楚之間，自商密遷此，為楚附庸，楚滅之以為邑。縣南臨沔津，津南有石山，上有古烽火臺。縣北有大城，楚昭王為吳所迫，自紀郢徙都之，即所謂鄢、郜、盧、羅之地也。」這說明，楚國對於今湖北襄陽市境的南漳、宜城等地的經營、開發是很早的。因此，酈道元在《水經注》中提出：「沔水又南，得木里水會，楚時，於宜城東穿渠上口」的說法，是有其道理的，它意味著這一地區在先秦時就已經有了一定的農田灌溉系統。事實上，楚國是一個善於發展農耕經濟的國家，楚人控制了這個地區後，為了加強經濟實力，則利用舊有鄢、郜、羅、盧等國在此發展農耕文化時所開掘的與農田相關的溝渠串連起來，加以整治、疏浚，甚至利用山谷凹地築陂溉田，是順理成章的。故《水經注 沔水》云：「朱湖陂亦下灌諸田，余水又下入木里溝，……故渠引鄢水也灌田七百頃。」

在春秋戰國時期，木里渠與長渠是兩個不同流向的灌渠。據《水經注 沔水》云：木里溝「故渠引鄢水也灌田七百頃」。鄢水，同書〈沔水〉記：「夷水，蠻水也，桓溫父名夷，改曰蠻水。夷水導源中盧縣界康狼山，山與荊山相鄰。其水東南流，歷宜城西山，謂之夷溪。又東南逕羅川城，故羅國也。又謂之鄢水，《春秋》所謂楚人伐羅，渡鄢者也。」這說明木里水渠源於夷水（即今蠻河）宜城西山

故羅國地。羅國，楊守敬云：「《左傳 桓公十二年》杜《注》，羅在宜城西山中，後徙南郡枝江縣。孔《疏》引《世本》羅，熊姓國。《九域志》，羅國城在襄陽，今宜城縣西二十里有羅川城。」①宋鄭獬在《修宜城縣木渠記》中說：「木渠襄沔舊記所謂木里溝者也，出於中廬（義清縣）之西山，擁鄢水走東南四十五里，經宜城之東北而入於沔。」《宜城縣志 方輿 山川》云：「今水源出故中廬縣之清涼堰，由今襄陽、南漳交界處，迤邐至於蘇胡橋，分為二派，一東抵黃家溝口入漢，一東至木瓜園入漢。」同時《水經注 沔水》又提到：「夷水又東南流，與零水合。零水即淶水也。上通梁州沒陽縣之默城山，……其水東逕新城郡之淶鄉縣，縣分房陵縣立，謂之淶水。又東歷軛鄉，謂之軛水。……淶水又東歷宜城西山，謂之淶溪。東流合於夷水，謂之淶口也。與夷水亂流東出，謂之淇水，逕蠻城南，城在宜城南三十里，《春秋》莫敖自羅敗退，及鄢，亂次以濟，淇水是也。夷水又東注於沔。」這說明木里水上游支流、散水眾多，來水充裕，且木里水渠自夷水在今「宜城縣西二十里有羅川城」的地方分流，「水走東南四十五里」經故宜城東、東北而入漢水；夷水則是與古淶水在故宜城西山合流後，並「與夷水亂流東出」，經故宜城南而注入漢水。二水流逕各有其道，入漢口門也互不相同。《水經注 沔水》又云：「（城）西北又為土門陂，從平路渠以北，木蘭橋以南，西極土門山，東跨大道，水流周通。其水自新陂東入城。城故鄢郢之舊都。……城南有宋玉宅。……其水又東出城，東注臭池，臭池漑田，陂水散流，又入朱湖陂，朱湖陂亦下灌諸田，余水又下入木里溝。」很顯然，木里水渠除了經故宜城「東而東北入於沔」之外，另有一管道可經故宜城東，再折南注入朱湖陂。由此不僅可看出當時木里水渠的灌溉能力和灌溉面積，而且不難發現此渠也是人們

① 楊守敬、熊會貞：《水經注疏 沔水》。

利用這裡丘陵崗地間低窪澗地的固有河道築壩成陂，並呈網狀分布於今宜城故漢水河道以西的高臺平原地區。該渠的形成，就為這一地區創造了建陂池的條件①。然而，秦將白起出於攻楚拔鄢邑的軍事需要，曾「引西山長谷水」淹沒鄢城，這條水系的流向及流勢，對於後人所說的「長渠」灌區的形成至關重要。

　　據《水經注　沔水》記：「夷水又東注於沔，昔白起攻楚，引西山長谷水，即是水也。舊堨去城一百許里，水從城西，灌城東入，注為淵，今熨斗陂是也。水潰城東北角，百姓水流死於城東者，數十萬，城東皆臭，因名其陂為臭池。」這說明當年秦將白起拔鄢，是引西山長谷散水匯流於夷水「從城西灌城」後，佔領了鄢邑。《元和郡縣圖志》卷二十一山南道二襄州義清縣長渠條云：「長渠，在縣東南二十六里，派引蠻水。」又云：「故宜城，在縣南九里。本楚鄢縣，秦昭王使白起伐楚，引蠻水灌鄢城，拔之，遂取鄢，即此城也。」《讀史方輿紀要》卷七十九湖廣五襄陽府宜城縣長渠條云：「縣西四十里，亦曰羅川，亦曰鄢水，亦曰白起渠，即蠻水也。」從地望上推之，「長渠，在縣東南二十六里，派引蠻水」的源頭，當在今宜城市西陳魏三營至雷河孟家灣一帶。這說明後人所說「白起渠」的流向自西山長谷水在羅川城一帶與木里水渠分流後，已經不是同一條河流和水道。夷水在今宜城市西自西北向東南流，白起利用了這一流勢和楚鄢邑地處西高東低的地勢，以及故鄢周邊曾有楚人開發過的稻田溝洫及諸塘陂堰的地理環境，引夷水從西灌城，是典型的水攻軍戰之法。但是，以築「堨」或洪水潰堤的流勢和流量來看，其水沖對於人畜、莊稼、建築物無疑具有一定的殺傷力，但利用潰壩或潰河堤之水將某地沖刷成百里長渠，這從水力學原理上分析是難以成立的。然而，酈道元在《水經注　沔

---

① 　參見張正明：《楚文化史》，上海人民出版社1987年版，第50頁。

229

水》云：「白起渠溉三千頃，膏良肥美，更為沃壤也。」爾後，唐李吉甫在《元和郡縣志》卷二十一山南道二襄州義清縣長渠條云：「長渠，在縣東南二十六里，派引蠻水。昔秦使白起攻楚，引西山谷水兩道爭灌鄢城，一道使沔北入，一道使沔南入，遂拔之。」至宋曾鞏在《襄陽宜城縣長渠記》中亦有相似的說法：「荊及康狼，楚之西山也。水出二山之間，東南流，春秋之世曰鄢水也。……秦昭王二十八年，使白起攻楚，去鄢百里立堨，壅是水為渠以灌鄢，鄢入秦。而白起所為渠不廢，引鄢水以灌田，今長渠是也。」①可見，說長渠即白起渠的說法，最早是出自於北魏酈道元《水經注》；提到長渠灌鄢的是唐代李吉甫；肯定長渠是秦「使白起攻楚，去鄢百里立堨，壅是水為渠以灌鄢」，「而白起所為渠不廢，引鄢水以灌田」的說法，則始見於宋代。事實上，《水經注 沔水》記：「夷水又東注於沔，昔白起攻楚，引西山長谷水，即是水也。舊堨去城一百許里，水從城西，灌城東入，注為淵，今熨斗湖是也。水潰城東北角，百姓隨水流死於城東者，數十萬，城東皆臭，因名其陂為臭池。後人因其渠流，以結陂田。」前者說的是當年秦將白起攻楚，引西山長谷之夷水水攻鄢城；後者說的是「舊堨」離鄢城有百餘里，夷水是從鄢城西邊沖灌而入於城中，並且水在城中積而成淵，後人則稱之為「熨斗陂」；再者說的是「水潰城東北角」，百姓死於城東者就有數十萬，後人因其水灌城的水道「以結陂田」。楊守敬在《水經注疏 沔水》中云：「以上敘白起灌城之水，以下敘後世之水。」此說頗有一定的道理。鑒於此，北魏酈道元的《水經注》中是沒有提及秦將白起在今湖北南漳、宜城市境內築堨建渠，「引鄢水灌田」。酈氏所提到的「白起渠溉三千頃」，或是他在為《水經》作注時可能採用了當地民間的一些傳說，或是鄢地入秦後，「秦以為縣，漢惠帝

_____

① 《讀史方輿紀要》。

三年，改曰宜城^①」。在這段期間內，被秦軍水沖鄢地後的農田溝渠得以恢復。於是，酈氏便在《注》中以「白起渠」作代名詞來反映這一地區經後人修整後的故溝渠對農田灌溉所發揮的效益。同時，酈道元在撰寫《水經注》時，不可能不接觸到司馬遷所著的《史記》。據《史記　楚世家》記：「十九年（西元前280年），秦伐楚，楚軍敗，割上庸、漢北地予秦。二十年，秦將白起拔我西陵。二十一年，秦將白起遂拔我鄢，燒先王墓夷陵。」又，《史記　秦本紀》記：「二十八年（西元前279年），大良造白起攻楚，取鄢、鄧，赦罪人遷之。二十九年，大良造白起攻楚，取郢為南郡。」隨後在同年「二十九年，攻安陸^②」。這說明，酈道元在《水經注》中未提白起築堨建渠是有道理的。因為此時白起主要忙於軍務，不可能到離城百里外築高堤建長渠引鄢水灌田。如果說白起利用了在百里外原有的「舊堨」並將其毀壞，加大夷水的流量，以「水從城西」灌城，亦有可能。但是，這樣殺傷力並不大。因而白起以百里之外的來水即後人所謂白起在戰時所築的「長渠」去沖毀一座城池，並淹死數十萬軍民，這恐怕是有難度的。而從《水經注　沔水》緊接著說：「水從城西，灌城東入」，似可看出灌鄢城的不僅只有夷水，還另有一水「灌城東入」。在春秋戰國時期，楚鄢邑東臨漢水，並有水路與之相通。《左傳　昭公十三年》記：「王沿夏，將欲入鄢。」即已提供了這一資訊。然而從實地調查的情況看，今楚皇城遺址位於宜城市鄭集鎮皇城村，城址坐落在崗地的東部邊沿，城的西南及東偏北、東南一帶地勢較低，是一片田野村落。因此，從地理環境看，當年白起趁漢水洪峰季節在今楚皇城東偏北引漢水灌鄢城，也不是沒有可能。《元和郡縣圖志》卷二十一山南道二襄州義清縣長渠條云：「昔秦將白起攻

① 《水經注　沔水》。
② 參見《睡虎地秦墓竹簡　編年記》，文物出版社1990年版，第4頁。

第八章　楚國主要水利工程

楚，引西山谷水兩道爭灌鄢城，一道使沔北入，……。」恐怕即有此意。《水經注　沔水》記：「水從城西，灌城東入[①]，……水潰城東北角，百姓隨水流死於城東者，數十萬，城東皆臭。」這說明，來水最大的衝擊力是在城東，淹死人數最多的仍是城東，人死腐爛最臭的還是在城東。若此情屬實，當與秦將白起「一道使沔水（東）北入」灌鄢城有關。但證實這一點尚需史學界的進一步論證和考古學界的新發現。

通過秦將白起引夷水灌鄢城這一歷史事件，不難看出在春秋戰國時期，楚國鄢邑周邊地區的水資源是十分豐富的，同時也是盛產水稻的地方。該地區的水源豐富，主要是來自於漢水以西的今南漳縣以東和宜城市以西、西北、西南丘陵崗地散水匯入蠻河（古稱夷水），繼而由蠻河分派各支向東、東北、東南即圍繞楚皇城遺址周邊散流，並且這些支流又可分別注入漢水，形成水系網路。這樣的地理環境和條件是適宜早期人們生息和發展農耕經濟的。1976年，考古工作者對宜城楚皇城遺址進行了勘查發掘工作，從勘查發掘的情況看，該城址平面略呈矩形，城內面積2.2平方公里；城垣周長6440公尺，東南西北分別長2000公尺、1500公尺、1840公尺、1080公尺。城牆夯土內夾雜有新石器時代晚期以及春秋戰國時期的遺物。此外，在東城垣南端，還發現有一個寬60餘公尺的大缺口，當地人傳為白起引水灌城的出水口。在該城址內還出土有「漢夷邑君」和「晉蠻夷率善邑長」方形銅印[②]。同時在城址的西郊雷家坡（距城約400公尺）和城西魏崗（距城約3000公尺）還發現了戰國、秦漢時期的古墓群[③]。該城址的年代，考古工作

---

① 王國維《水經注校　沔水》云：「水從城西灌城東，入注為淵。」王先謙在同書〈沔水篇〉作校時對此未作斷句。本文從段熙仲點校、陳橋驛復校《水經注疏》本，江蘇古籍出版社1989年版。

② 〈湖北宜城楚皇城勘查簡報〉，《考古》1980年第2期。

③ 〈湖北宜城楚皇城戰國秦漢墓〉，《考古》1980年第2期。

者認為，城垣當是戰國時代所築；而城內出土的遺物，有早到春秋和春秋時代以前的。因此，該城址可上溯到春秋戰國[①]。這說明在春秋戰國時期，居住於這裡的楚人和土著人對這一帶農田水利建設早已有了經營和開發。如眾所知，農業的發展是離不開水資源的。尤其是這一地區適宜種植水稻，丘陵溪水宜田最為重要。於是他們利用夷水自西向東流的特點，在今宜城市西北朱市和西部陳魏三營即蠻河東岸的官堰一帶築堨堰，引水入溝渠灌溉良田，則是完全有可能的。當年楚令尹孫叔敖在河南固始縣「決期思之水，而灌雩婁之野」，爾後又在安徽壽縣南修建芍陂，就是憑藉與南漳縣東、宜城市西地勢高、河流比降大等相類似的地理特徵，修建了以上農田水利灌溉工程。因此，楚人為了使這裡的農田得到灌溉，在此大興堨（堰）陂塘，建立楚國郢都所需的產糧基地，可以說是情理之中的事。新中國成立後，考古工作者先後在今南漳縣與宜城市交界處，即位於南漳縣武安鎮東1.5公里、南距蠻河0.6公里、北面緊鄰當地人所謂長渠的地方，發現有一處時代為上限不晚於春秋中期，下限為戰國時期的葉家灣古文化遺址。同時在南漳縣武安鎮東北6公里處，即東南距蠻河2.5公里、東面和北面為安樂堰河環繞、南面緊貼長渠的地方，發現有南北長500公尺、東西寬300公尺，文化內涵主要是周代的古文化遺址。並且在該遺址附近，已清理出了幾十座春秋中期的楚人墓葬。此外，在南漳縣東南安集鎮東3公里處，也發現了屬春秋中期至戰國時期的羅家營古文化遺址。該遺址坐落處東面為蠻水支流柳河、北面為柳河西源黑河、南面有一條水溝，據當地人介紹此遺址東100公尺處還有一座古城址，傳說為古羅國城，但經實地踏勘，沒有發現古文化遺址和城址，地面上僅有一些唐宋以後的磚瓦碎片[②]。這說明，在春秋戰國時期今南漳縣東南武安鎮

---

① 〈湖北宜城楚皇城勘查簡報〉，《考古》1980年第2期。
② 〈南漳縣幾處古文化遺址調查簡報〉，《江漢考古》1986年第2期。

第八章 楚國主要水利工程

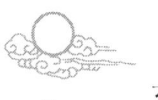

至今宜城市西北朱市一帶，以及南漳縣安集至宜城市西雷河鎮皮家營一帶，是楚人活動最為頻繁的地區。因此，他們在今宜城市蠻河上、中游段的丘陵地帶種植水稻，依高崗地勢修建一些中、小型堨（堰）陂塘極有可能。所謂「舊堨去（鄢）城一百許里」的「舊堨」位置，從地望上推之，亦當在今南漳縣與宜城市交界的朱市一帶。因為只有在這一帶修建堨（堰），才能發揮酈氏所說：「白起渠溉三千頃」的效益。《讀史方輿紀要》卷七十九湖廣五襄陽府宜城縣木里溝條云：「康熙八年，襄陽守臣郭杲言，木渠在中廬縣界擁鄢水東流四十五里，入宜城縣。歲久湮塞，乞行修治。」同樣提供了這一資訊。實際上木里水渠即傳統所說「長渠」透迤至宜城東而東北入沔的故「木里溝」水道，由於該水出自夷水而經鄢城東南流，故此段亦稱之為「鄢水」。《水經注 沔水》云：「其水又逕金城（按：鄢邑中羅城）前，縣南門有古碑，猶存。其水又東出城，東注臭池，臭池溉田，陂水散流，又入朱湖陂，朱湖陂亦下灌諸田。余水又下入木里溝，……故渠引鄢水也灌田七百頃。」此處所謂「灌田七百頃」，是指今宜城市楚皇城遺址東、東南一帶的農田灌區。由此可見，通過《水經注》的記述可知，在楚國鄢邑周邊地區不僅有著大片的農田，而且溝洫灌溉系統已基本完善。

總之，諸方面資料表明，木里長渠引灌工程當是春秋時楚滅鄀、羅、盧、鄢四國後，楚人利用了這裡原有的農田溝渠、陂塘進行了一些水利設施的改造和興建工作。同時他們也利用了這裡丘陵多隙地的地理環境，修建了一些陂堰，並將其串連起來，形成楚鄢邑發展農業的重要灌區。《左傳 文公十六年》記：楚伐庸，「自廬（盧）以往，振廩同食」。楊伯峻注云：「盧，地當今湖北南漳縣東五十里。」又注：楚「開當地之食廩散與將士食之」。這說明，今南漳縣以東及宜城市漢水以西地區，早在春秋時即已成為楚國盛產糧食的地方。因此，楚時木里長渠以及這一地區農田間的溝洫，當是當地土著

與楚人經過長期不斷地努力經營、開發、治理而逐漸形成和完善起來的。要說是白起以夷水攻鄢而形成了長渠，這是很難說得過去的。若白起引百里之外的夷水攻鄢，只能帶來大量泥沙對這一地區的灌溉系統產生極大的破壞。事實上，《水經注　沔水》在這裡所反映的主要是漢代人對這一地區農業的恢復極為重視，並在原有基礎上加強了水利設施的建設。同時也透露出白起拔鄢以水攻城之所以成功，是因鄢地地勢西、西北河床水位高，周圍陂堰多，有利於秦軍用水攻城。所謂白起用「舊堨」水去灌鄢城，指的就是利用了這一地區陂塘堰渠成串的特點，而造成此戰楚軍的失敗。因此，無論是木里水渠，還是長渠，都不是秦將白起攻鄢邑時所築。儘管如此，木里水渠與長渠的形成，對於當時楚國農業經濟的發展，無疑起到了不可低估的作用。

四、鑿井與民間堰塘

人們以鑿井與修建堰塘灌溉農田以及飲用的歷史，是十分久遠的。尤其是鑿井工程，其歷史大抵可以推溯到新石器時代晚期。據《呂氏春秋　勿躬》說：「伯益作井。《經典釋文》卷二〈井卦〉下引：《世本》云：『化益作井』。宋衷云：『化益，伯益也，堯臣。』」《淮南子　本經訓》說：「伯益作井而龍登玄雲，神棲崑崙。」這裡雖帶有一些神話傳說的色彩，但應有真實的史影。新中國成立後，考古工作者先後在長江流域下游的浙江余姚河姆渡遺址（在第三層文化層中）[1]、太湖流域的上海松江湯廟村和江蘇吳縣澄湖遺址[2]以及北方黃河流域的河北邯鄲澗溝龍山文化遺址[3]、河南洛陽矬李龍山文化遺址[4]、河南臨汝煤山龍山文化遺址[5]、河南湯陰白營龍山

---

① 〈河姆渡遺址第一期發掘報告〉，《考古學報》1978年第1期。
② 〈太湖地區的原始文化〉，《文物集刊》第1期，文物出版社1980年版。
③ 〈一九五七年邯鄲發掘簡報〉，《考古》1959年第10期。
④ 〈洛陽矬李遺址試掘簡報〉，《考古》1978年第1期。
⑤ 〈河南臨汝煤山遺址發掘報告〉，《考古學報》1982年第3期。

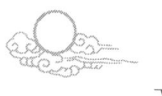

文化遺址等①，都發現有不同尺寸規格和形制結構的原始水井。這些井的井壁大都是使用竹、蘆葦編織和竹箍圍撐構築的。並且有的井壁則是用圓木自下而上一層層疊成，迭壓的井字形木架竟達到46層之多②。可見，我國勞動人民不僅很早就學會了鑿井技術，而且這一技術已逐漸在我南方長江流域和黃河流域開始流行。這就為後來人們發展鑿井供人飲用，廣泛使用井水灌田，以及興辦手工業作坊等，開發了一條新的用水途徑。

　　大約在春秋晚期，楚國土地私有制度已經基本形成，一部分農民有了自己的私田，城邑中的居民也有了一些小型私人作坊和商鋪③。在這種特定的歷史條件下，人們在城市、鄉村即凡是有人居住的地方進行鑿井，已經成為當時民間取水用水的一種必要手段。同時，鑿井技術也有了很大的提高，並且對於井水的水質、水色、味道以及井地的土壤性質、用途和鑿井的深度，都有了很明確的認識。據《管子·地員》記載：「命之曰五施，五七三十五尺，而至於泉，呼音中角，其水倉，其民強，赤壚歷強肥，五種無不宜；其麻白，其布黃，其草宜白茅與蕌，其木宜赤棠，見是土也。命之曰四施，四七二十八尺，而至於泉，呼音中商，其水白而甘，其民壽，黃唐，無宜也，唯宜黍秫也；宜縣澤，行廧落，地潤數毀，難以立邑置廛；其草宜黍秫與茅，其木宜樗、橋、桑，見是土也。命之曰三施，三七二十一尺，而至於泉，呼音中宮，其泉黃而糗流徙，斥埴，宜大菽與麥；其草宜萯蕌，其木宜杞，見是土也。命之曰再施，二七一十四尺，而至於泉，呼者中羽，其泉鹹，水流徙，黑埴，宜稻麥；其草宜萍蓚，其木宜白棠，見是土也。命之曰一施，七尺而見於泉，呼音中徵，其水黑而苦。」這說明在春秋戰國時期，隨著農業生產的發展，人們對地下水

① 〈湯陰白營河南龍山文化村落遺址發掘報告〉，《考古學集刊》第3期。
② 〈湯陰白營河南龍山文化村落遺址發掘報告〉，《考古學集刊》第3期。
③ 楊寬：《戰國史》，上海人民出版社1956年版，第129頁。

的蘊藏深度、水質狀況、土壤地質特徵及其適宜種植的農作物等，都有著極為深刻的認識。這可以說是當時人們對於地下水資源進行開發、利用的一大進步，楚人在這方面也是走在時代前列的。據《莊子　天地》記：「子貢南游於楚，反於晉，過漢陰，見一丈人方將為圃畦，鑿隧而入井，抱甕而出灌，搰搰然用力甚多而見功寡。子貢曰：『有械於此，一日浸百畦，用力甚寡而見功多，夫子不欲乎？』為圃者仰而視之曰：『奈何？』曰：『鑿木為機，後重前輕，挈水若抽，數如泆湯，其名為桔槔。』」劉向在《說苑　反質》中說：「衛有五丈夫，負金入井，灌韭終日一區。鄧析過，下車教曰：『為機，重後輕前，命曰桔槔，終日漑百區。』」這說明當時人們使用井水漑田不僅十分普遍，而且發明了提取井水的名之為「桔槔」的先進工具。事實上，在我國南方楚國，雖然地處多山多水的地理環境，且水資源十分豐富，但是，在進入春秋戰國時期，隨著城市人口的集中，城邑中的居民需要到城外的江河、湖澤取水飲用和澆園都是極不方便的。況且這時人們對井水的優越性已有了一定的認識，故鑿井之風在城鄉興起。《管子　八觀》記：居山「食谷水，巷鑿井。」《初學記》卷七十第六引《釋名》云：「井，清也，泉之清潔也。」由此看來，春秋戰國時期城邑中居民飲水用水，則主要依靠的是井水，而不是城邑內外的河水。尤其是進入戰國時期，「楚之郢都，車轂擊，民肩摩，市路相排突，號為朝衣鮮而暮衣敝」[1]在城市人口稠密，市場繁榮的情況下，飲用清潔的井水更顯得十分重要。1975年，考古工作者在湖北省荊州市紀南城楚郢都遺址進行了局部勘探和發掘工作，從勘探發掘的情況看，紀南城遺址內許多地方都可見到水井遺址，初步統計約在四百口以上，其中僅在城址內新河道緊靠板橋一帶，即古河道的北岸長約1000公尺的範

---

[1]　《太平御覽》引桓譚《新論》。

圍內，就發現古井256座（還有一部分未來得及統計）。同時在紀南城遺址的城垣四周，也發現了一些水井遺址^①。通過這些水井遺址的發現，可看出至遲在戰國時期，水井則對於人們的生活和手工業作坊的發展已是不可或缺。1984年，考古工作者在文物普查時先後在紀南城東的今沙市區即長湖南岸關咀至羅場以及長湖北岸交尾，皆發現有春秋戰國時期的陶井和陶井圈碎片，同時還發現有不少的土坑墓葬^②。在潛江放鷹臺西部的鄭家湖西岸即鄭家臺附近的東周遺址範圍內，也曾發現有不少陶井圈的碎片^③。此外，在湖北襄陽市泥咀鎮西的李家崗遺址和宜城市鄭集鎮東南約6.5公里的崗上大胡崗遺址^④、湖南臨澧古城堤遺址^⑤以及湖北黃岡汝王城遺址^⑥都發現有春秋至戰國時期的木井和陶井多座。這說明在春秋戰國時期，人們鑿井除了日常生活中飲用方便外，更重要的是深井之水味美甘甜，清涼爽口，適宜人們飲用。《管子 地員》記述地下水不同的深度具有不同的水質，則對這個問題已作了很好的說明。然而，在春秋戰國時期，鑿井不僅是為了解決城市居民飲水和手工業作坊用水的設施工程，而且在灌溉鄉村民間園圃及農旱作物中，也起到了很重要的作用。因此，鑿井對於當時崗地、平原地區來說是一項十分重要的利民工程。這項工程的施工辦法，有學者作了探討：「很可能是採用井圈下沉的辦法來挖掘的。這就是把土坑挖到一定深度後就放下一個井圈，以抗禦坑壁的壓力，防止垮塌；然後再在井圈內向下掘土，當掘深至數十公釐，

① 參見譚維四：〈楚都紀南城考古概述〉，《楚都紀南城考古資料彙編》；又見楊權喜：〈楚都紀南城東北部發現的古井、窯址和古河道〉，《楚都紀南城考古資料彙編》1980年10月編印。

② 20世紀80年代中期，袁純富作領隊曾參加過原沙市市博物館的文物普查工作。普查資料在地市合併後移交今荊州博物館。

③ 袁純富、文必貴在1984年底曾受潛江市博物館羅仲全館長邀請，在實地踏勘時所發現。

④ 王善才、朱德君：〈襄陽、宜城幾座東周遺址的調查〉，《江漢考古》1980年第2期。

⑤ 參見《楚文化考古大事記》，文物出版社1984年版，第111頁，第148頁。

⑥ 參見《楚文化考古大事記》，文物出版社1984年版，第111頁，第148頁。

挖去井圈下的托土，使井圈慢慢下沉，然後又在上部再放置一個井圈，如此繼續多次，遂可鑿成全井。這種方法既可保證安全施工，又可減少挖土量。」①根據後世泥匠工鑿井情況看，這種鑿井施工方法無疑是正確的。同時，春秋戰國時期出現的鑿井技術對於漢代陶井的興起，有著極大的影響。據《洛陽燒溝漢墓》一書所收錄兩漢時期的水井模型就有97件，這些水井模型多有井架、滑輪、陶水斗、水槽等設備，甚至在其他地區的水井模型中還配備有轆轤②。這些為井配套的先進設施亦當是在總結前人經驗的基礎上發展起來的。此外，在故楚國西部三峽地區，此地居民不光是鑿井飲用溉田，更多的是鑿井取鹽汁造鹽。據《水經注 江水》記載：「江水又東逕臨江縣南，王莽之監江縣也。縣在郡東四百里，東接朐忍，縣有鹽官。自縣北入鹽井溪，有鹽井營戶。……巴東郡之南浦僑縣西，溪硤側，鹽井三口，相去各數十步，以木為桶，徑五尺，修煮不絕。」又：「江水又東逕瞿巫灘，即下瞿灘也，又謂之博望灘。左則楊溪水注之，水源出縣北百餘里上庸界，翼帶鹽井一百所，巴川資以自給。」這說明在山區，只要地下有礦產資源，人們就有能力鑿井取物，以資富民。同時，《水經注 江水》還記述了這樣的一個故事，即晉義熙年間，益州刺史包陋鎮守白帝城，「為譙道福所圍，城裡無泉，乃南開水門，鑿石為函，道上施木天公（按：即木製渡水之槽），直下至江水，有似援臂相牽，引汲然後得水。」這說明，楚人、巴人及其後裔不僅熟練掌握了山區鑿井取鹽技術，而且以「鑿石為函」汲山地低下之水源的工程技術也有了很大的提高。事實上，在春秋戰國時期隨著生產工具的不斷發展和進步，人們早已適應了各種土、石方建設工程。尤其是對楚人來說，無論是修築城池、宮殿，還是修建陂堰、水井，其技術

---

① 〈一九七九年紀南城古井發掘簡報〉，《文物》1980年第10期。
② 〈漢代農業、手工業的考古發現與研究〉，《新中國的考古發現和研究》，文物出版社1984年版。

第八章 楚國主要水利工程

均已成熟。《水經注　沔水》記：「（揚水）東入離湖，湖在縣東七十五里，《國語》所謂楚靈王闕為石郭陂漢，以象帝舜者也。湖側有章華臺，臺高十丈，基廣十五丈。」考古工作者在湖北荊州紀南城遺址中發現多座木架結構井圈和用竹子、柳條等編織的圓形井圈，即已提供了這一資訊。

春秋戰國時期，隨著楚國人口的不斷增長，楚人已經意識到農業乃是國家之本，而發展農業必須先興水利，欲興水利則必經「修堤梁，通溝澮，行水潦，安水藏，以時決塞①」。這對於當時楚國來說不僅是一個富國強兵的基本國策，而且是以水興農確保糧食豐收的重要的戰略。《左傳　襄公二十五年》記：楚蒍掩為司馬「書土田」，「規偃瀦」；《周禮　宮人》云：「為其井匽」；《周禮　稻人》：「以瀦蓄水」。並有人解釋為「則偃瀦猶如陂池，蓄水以備灌溉者②」。這些都已充分地反映出楚國在發展農業的過程中，十分重視農田堰塘灌溉工程的建設。當時楚國除了動員以縣為單位的人力和物力去修建具有一定規模的陂池外，其縣以下的機構以及村野中具有一定實踐經驗的農民，也都學會了修建一些小型的溝洫、堰塘排灌工程。當時楚國的社會基層組織大致上是按照《周禮》中比、閭、族、黨、州、鄉來組織的。《周禮　地官》說：「比長各掌其比治，五家相受，相和親」；「調人掌司萬民之難，而諧合之。」這說明在當時的基層社會民間，以「和」為本，以「合」為貴，鄰里間相互幫助的風氣是存在的。因而統治者十分強調「理民之道，地著為本，故必建步立畝，正其經界；六尺為步，步百為畝，畝百為夫；夫三為屋，屋三為井；井方一里是為九夫。八家共之，各受私田百畝。」並且還要求地方官吏和農耕之民做到「出入

---

① 《荀子　王制篇》。

② 《尚書　偽孔傳》。

相友，守望相助，疾病相救，民是以和睦，而教化齊同，力役生產可得而平也①」。然而，對於遠離城邑的鄙野之地，統治者則執行如是分配制度：「辨其野之土，上地、中地、下地，以頒田里。上地，夫一廛，田百畝，萊五十畝，餘夫亦如之。中地，夫一廛，田百畝，萊百畝，餘夫亦如之。下地，夫一廛，田百畝，萊二百畝，餘夫亦如之。」②李劍農先生在《戰國時代私家豪富之兼併》一文中指出：「有自開田土之小農；有操園圃業之小農；有外來之士而有田宅者。」③此說甚符合當時社會上已出現擁有一部分私田者的勞動階層。這些擁有私田者除了完成「公田」和其他賦稅任務後，私田耕種和收成好壞，就是他們生活中的主要來源和依靠。鑒於這種情況，擁有私田的一部分農人在發展和耕種自家的田畝中，因地制宜去修建一些小型堰塘，是很有必要的。尤其是在水資源豐富的楚國，開渠引水、築堰蓄水皆頗為方便。楚民本著「出入相友，守望相助」和「教化齊同，力役生產」的原則，為了一個共同的利益即獲得好的農田收入，共同修建一些對農田有利的溝渠、堰塘工程，這應當符合於楚國當時小農經濟發展的歷史事實。《周禮　秋官　雍氏》記：「雍氏掌溝瀆澮池之禁，……護溝瀆之利於民。」又：「雍氏下士二人，徒八人。」這說明在春秋戰國時期，溝、瀆、澮、池這些與農田相關的灌溉設施，都有官員進行管理。並且這些管理人員都是來自於社會組織的最基層，他們對鄉村農田水利建設有督辦的職責。因此，在當時無論是「公田」，還是「私田」，國家對農田水利即修築一些民塘民堰是加強引導和鼓勵的。這是因為他們明白這麼一個道理：「地之不辟者，非吾地；民之不牧者，非吾民也。凡牧民者，以其所積者食之，不可不審也。其

① 《漢書　食貨志》。
② 《周禮　地官　遂人》。
③ 參見李劍農：《先秦兩漢經濟史稿》，三聯書店1957年版。

241

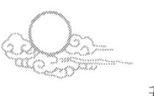

積多者其食多，其積寡者其食寡，無積者不食。或有積而不食者，則民離上；有積多而食寡者，則民不力；有積寡而食多者，則民多詐；有無積而徒食者則民偷幸。」①鼓勵民間有私田者務農並以獎賞的手段對小農實施恩惠政策，這在當時各諸侯國也是較為普遍的。《周禮 考工記》說：「匠人為溝洫。耜廣五寸，二相為耦。一耦之伐，廣尺，深尺，謂之畖。田首倍之，廣二尺，深二尺，謂之遂。九夫為井，井間廣四尺，深四尺，謂之溝。方十里為成，成間廣八尺，深八尺，謂之洫。方百里為同，同間廣二尋，深二仞，謂之澮。專達於川，各載其名。」這裡說的是匠人必須對田畝間與灌溉相關的溝、洫、澮進行修建。但光有這些溝洫還不能實施灌溉，它們必須與陂堰相結合，也就是說，溝洫澮是與陂塘堰池相互配套的工程。雖然這在有江湖河流分布的地區顯得不十分突出，但是在丘陵崗地的凹地即所謂人們常說的「沖地」即適宜種植水稻的地方，溝洫澮與陂塘堰池的配套就顯得尤為重要。因此，在遠離城邑而散居於丘陵崗地的農夫，必須依靠自己和周邊鄰里或親朋的力量，去修築堰塘，開挖溝渠，提高農業生產的效益。事實上，楚國在糧食供給上之所以能夠「粟支十年」，這與楚人大力發展「私田」，鼓勵民間小型水利工程建設是分不開的。春秋時楚人孫叔敖任楚令尹前在期思治水②，實際上也是由地方人士組織興建的一項水利工程。這就是說，除了當時由國家或地方政府出資出力修建水利工程外，擁有私田者也是能夠組織力量去修建一些小規模堰塘陂池的。楚人在修建這些堰塘時，大都視地勢之高下和水源與田畝距離之遠近而實施，這樣既可節省勞力，也能很快產生效益。

堰塘溝渠自古以來都是農業生產中不可或缺的重要水利設施，

---

① 《管子 權修》。

② 袁純富：〈孫叔敖籍貫小考〉，《江漢論壇》1981年第6期。

尤其是在當時楚國南方江淮地區多產稻穀的地方，這個問題更是顯得格外突出。在春秋戰國時期，對於田間的遂、溝、洫，是有具體要求的。這就是《周禮　考工記》中所說：「凡溝必因水勢」；「善溝者，水漱之」。意即凡修築溝渠一定要順從水勢；水溝設計合理，則會借助於水流沖刷雜物而保持通暢，並且可使田畝中的土壤保持濕潤。然而，據前引《周禮　考工記》說：「九夫為井，井間廣四尺，深四尺，謂之溝。……方百里為同，同間廣二尋，深二仞，謂之洫。」這裡最寬最深的是「洫」，若這裡所標的尺寸是戰國時的尺寸，那麼文中1尺約合今0.23公尺。由此推之，當時「方百里為同」的「洫」（或稱為渠）寬約3.68公尺，深約3.68公尺。由此可見，即使是最寬最深的洫，對於那些有私田的自耕農者也不是一件很難的事，何況還有鄉鄰間的「諧合」、「相助」和「教化齊同，力役生產」。孔子在《論語　泰伯》中提到「盡力乎溝洫」由此不難看出當時人們對於農田水利之事是極為重視的，同時也反映了溝洫在農業中占有十分重要的地位。

　　張正明先生對楚國的農田水利建設有過這樣的一段論述，他說：「楚國境內的楚蠻、揚越和淮夷，都擅長搞農田水利。當然，他們所搞的農田水利都是小型的，只能滿足幾家幾戶以至一里一社的需要。嚴格地說來，還不是社會性的工程，而只是家族性和鄰里性的作業。」[1]此說比較符合春秋早期楚國農田水利建設的實際情況。但是，自春秋中期以降，楚國農田水利建設既有社會性的，也有非社會性的，這是毋庸置疑的。楚國在鼓勵、普及民間發展小型農田水利的同時，也組織一些社會性的大型水利工程建設，這是當時楚國發展農業以增強國家實力的一大創舉。楚國這一舉措，可以說對後世具有深刻的影響。

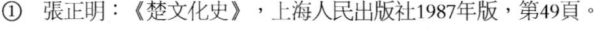

① 　張正明：《楚文化史》，上海人民出版社1987年版，第49頁。

第二節　堤垸工程

春秋戰國時期，楚國對堤垸建設是十分重視的。堤垸建設亦是楚國發展農田水利，確保民生安全的一個極為重要的舉措。據《禮記　月令》記：「季春之月，命司空曰：時雨將降，下水上騰，循行國邑，周視原野，修利堤防，道達溝瀆，開通道路，毋有障塞。」說明當時人們已對堤防建設的重要性有了一定的認識。同時，《荀子　王制》也提到：「修堤梁，通溝澮，行水潦，安水藏，以時決塞，歲雖凶敗水旱，使民有所耕艾，司空之事。」這就是說當時修建堤防要與分布於農田間的溝渠結合起來，使之形成完整的農業排灌和防洪澇體系。事實上，堤防建設既關係到楚國農業經濟的發展，也關係到人民生命的安全乃至社會局勢的安定。尤其是楚國處於多河流湖泊也多山洪的南方，故修築堤防顯得尤為重要。《左傳　襄公二十五年》記：楚蒍掩為司馬，「規偃瀦」、「町原防」，即可看出楚國在春秋時期即已將堤防建設納入了重要議事日程。楚人意識到：「川壅而潰，傷人必多。」[1]因此，楚國在發展農業經濟的過程中，加強堤垸建設，依湖造田，這是楚人發展農田水利的又一特色。

一、堤垸的興起

我國南方堤垸首先是因低窪地區小塊農田的防水或村落四周的安全而在所謂「土圍子」的基礎上發展起來的。這種現象在我國商周時期南方長江流域的山前丘地和湖澤平原地區較為普遍。這就是說，在楚人未來到江漢平原以前，這裡就已經有了適應於土著人和一部分越人、濮人居住和生產、生活的「土圍子」。但是，春秋早期，楚人自荊山腳下來到江漢平原後，較快地形成了「楚強，凌江

---

[1] 《國語　周語》。

漢間小國，小國皆畏之」①的局面。但此時楚國農田水利事業基本
上還處於不發達階段，楚人仍然是以從事刀耕火種即山伐獵的社會
經濟活動為主。至楚成王時，隨著楚國疆域的不斷擴大，人口、城
邑的不斷增多，糧食需求量的不斷增加，江漢地區丘地、平原、湖
澤地帶的「土圍子」建設，就顯得必要而緊迫了。因此，楚國最初
的堤防建設是從江漢平原興起的。

　　在春秋早期，楚國的城邑以及村落、市集一般都坐落在丘前階地
或湖澤高臺之上，且人口也不密集。此時洪澇對楚人居地並未造成極
大威脅。楚人雖然活動於江漢間，但當時江漢兩大水系進入江漢地區
後，一般皆可通過江漢平原盆地的眾多河道分流。因此，在江漢平原
尚未得到大規模開發時，流經這一地段的長江、漢水尚無堤防可言。
春秋中晚期，隨著楚國郢都在江漢平原西部地區建立，江漢平原的開
發便成為頭等大事。據《水經注　沔水》記：「揚水又東入華容縣，
有靈溪水，西通赤湖水口，已下多湖，周五十里，城下陂池，皆來會
同。又有子胥瀆，蓋入郢所開也。水東入離湖，湖在縣東七十五里，
《國語》所謂楚靈王闕為石郭陂漢，以象帝舜者也。湖側有章華臺，
臺高十丈，基廣十五丈。……言此瀆，靈王立臺之日漕運所由也。」
這說明，至遲在楚靈王時，楚人已將今荊州市東部地區通江達漢的故
河道作了一些治理②。這條河道不僅成為當時楚國郢都通往漢水的重
要水路交通線，而且對於荊州紀南城楚郢都東北部丘地散水的調節，
起到了很大的作用。因此，從《水經注　沔水》記載情況看，江漢平
原地區無論是伍子胥入郢開瀆，還是楚靈王立章華臺時開拓漕運，這
裡有人工所開鑿的運河（亦稱之為揚水運河）則是沒有疑問的③。既
然這一地區有人工運河，那麼運河兩岸就當有堤防。尤其是在該地區

①　《史記　楚世家》。
②　袁純富：〈江陵附近長江注入漢水河道復原〉，《中國地理》1985年第8期。
③　譚其驤：〈雲楚與雲夢澤〉，《復旦學報》（社會科學版）1980年歷史地理專輯增刊。

第八章　楚國主要水利工程

運河的南岸，設置堤防十分必要。從地勢上看，這條運河屬於西北、北高和東北、東南低。從實地調查情況看，該河道今已演變成荊州長湖，其西北海拔高度一般在50.9公尺、北部一般在40.5公尺、40.8公尺，東北部一般在32.2公尺、30.3公尺，東南部一般在22公尺至28.2公尺之間。同時在該運河的東南部即所謂「雲夢」區域內，也並非是一片荒野無人居住的地方。在今監利東，尚有一個偃氏州國。《左傳 定公四年》記：吳師入郢，楚子自郢出走，「涉雎，濟江，入於雲中。王寢，盜攻之，以戈擊王。」雲中，或即「雲夢」之中。《史記 貨殖列傳》云：「江陵故郢都，西通巫、巴，東有雲夢之饒。」這說明在春秋時期，今荊州市以東地區不僅有人出沒居住，而且是一個物產資源比較豐富的地方。因此，《史記 河渠書》說：「於楚，西方則通渠漢水、雲夢之野。」這就反映出在先秦時期，江漢平原已經錯雜著許多耕地聚落及城邑市集。由此看來，在揚水運河南岸設置堤防是很有可能的。不然的話，揚水入漢（沔），口門受漢（沔）水汛期流量的頂托而發生氾濫，則必然對楚郢都東部獵苑和東南部行宮章華臺產生極大的威脅。這就是說，在先秦時期江漢平原運河、溝渠形成的同時，其堤防、圩子等土建工程亦應運而生。這是因為這裡堤防設置與當時河流走向的地勢東南、東北低有著密切的關係。一般說來，凡在丘前階地立都建邑，都必須選擇「於不傾之地，而擇地形之肥饒者，鄉山，左右經水若澤，內為落渠上瀉，因大川而注焉[1]」。同時還要「地高則溝之，下則堤之[2]」。結合荊州紀南城楚郢都遺址、當陽季家湖東周楚王城遺址、湖南汨羅古羅國城遺址和湖北潛江放鷹臺楚章華臺遺址來看，大體上都符合上述標準。這就是說，在江漢地區的沮漳河下游西岸和湖南洞庭湖流域，至少在春秋中期楚人已

---

① 《管子 度地》。
② 《管子 度地》。

設有堤防和一些土圍子。20世紀60年代初，考古工作者在湖南石門發現春秋戰國時期的堤址^①，爾後20世紀80年代湖北當陽季家湖古城址東北處也發現有春秋戰國時期的古堤痕跡，即證實了這一點。

進入戰國時期，隨著楚國勢力的強大，社會生產力的發展和軍需物資的急劇增加，楚國的農田水利建設進入了一個新的歷史階段。分布於江河湖澤平原地區的楚人，開始出現與水爭利，圍湖造田，在河灘上耕種的現象。這勢必導致河床逐漸萎縮、泥沙不斷淤積、水位日益增高，形成水患，從而對農田以及聚落居民產生威脅。因此，在戰國時期無論是楚國的腹地江漢地區，還是在湘、資、沅、澧、贛以及江、淮地區，都已出現大大小小擋水的土圩子和長短不一的堤防。《水經注　沔水》記：「沔北有和城，即《郡國志》所謂武當縣之和成聚，山都縣舊嘗治此，故亦謂是處為故縣灘。沔水北岸數里，有大石激，名曰五女激。」楊守敬《疏》引《漢書　溝洫志》云：「為石堤，激使東。《注》，激者，聚石於隄旁衝要之處，所以激去其波也。《濟水注》，立激岸側，以 鴻波，是也。」^②又同書《沔水》說：習郁依范蠡作大陂養魚，其「池長七十步，廣二十步。西枕大道，東北二邊，限於高堤」。由此可見，今湖北丹江口一帶以及今襄陽市漢水上游段漢魏之前已有堤防。清人顧炎武在《天下郡國利病書》卷七十四湖廣三襄陽府隄考略中說：「考襄陽古有大隄曲，是隄防之設自商周已然矣。」此語出自何據雖然不詳，但他認為襄陽漢水段始設堤防較早，則是頗有見地的。因為其地為楚之門戶，楚人不僅善於習水，而且也善於治水，他們在今襄陽一帶築堤禦水，以保護民眾生命財產安全和擴大農耕面積應是適宜之舉。至於江漢平原地區，顧氏在同書《川江堤防考略》中說：「江陵東北七十里，有廢田傍漢

① 　參見〈石門古城堤遺址試掘〉，《考古》1964年第2期。
② 　楊守敬、熊會貞：《水經注疏　沔水》。

第八章　楚國主要水利工程

古隄，壞決凡兩處，每夏為漫溢。」這說明隨著江漢平原的經濟開發，漢水中、下游段大體上在戰國中、晚期已經有了堤防。《楚辭 哀郢》云：「背夏浦而西思兮，哀故都之日遠。登大墳以遠望兮，聊以舒吾憂心。」大墳，朱熹注云：「水中高者曰墳。」段玉裁在《說文解字注》中說：「土之高者為墳。」冀凡先生在〈「哀郢」新解〉一文中認為：「墳，土之高者為墳，水之崖岸曰墳。登大墳，言屈原登上水邊高大的堤岸，意欲遠望也。」① 此說是有一定道理的。在淮水流域，堤防建設也有了一定的發展。《水經注 肥水》云：「肥水又西分為二水，右即肥之故瀆，遏為船官湖，以置舟艦也。肥水左瀆，又西逕石橋門北，亦曰草市門，外有石樑。」熊會貞按：「石橋門取此石樑為名。……此石樑即今北門外石堤。」② 其位置，熊氏認為在「今鳳臺縣城北門。」《鳳臺縣志》說「當在今城西南十里，淮、肥扼要之口也 ③」。這說明，在故淮水中游以及肥水下游地段，戰國時也應當有了抵禦河水氾濫的堤防。在長江下游江浙地區，隨著楚國政治、經濟中心的東移，其堤防建設則以圍湖造田、興建陂塘閘壩為特點廣為興起。據《越絕書 外傳記吳地傳》記載，吳越地區湖塘眾多，水道縱橫交錯，並且湖塘周邊大都以土圍子或石塊壘築。《越絕書 外傳記地傳》云：「石塘者，越所害軍船也。塘廣六十五步，長三百五十三步。去縣四十里。」《水經注 浙江水》云：「浙江逕其南，王莽更名之曰泉亭。《地理志》曰：會稽西部都尉治。《錢唐記》曰：防海大塘在縣東一里許，郡議曹華信家議立此塘，以防海水。始開募，有能致一斛土石者，即與錢一千。旬日之間，來者雲集，塘未成而不復取。於是載土石者皆棄而去，塘以之成，故改名錢塘焉。」熊會貞按云：「秦時已有錢塘之名。」楊守敬按云：「錢

---

① 冀凡：〈「哀郢」新解〉，《楚辭研究》，遼寧省文學學會屈原研究會1984年編印。
② 楊守敬、熊會貞：《水經注疏 浙江水》。
③ 楊守敬、熊會貞：《水經注疏 浙江水》。

塘自秦有此名，以唐為塘。」又引《讀史方與紀要》云：「唐以唐為國號，因加土為塘，是也。」這說明浙江錢塘在戰國時不僅已有此塘，而且至漢時仍有人效仿前人以石築塘之法，整治錢塘，以防水患。同時亦可看出當時吳越地區修建堤垸即以石圍湖築塘防水溉田之風氣，早已盛行。因此，在戰國時期吳越地區在一些內河水系和湖田地帶設置一些擋水堤防和土圍子，這是沒有問題的。《史記　秦始皇本紀》記：秦始皇初平天下時，為了適應他的規範和要求，曾下令各地一律「壞城郭，決通堤防」，「夷去險阻。」這就從另一個側面告訴人們，戰國時期各諸侯國堤防的興起，皆已十分普遍。於是《漢書溝洫志》說：「善為川者，決之以道；善為民者，宣之使言。蓋隄防之作，近起戰國。」此語頗有一定的道理。徐旭生在論述我國北方堤防的修築時說：「汚水多帶泥沙，支河日久又會堙塞，遠河湖的可耕地經過了千百年，幾乎完全開闢，就要有人不得不再近水居住。他們墾殖灘田，恐被沖毀，就要積土高築，把田圍繞起來。」[1] 他又說：「自蕭魚之會以後（晉悼公十一年，西元前562年），中國有百餘年無大戰事，春秋家把此時期叫做太平。人民小安，戶口自然蕃殖。並且這個時候，鐵器已經發明，用鐵器耕田，可以使人民生活相當提高，就更可以促進戶口的增加。到春秋末、戰國初，中國北方人口幾將充滿。九河因此堙塞，隄防因此興築。」這裡雖然說的是北方堤防興起的情況，但是在湖多河流多的南方來看，就更應如此。在楚國自楚莊王至楚平王近百年間，其內部局勢基本上是比較穩定的，國家正處於強盛時期。因此，這段時期亦可以說是楚國在發展農業、興修水利、加強楚之內地即所謂「江南」地區墾殖農田和圍湖造田最為活躍的時期。但是，當時的堤防建設主要出現在平原地區湖澤地帶和內陸河水

---

[1]　徐旭生：〈九河的堙塞和隄防的修築〉，《中國古代的傳說時代》、《增訂本》，文物出版社1960年版，第159頁。

第八章　楚國主要水利工程

系兩岸，並且是分段所築①。同時流經於楚郢都附近的長江荊江段，在楚時尚無堤防。這裡的堤防大都是在東晉以後而逐漸形成的②。分段設防自然有人為因素，也有河床、湖泊演變的因素。總之，居於南方長江流域的楚國在治理江河湖澤方面，儘管與北方黃淮流域有所區別，但其治理方法和手段並不遜於北方。楚人深知水可興利，亦可為害，他們是在山多水多湖澤多的地理環境中壯大發展起來的。因此，楚國堤防的興起，可以說是初創於春秋，發展於戰國。

二、堤防與堤圩

堤防與堤圩在概念上是有區別的。堤防一般是指有一定的抗洪能力且具有一定規模的防護工程，它主要是針對於人口密集、耕地較為集中、城邑所處地理位置十分重要而設立的。堤圩是指在多河流、湖澤的地勢低窪之地，為直接保護耕地和村落居民而修築的小型防護工程，其特點是無固定標準和要求，且一般要小於抵禦江河之堤防。其作用是將湖田、旱田與水隔開，圩內外密布灌溉管道，圩岸設有土閘，旱時開閘引水，澇時泄水入河。這種工程形式在太湖地區稱為圩田，洞庭湖區稱為垸田，珠江三角洲則稱為堤圍或基圍。這種垸田、堤圍、圩田出現的時代是比較早的，很可能與周代出現的「井田制」有著一定淵源關係。在春秋時期，楚國農田建設、開發與規劃，大都採用了周制中的「井田制度」。《漢書　食貨志》記：「理民之道，地著為本。故必建步立畝，正其經界。六尺為步，步百為畝，畝百為夫，夫三為屋，屋三為井，井方一里是為九夫，八家供之，各受私田百畝。公田十畝是為八百八十畝，餘二十畝以廬舍。」廬，師古注云：「廬，田中屋也。春夏居之，秋冬則去。」同時該書中又提到：「田中不得有樹用妨五穀，力耕數耕收穫如寇盜之至。還廬樹桑，

---

① 參見顧炎武：《天下郡國利病書》，「沔陽童承敘河防志」。
② 萬代源、袁純富：〈歷史文獻中的荊江堤防若干問題探討〉，《水利史志專刊》1990年第6期。

菜茹有畦，瓜蓏果木殖於疆場〔師古注云：《詩 小雅 信南山》云：『中田有廬，疆場有瓜，即謂此也』。〕，雞豚狗彘，毋失其時。……有墆曰廬，在邑曰里。」師古注云：「廬各在其田中，而里聚居也。」這段史料把當時「井田制」的農田分布狀況，以及農民在田間耕種、居住等活動情況作了簡要介紹。這說明在春秋時期，統治者為了增強賦稅，使耕農不誤農時，以達到「力耕數耕收穫如寇盜之至」的目的，基本上把耕農控制在鄉村田間的「廬舍」和「里社」之內。於是在「井田制」的特定歷史條件下，耕農為了保護農田不受水、獸之害，而在廬舍之外修築一些堤垾即人們常說的土圍子，是極有可能的。這種情況在北方中原地區也較為普遍。但是，在楚國境內，尤其是在長江流域江漢三角洲的沖積地帶，不僅設有漢水及內陸河水系堤防，而且不規則的土圍子可以說比比皆是。《水經注 沔水》在描寫這一地區地貌時說：「沔水又東南與陽口合，水上承江陵縣赤湖。……（紀南）城西南有赤阪岡，岡下有瀆水，東北流入城，名曰子胥瀆，蓋吳師入郢所開也，謂之西赤湖。又東北出城西南，注於龍陂，陂，古天井水也，廣圓二百餘步，在靈溪東，江隄內。……（揚水）又東北，路白湖水注之。湖在大港北，港南曰中湖，南隄下曰昬官湖，三湖合為一水。東通荒谷，荒谷東岸有冶父城，《春秋傳》曰：莫敖縊於荒谷，群帥囚於冶父，謂此處也。春夏水盛，則南通大江，否則南迄江隄，北逕方城西。……揚水又東歷天井北，井在方城北里餘，廣圓二里，其深不可測。西岸有天井臺，因基舊堤，……揚水又東北流，得東赤湖水口，湖周五十里，城下陂池，皆來會同。……揚水又東入華容縣，有靈溪水，西通赤湖水口，已下多湖，周五十里，城下陂池，皆來會同。又有子胥瀆，蓋入郢所開也。水東入離湖，湖在縣東七十五里，……湖側有章華臺，……言此瀆，靈王立臺之日漕運所由也。其水北流注於揚水，揚水又東北與柞溪水合，水出江陵縣北，蓋諸池散流，咸所會合，積以成川。」又，《夏

251

水》云：「夏水出江津於江陵縣東南。江津豫章口東有中夏口，是夏水之首，江之汜也。……（江水）東過華容縣南，縣故容城矣。《春秋　魯定公四年》，許遷於容城是也。北臨中夏水，自縣東北，迳成都郡故城南。……夏水又東，迳監利縣南。晉武帝太康五年立，縣土卑下，澤多陂池，西南自州陵東界，迳於雲杜沌陽，為雲夢之藪矣。」這兩段史料，基本上將魏晉時期江陵東部地區的地貌形態描寫得十分具體。但是，魏晉時期江陵東部地區即今江漢平原並非是楚時地理環境的原貌。魏晉時期江漢平原所出現的這些湖泊，大都是受江漢水系發育的影響而形成的大大小小的壅塞性湖泊。據不完全統計，西晉至東晉初年，今荊州市故江陵地區發生特大洪水就有十一次[①]。很顯然，江漢平原的水系、湖澤在東晉初年之前均發生了較大的自然變化。《戰國策　宋策》云：「荊有雲夢，犀兕麋鹿盈之。」又同書《楚策》云：「楚王游於雲夢，結駟千乘，旌旗蔽天。」《楚辭　招魂》：「與王趨夢兮課後先，君王親發兮彈青兕。」《左傳　昭公三年》：鄭伯如楚，「子產乃具田備，王以田江南之夢。」[②]這些記載，都足以說明在春秋戰國時期，楚國郢都東部地區是適宜人們生活和從事農業耕種的地方。20世紀80年代中期，考古工作者在湖北潛江龍灣發現有新石器時期晚期以至東周的文化遺址，該遺址範圍東西長約2公里，南北寬約1公里，總面積約達200萬平方公尺，出土了不少具有東周時期楚國風格的生活器具和生產工具。同時在龍灣遺址西北約4.5公里處，也發現了一處疊壓在3公尺—4公尺泥沙之下的西周中晚期遺存——侯家塝遺址。而在龍灣鄭家湖西岸即鄭家臺附近，還發現一

---

① 《通志略　災祥》。

② 「王以田江南之楚」的位置，張正明先生認為在「漢水南。」見〈章華臺遺址瑣議〉，《楚章華臺學術討論會論文集》，武漢大學出版社1988年版。又，譚其驤先生認為：「只有漢魏人的江陵以東江漢間的說法是正確的。」見〈雲夢與雲夢澤〉，《復旦學報》（社會科學版）歷史地理專輯增刊，1980年。

處東周時期村落遺址①。這說明，《左傳 襄公二十五年》提到的蒍掩「町原防，牧隰皋，井衍沃」，是針對春秋時楚國腹地即江漢平原地區農田水利以及堤防建設的現實狀況所實施的。

在有江河湖澤的平原地區，堤圩與堤防設置是不可缺少的。尤其是在較大的河流流經盆地地區邊緣兩側，其下又多河道分流的平原低窪地帶，堤圩與堤防建設不僅都有必要，而且二者是相互依賴的。一般說來，無論楚國南方所分布的大河流向是自西向東流，還是長江以南的水系自南向北流，只要是早期河流沖積平原，並且具有盆地類型且有人居住活動的地方，堤圩與堤防建設就顯得格外重要。而且這些地方大都屬於「原隰既平，泉流既清」，土地肥沃，適宜人們種粟產稻的地方。在漢北、淮南以及長江中下游地區，這種情況較為典型。在當時以「溝、洫、澮」為基本灌溉系統②的農田布局下，凡屬內陸河較多，即所謂「原隰既平，泉清既清③」，以及井田、聚落較為集中的地區，堤防與堤圩建設都需要加強。《周禮 稻人 遂人》記：「凡治野，夫間有遂，遂上有徑；十夫有溝，溝上有畛；百夫有洫，洫上有塗；千夫有澮，澮上有道；萬夫有川，川上有路，以達於畿。」這段史料雖然主要說的是在整理田間溝渠的過程中，必須要與溝渠間的道路結合起來。實際上，文獻中所說的「澮上有道」、「川上有路」，亦隱含著在多河流、多溝渠的平原地區的一些堤圩和堤防。在江漢平原地區出現那麼多的土臺子或以臺子命名的村莊，它除了有楚人居住過的建築臺基外，大部分的「臺子」都與當時人們在這裡開闢農田、開鑿溝渠、發展漕運、修築堤垸有著密切的關係。在

① 陳躍均：〈湖北省潛江市龍灣章華臺遺址的調查與試掘〉；院文清：〈湖北潛江龍灣遺址的年代及性質〉；文必貴、袁純富：〈潛江龍灣放鷹臺遺址及其相關的問題〉，均見《楚章華臺學術討論會論文集》，武漢大學出版社1988年版。
② 《周禮 考工記 匠人》。
③ 《小雅 黍苗》。

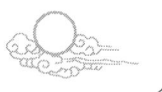

多河流平原地區，人們的旅途交通除了行走水路外，其陸路主要是借助於河岸較寬的堤防或溝渠道上的堤圩和田間「原」地。《戰國策楚策》記楚國君王在荊州（故江陵）以東雲夢區遊獵，動輒「結駟千乘，旌旗蔽日」，若沒有良好的道路是不可想像的。堤防、堤圩在江漢平原地區，自古以來即是相互依存的，其存在對於當時楚國東部地區陸路交通的通達，也起到了一定的作用。《考工記　匠人》云：「大川之上，必有塗焉。」這是有一定道理的。因此，在春秋戰國時期，楚國郢都東部地區即江漢平原堤防與堤圩的興起，對春秋中、晚期楚國農業經濟的發展，以及戰國早、中期國力的增強乃至形成物產資源富饒之地，其作用是不可低估的。同時它的形成與發展，對魏晉時期江漢地區的農田水利建設亦起到了一定的推進作用[①]。

實際上，在春秋戰國時期，楚國江漢地區內陸河水系是有堤防存在的。尤其是在漢水流域，始設堤防較早。據文獻記載，「漢高後三年，漢中大水」；「東漢建安二年九月，漢水溢。」[②]曹魏時（吳景帝四年即西元261年）曾因堤決，又重加修築[③]。這就透露出在漢水流域水患比今長江荊江段出現要早。漢水流經至江漢平原北部，則或多或少給江漢平原南部帶來威脅。因此，對位於楚國腹地江漢平原北部的漢水，楚人不得不考慮去加強治理，而修築堤圩和堤防便是題中應有之義。雖然處於楚郢都南面的今長江荊江段在先秦時期無洪水氾濫記載，但考慮到江漢平原有故夏水、中夏水、湧水等分流，這一地區的內陸河堤圩和堤防建設，必然會隨之而來，並且十分迫切地擺在當時楚人的面前。如果說在春秋時期楚國東部地區沒有漢水堤防，分布於這裡內陸河水系也沒有堤圩，那麼在湖北潛江、仙桃、洪湖、監利

----

① 袁純富：〈魏晉南北朝時期江漢地區的水利建設〉，《魏晉南北朝史論文集》，齊魯書社1991年版。
② 《荊州萬城堤志》。
③ 《襄陽府志　堤防》。

即今當地人們稱之為「水窩子」的地方發現有大量的東周時期的文化遺址和遺物，則是不可能的。這就是說，楚人自來到江漢地區立國以後，也確實做了一些「宣導川谷，波障源泉，灌溉沃澤，堤防湖浦以為池沼^①」的事情。總之，楚國在南方河流湖澤平原地區發展堤圩與堤防建設，是其水利事業發展的一大特色。

三、堤防建設技術

春秋戰國時期，人們對水旱災害問題已經有了很深刻的認識。《國語　楚語》說：「使無水旱之災，則寶之。」《荀子　富國》：「高者不旱，下者不水，寒暑和節，是天下之事。」在當時欲圖無水旱之災，堤防與溝渠、陂池建設則為一大方略。尤其是楚國地處江、漢、淮、湘、贛流域，內陸河水系多發源於山區，其河流比降較大，水流湍急，時有山洪暴發，堤防因而成為當時人們抗洪防澇的重要手段。因此，在春秋戰國時期，各諸侯國根據各自發展的需要和所處的不同地勢，紛紛加強堤防建設。於是，堤防建設的技術手段以及治理江河的方案等問題，便很自然地擺在時人面前。

在春秋戰國時期，修築堤防是有時間性的。《禮記　月令》云：季春之月，「命司空曰：時雨將降，下水上騰，循行國邑，周視原野，修利堤防，道達溝瀆，開通道路，毋有障塞。」管仲對此也有記述，他說：「其積薪也，以事之巳；其作土也，以事未起。」^②這就是說，採集木材樹枝要在秋收後進行，修築堤防要在春耕前進行。其具體時間，管仲又說：「當春三月，天地乾燥，水紏列之時也。山川涸落，天氣下，地氣上，萬物交通。故事已，新事未起，草木荑生可食。寒暑調，日夜分。分之後，夜日益短，晝日益長，利以作土功之事。」同時，管仲對不利於修築堤防的時間亦作了如下的記述，他

---

① 《繹史　孫叔敖碑》。
② 《管子　度地》。

說：「當夏三月，天地氣壯，大暑至，萬物榮華，利以疾薅殺草穢，使令不欲擾，命曰不長。不利作土功之事，妨農焉，利皆耗十分之五，土功不成。當秋三月，山川百泉湧，降雨下，山水出，海路距，雨露屬，天地湊汐，利以疾作，收斂毋留。一日把，百日餔。民毋男女，皆行於野。不利作土功之事，濡濕日生，土弱難成，利耗十分之六，土功之事，亦不立。」[1]這裡說的是大暑來臨，萬物欣盛，人們正是忙於夏鋤，政令不要去干擾農業生產，這個時間要他們去大興土功，修築堤防，則得不償失，不僅利益損失一半，而且土功也不能按時完成。秋天也不利於大興土功、修築堤防，因為秋季雨水多，土地潮濕日漸加重，土質鬆軟，難以築成，而且利益損失十分之六，故大規模堤防工程不可進行。同時在「當冬三月，天地閉藏，暑雨止，大寒起」，此時也是「不利作土工之事，利耗十分之七，土剛不立。」這說明當時人們在興修水利，加強堤防建設時，以對天時、地利、人和這三個方面的因素務必綜合考慮。

修建堤防不僅有一定的技術要求，而且完工時間和施工主持者必須首先要拿出工程計畫和可行的工程預算報告。據《周禮・考工記・匠人》記：「凡溝必因水埶，防必因地埶。善溝者，水漱之；善防者，水淫之。凡為防，廣與崇方，……凡溝防，必一日先深之以為式，里為式，然後可以傅眾力。凡任索約，大汲其版，謂之無任。」意即凡修溝渠一定要順水勢，凡修築堤防一定要順地勢。設計合理的水溝，會借助於水流沖刷雜物而保持通暢；設計合理的堤防，會依靠堤前沉積的淤泥、洲灘而增加其厚度。凡修築堤防，上頂的寬度與堤防的高度要相等，堤兩面的坡度都是一比一點五。較高大的堤防下基須加厚，坡度還要平緩。凡修築溝渠堤防，一定要先以匠人一天修築的進度作為參考標準，並以完成一里工程所需的匠人數及日數來估計

---

[1] 《管子・度地》。

整個工程所需的人工，然後才可以調配人力，實施工程計畫①。這種計畫性的施工方法在春秋時楚國土方工程中也有所反映。《左傳 宣公十一年》記：「令尹蔿艾獵城沂，使封人慮事，以授司徒。量功命日，分財用，平板榦，稱畚築，程土物，議遠邇，略基址，具餱糧，度有司。事三旬而成，不愆於素。」這說明楚人在土方工程建設中不僅注重實效，而且十分強調要有周密的工程計畫。同樣，在設防治水的技術上，楚人已充分考慮到因地勢而築堤防，以水勢而攻沙，以「激」而抬高水位入渠灌溉農田。《水經注 江水》記：「江陵城地東南傾，故緣以金堤，自靈溪始。桓溫令陳遵造。遵善於方功，使人打鼓，遠聽之，知地勢高下，依傍創築，略無差矣。」這雖然說的是東晉時期陳遵在江陵築堤之事，但他的築堤方法和手段，仍然是沿用了《考工記 匠人》中所說：「防必因地勢」之原理。事實上，楚人在漢水中游襄陽一帶已經始設堤防。《水經注 沔水》記山都縣（在今湖北襄陽市西北八十里，漢水南岸）有大石激，叫五女激，實際上是當時治理堤防的一種挑水護岸工程。這項工程也就是後來人們常說以水勢攻沙來減輕和控制某段河流流勢的江邊石砌「磯頭」。但是，在古代「激」亦可作抬高上游河段水位來解釋。《孟子 告子上》說：「今夫水，搏而躍之，可使過顙；激而行之，可使在山。」管仲也有類似看法，當年齊桓公問及「水可扼而使東西南北及高乎？」管仲回答則是肯定的②。這說明，在先秦時期人們對於堤防河岸治理，以及用「激」的辦法引江河水入渠而溉農田，有一套完整的經驗和方法。從春秋時期「孫叔敖激沮水作雲夢大澤之池也③」。即可看出楚人對於低河床水位的水，採用「激」的方法使之翻過崗地低窪地而進入平原灌區。《淮南子 詮言訓》說：「使水流下，孰弗能治；激而上

---

① 參見聞人軍：《考工記導讀》，巴蜀書社1988年版，第295頁。
② 《管子 度地》。
③ 《史記 循吏列傳》宋裴駰〔集解〕引《皇覽》。

第八章 楚國主要水利工程

之，非巧不能。」此說看來有一定的依據。

在堤防的堅固性尤其是防止堤防潰口這個問題上，先秦時期的人們亦有認識。《管子·度地》云：「令甲士作堤大水之旁，大其下，小其上，隨水而行。」這段話與《考工記·匠人》記：「凡為防，廣為崇方，其綱三分之一大防外殺。」極為相似。東漢鄭玄為這段話作注云：「崇，高也。方，猶等也。綱者，薄其上。」意即在大河流旁修築堤防，要掌握堤防橫斷面的形狀以及邊坡陡緩的程度，要把堤斷面兩邊做成下大上小具有坡度的梯形。只有這樣，才能保證堤防穩固，使水勢順流而行。同時為了防止堤防因水土流失而潰口，必須在堤下外灘「樹以荊棘，以固其地；雜之以柏楊，以備決水。」[1] 同時在修繕和加固堤防時，「春冬取土於中，秋夏取土於外，濁水入之不能為敗。」[2] 這意思是說，修繕和加固堤防的土方來源，可按季節分別取之於堤外與堤內。實際上，在堤岸邊植樹護堤的方法在我國南方一直沿用。《藝文類聚》卷八十九引盛弘之《荊州記》云：「綠城堤邊，悉植細柳。」即是對這一史實的真實記述。然而，任何事物的存在都有其兩面性，在植樹密集，雜草灌木叢生的地方，螞蟻及獾洞也容易對堤防產生危害。韓非子〈喻老〉說：「千丈之堤以螻蟻之穴潰，百尺之室以突隙之煙焚。故曰：白圭之行堤也塞其穴，丈人之慎火也塗其隙。是以白圭無水難，丈人無火患。」這雖然是比喻做人做事須得謹慎，小事情處理不好也會釀成大患，但卻透露了這樣一個資訊，即在春秋戰國時期，螻蛄之類的洞穴對堤防具有極大威脅，並舉曾在魏國為相又善於治水的白圭為例加以說明。據文獻記載分析，當時楚國堤防潰口，內澇水患之事時有發生。《繹史》卷八十九〈列女傳〉曾記有這樣一個故事：「楚昭王出遊，留夫人漸臺之上而去。

---

① 《管子·度地》。
② 《管子·度地》。

王聞江水大至，使使者迎夫人，忘持其符。夫人曰：『王與宮人約，今召宮人，必以符。今使者不持符，妾不敢行。』使者曰：『今水方大至，還而取符，則恐後矣。』夫人曰：『貞女之義不犯約，勇者不畏死，妾如從使者必生，留必死，然棄約越義而求生，不若留而死耳。』於是使者取符，則水大至，臺崩，夫人流而死。」這雖然是說楚夫人捨生取義，注重誠信的事，但從中可看出當時楚地有洪患發生。正因如此，堵口工程也開始廣泛地應用起來。《淮南子 泰族訓》云：「掘其所流而深之，茨其所決而高之。」這裡所說的「茨」是蘆葦、茅草之類的植物，可用來苫蓋屋頂，也可用來堵潰口設防。《詩 甫田》中有「如茨如梁」語，似可看出「茨」即是以竹木為框架，用樹枝、石子、土填實其中，做成圓柱形用以堵水、護堤，使河水能夠「循勢而行，乘衰而流[1]」。文獻中的「茨」，大概就是今天人們所說最早的草埽。當然草埽除了用於江河堤防堵口加固外，在當時也可用於人工所築堰塘陂池中的水壩和堤防。1959年在安徽壽縣安豐塘發現的漢代閘壩工程遺址，就是用草、土、木混合的散草法築成[2]，即可說明這個問題。

此外，隨著時代發展與鐵器的使用，戰國時期以石砌壘築堤防的工程技術，在當時漢、黃、淮諸流域已有建樹。據《漢書 溝洫志》記：「東郡白馬故大隄，亦復數重，民皆居其間，從黎陽北盡魏界，故大隄去河遠者數十里，內亦數重。此皆前世所排也。河從河內北至黎陽為石堤，激使東抵東郡平剛；又為石隄使西北抵黎陽觀下；又為石隄為使東北抵東郡津北；又為隄為使西北抵魏郡昭陽；又為石隄激使東北百餘里間。」河內郡，在今河南鄭州市花園口偏西北黃河南岸；黎陽，在今河南浚縣；昭陽，在今河南濮陽西北。這雖然說的是

---

① 《淮南子 泰族訓》。
② 殷滌非：〈安徽省壽縣安半塘發現漢代閘壩工程遺址〉，《文物》1960年第1期。

第八章 楚國主要水利工程

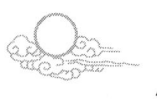

當時從今河南武陟至河北大名間，較多的堤段大都是石堤，而且石堤的高度可達到「四五丈[1]」。但是，在楚地以石砌壘築方法用於堤防在漢水中游襄陽一帶也有反映。《水經注　肥水》說肥水入淮處也有石堤。實際上，楚人此時深知「夫民心之慍也，若防大川焉，潰而所犯必大矣[2]」。的道理，以石築堤在楚地因河水流勢「衝要之處」而設立，亦當自然。在春秋戰國時期，楚人不僅將石砌壘築方法用於堤防，而且還用於其他方面的建築工程。《說苑　正諫》云：「楚莊王築層臺，延石千里，延壤百里。」《國語　吳語》記伍員說，楚靈王築章華臺時，「闕為石郭，陂漢，以象帝舜。」《新書　退讓》說：「楚王欲誇之，故饗客於章華之臺上。上者三休，而乃至其上」。這說明在春秋戰國時期，楚國早已學會了以石壘砌方法用於土建工程。這些工程甚至還包括山區丘陵地帶築城壘堡，修建陂塘，設置石質閘門和鋪設大型宮殿臺基。20世紀80年代，考古工作者在湖北潛江放鷹臺遺址附近發現大量石塊，即是楚人以石壘築高臺最好的實物證據[3]。

　　總之，在春秋戰國時期，楚國的堤防工程技術包括石質壘築工程技術是成熟的。這就是說，楚國在春秋時期的中、晚期，其農田水利尤其是堤防建設，已經進入最發達且最活躍的鼎盛時期。

---

① 《漢書　溝洫志》。
② 《國語　楚語》。
③ 參見張正明：〈章華臺遺址瑣議〉，《楚章華臺學術討論會論文集》，武漢大學出版社1988年版。

第九章　楚國水利工程建設的能力

　　在春秋戰國時期，楚國已經具備了修建一些與農業發展相關的不同類型與規模的水利工程的能力，這是毋庸置疑的。但是，也有人對楚人能否修建大型（即指蓄水、灌溉面積大，排泄閘門多，防水程位堤壩高，又可通航運）並具有多功能體系的水利工程表示懷疑，他們認為研究、考察春秋時期較大的水利工程，要結合春秋中期剛剛開始使用少量鐵器生產工具（戰國時才大量使用）的生產水準，科學地估計當時的工程技術水準，這樣得出的結論，將比單純憑文獻考證出的結論要可靠些，並可更有說服力地訂正文獻記載中的差誤[①]。同時，也有人對楚國建設大型水利工程的技術水準表示懷疑。為此，本章專門就楚國水利工程建設的能力進行探討。

第一節　建設工具

　　隨著我國金屬冶煉業的不斷發展，春秋時期，除了農業工具外，

---

① 參見石泉：〈關於芍陂（安豐塘）和期思—雩婁灌區（期思陂）始建問題的一些看法〉，《芍陂水利史論文集》，中國水利學會水利史研究會1988年編印。

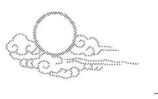

水利建設方面的工程工具也有了很大的提高。春秋晚期煉鋼鍛打工藝的出現^①，則給人們提供了一個資訊，即在春秋時期的金屬器具和其他勞動工具的堅硬度，都已達到超乎人們想像的程度。一般說來，農具與建設工程中的工具比較起來，後者要求的強度要比前者更高。因此，在春秋時期楚人在發展農田、開鑿運河、大興陂池堰壩的過程中，工程工具不僅不可缺少，而且這些工具的形制和技術要求也必須適用於當時建設工程的需要。實際上，已發現的春秋時期的工程中的工具，是能夠適用於人們修建水利工程的。當時的水利工程建設，無論是大型的，還是中、小型的，都是以挖掘和壘築土方為主，以石砌為輔進行的。當時只要人們能夠找到一般挖掘用的鍬、畚、鑿、鑽和裝運載用的藤索、篾簍、篾筐、篾箢箕、竹木杆子以及加固用的石（木）夯等金屬器具和竹木、石器組合而成的工具，即可修建一些大大小小的水利工程。《管子　度地》在談到工程施工中的工具配備以及相關的事宜時說：「閱具備水之器，以冬無事之時。籠、畚、板、築各什六，土車什一，雨輂什二，食器兩具，人有之，銅藏里中，以給喪器。後常令水官吏與都匠，因三老、里有司、伍長案行之。常以朔日始，出具閱之，取完堅，補弊久，去苦惡。常以冬少事之時，令甲士以更次益薪，積之水旁，州大夫將之，唯毋後時。……故常以毋事具器，有事用之，水常可制，而使毋敗。此謂素有備而預具者也。」這意思是說，到了冬季，治理河渠的民工要準備好筐、鍬、板、夯、土車、防雨棚以及食具等築堤用具。用具數量要按參與的人數勞力比例去配備，以合理組織勞力，不浪費工效。同時還要有必備的工具儲備，損壞了的要及時更換。這些工具還要由「水官」和地方官吏時常檢查。只要平時做好了這些準備工作，即可防患於未然。而且管仲也提到了

---

① 〈長沙新發現春秋晚期的鋼劍和鐵器〉，《文物》1978年第10期。

「故常以冬日順三老、里有司、伍長，以冬賞罰，使各應其賞而服其罰。」①這一點與湖北雲夢睡虎地秦墓竹簡《廄苑律》、《徭律》、《均工》等提到的獎罰、考核制度有相似的地方。這說明，在先秦時期封建統治者不僅對生產與工程中的施工工具的重要性考慮得十分周全，而且對於工具的管理和要求，也十分嚴格。

在春秋時期，雖然銅質、竹木、石類工具在手工業、農業以及各項土建工程中占有十分重要的地位，但是，這些看似落後的工具對於建設水利工程，仍然可以起到很大的作用。因為在當時冶煉出來的銅，則與現代人們冶煉銅的元素含量，是有很大區別的。春秋時期的銅器、銅具含元素（即現在人們所說含合金）成分很高，因此其硬度較強。這是當時人們在冶煉銅的過程中，因缺乏某種工藝或故意沒有提煉出很多元素而造成的（古人只知道在煉銅中摻兌鉛、錫可增加韌性和硬度）。由於有這個緣故，當時用銅製造出來的工具，完全能適應於人們生產生活以及土方建築工程中的需要。至於當時銅與鐵的性能，同樣地也有區別。春秋早期所冶煉出來的鐵，一般都帶有鬆脆性。於是古人稱鐵為「惡金」，稱銅為「美金」。因此，青銅器時代的人們甚至認為銅比鐵更為適用。然而到了春秋中期，隨著冶煉工藝的進步，銅與鐵的使用可以說進入了同步的階段。《管子　小匡篇》說：「美金以鑄戈、劍、矛、戟，試諸狗馬；惡金以鑄斤、斧、鉏、夷、鋸、钁，試諸木土。」《國語　齊語》亦有類似的記載。這說明在春秋中期以後，人們對銅與鐵製造出來的工具，其用途是有選擇性的。這是由當時銅與鐵的性能所決定的。鐵的產生，大體上在西周時期，甚至有人認為更早。李亞農先生在〈開始使用鐵的時期〉一文中認為：「（日本）梅原氏遂據以論斷中國之開始使用鐵器，應在西元前一千年的初期。這

① 《管子　度地》。

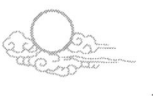

一論斷相當可靠。」①但是，他還認為真正把鐵作為普遍使用的還是周人。「鐵制生產工具的廣泛使用在齊桓公時代。」②結合楚國在春秋中期能夠修建多功能的陂池灌區工程情況看，此說是合乎情理的。事實上，春秋時期的銅制工具在使用過程中，並不比同時的鐵制工具差。例如銅制的犁，耕起田來有耐磨性，並且防銹、耐腐蝕能力比鐵質要強；銅鏟、鋤、鐮亦是如此。同時用銅製作的斧用於木活，其慣性好，線條清晰，木面光滑；銅鑿既有硬性也有韌性，鑿起孔來運用自如，甚為方便。從河南、湖北、湖南大量春秋中、晚期楚人墓葬中出土的棺槨和漆木製品的製作水準，即可反映出銅制工具對於木工業是完全適用的。如湖北荊州出土的「越王勾踐劍」與湖南長沙出土的鋼劍比較起來，前者的耐久性要強很多。這說明從另一角度上看，用青銅製造出來的工具具有一定的優越性。李亞農對銅制工具與鐵制工具的關係，曾有過精當的論述，他說：「由於青銅是美金，一般地是用來鑄造鼎彝器以及兵器，只有在必須使用比較堅利的生產工具的場合，才能使用少量的青銅工具。今日出土的鐘鼎彝器之多，而生產實用青銅工具之少，都足以說明這一點。」③並且他還認為：「由西周而春秋的長時間內，鐵仍為人們所使用。」④這說明，在以青銅工具占主導地位的春秋時代，其社會生產力並不低下，農業和手工業的發展速度也是相當快的。春秋中、晚期乃至戰國時期南方長江流域出土大量精美的青銅禮樂器，也決非是偶然的，它必須有一個較長時期演變和發展的過

---

① 參見李亞農：〈鐵制生產工具的使用、廣泛使用和普遍使用期〉，《李亞農史論集》，上海人民出版社1978年版，第924頁。

② 參見李亞農：〈鐵制生產工具的使用、廣泛使用和普遍使用期〉，《李亞農史論集》，上海人民出版社1978年版，第924頁。

③ 參見李亞農：〈鐵制生產工具的使用、廣泛使用和普遍使用期〉，《李亞農史論集》，上海人民出版社1978年版，第929頁。

④ 參見李亞農：〈鐵制生產工具的使用、廣泛使用和普遍使用期〉，《李亞農史論集》，上海人民出版社1978年版，第929頁。

程。實際上，楚國是一個盛產銅礦的國家。西元前642年即楚成王三十年，「鄭伯始朝於楚，楚予賜之金，既而悔之，與之盟曰：『無以鑄兵』，故以鑄三鐘。」[①]楚以金（即青銅）賜人，說明當時楚已是青銅冶煉的大國。這就足以說明在鐵器尚未普及的情況下，以青銅（實際上是銅合金）製造出來的工具，對於春秋時期楚國農田水利建設的發展，起到了十分關鍵的作用。

從春秋早中期考古發掘的情況看，除了在我國西北地方有鐵器出現外[②]，南方的楚遺址和墓葬中，一般多有青銅工具與石類工具同時出現。此時石類工具主要有石斧、石奔、石鑿、石杵等生產生活用器。但是，這些石類工具，在春秋時期鐵器尚未盛行的時候，在農業、水利建設和其他土建工程中，也是起作用的。如石斧、石錛，既能伐木，也能伐山開礦取石；石鑿，既能鑿石，也能磨石、刮石，使石塊達到工程中所需要的形狀。問題是用什麼樣的石斧、石錛、石鑿，才能達到這個目的。一般的石頭做工具是不行的，春秋早期甚至商周時期的石斧、石錛、石鑿，大都是屬於高密度石塊製造出來的。一般說來青石、砂石密度為最低。而工程建築中多用青石。於是，用高密度的石鑿對付青石，並改變青石模樣，是完全沒有問題的。這就給人們提供了一個資訊，即石鑿在鐵工具尚未盛行的情況下，它在工程建築中的作用，是不可低估的。由此看來，文獻中出現的楚莊王築臺「延石千里」；楚靈王築章華臺「闕石為郭，陂漢，以象帝舜」；芍陂以石為閘門等一類記載，看起來還是有一定依據的。

此外，從挖掘土方工程的能力看，至遲在春秋早期人們就已經有了較大的挖土工具。1930年11月江蘇破山口曾出土一件西周大

① 《春秋左傳　僖公十八年》。
② 參見李亞農：〈鐵制生產工具的使用、廣泛使用和普遍使用期〉，《李亞農史論集》，上海人民出版社1978年版，第929頁。

銅鏟，器形箕形，上附半環耳，長柄，鏟口至耳部長35.5公釐[1]。
使用時應二人配合，一人執柄，一人以繩索繫於耳部在前牽引。此
鏟外壁及柄部均有紋飾，器型與河南安陽小屯村殷代墓所出箕形
近似[2]。這種工具以二人用力挖溝渠時，起土較快。在20世紀50年
代，我國南方用類似箕形的工具和用二人牽引拉力法去開挖溝渠，
仍較為常見。同時，楚越地區出土的钁、錇，無論是銅質，還是石
質，都是用於掘土的工具。因此從生產工具的角度看，春秋時期，
楚人確有開河挖渠、建陂築壩的工程修建能力。至於當時土方工程
所必須使用的盛土、挑土、抬石的竹、木器具，即竹筐子、竹箢
箕、竹繩索、竹木杠子（扁擔）等用具，製作起來就十分簡單了。
新中國成立以來，考古工作者在河南、湖北、湖南等楚人遺址和墓
葬中，出土較多精緻的竹類編織器具和木制車具，就足以說明這個
問題。事實證明，楚人能夠在春秋時期利用竹、木製造出較高檔的
器具，那麼他們也可以將竹、木製作成水利工程中所需要的盛土竹
箋器和挑、抬土石的竹、木用具。

　　總之，根據上述這些已出土的勞動工具的性能及其在土建工程
中的實用性，則可看出楚國至遲在春秋中期已能夠修建大型的水利
工程。

第二節　科技水準

　　春秋戰國時期，楚國青銅、石（玉器）、木、竹等製造業的工
藝技術是十分發達的。這些製造工藝技術反映了當時人們對於生存、

① 王志敏、韓益之：〈介紹江蘇儀征過去發現的幾件西周青銅器〉，《文物參考資料》1956年
　　第12期。
② 鄭振香：〈安陽小屯北的兩座殷代墓〉，《考古學報》1981年第4期。

發展以及滿足社會進步需求的科技水準，對楚國來說，不僅達到了很高的程度，而且走在各諸侯國的前列。科技進步與否，是衡量一個國家發展水準的重要標誌。春秋戰國時期，楚人不僅對什麼樣的勞動工具適用於什麼樣的環境土壤和建設工程已有了很深刻的認識，而且對於與水利工程建設相關的地圖、力學、數學、測量、堰壩合龍等科學技術手段，也有了一定的了解。實際上，這些應用於建設工程的科技手段，起源甚早，它們有的出現於新石器時代，有的出現於殷商時期，只不過當時它們大都處於原理性的原始階段。春秋戰國時期，隨著社會生產力的發展，各項工程技術與手工業製造工藝技術，都進入了一個新的歷史發展階段。眾所周知，由於受南方山多水多丘地多的地理環境影響，楚國是開發農耕、興修水利較早的國家，同時也是善於征戰的軍事強國。因此，地圖的使用在楚國是很早的。若沒有地圖，楚人行軍打仗是很困難的。這個問題《管子　地圖》已說得十分明白。再者，若沒有地圖，先秦文獻中所記述的疆域界限、山川河流、城邑村落、特產資源以及水陸交通路線等，就難以被國家或地方政府掌握。如果國家和地方政府不了解上述情況，其賦稅收入也就不好管理，甚至國家邊界的安全也得不到保障。事實上，地圖的發明與興起，不僅對於國防軍事起到了很大的作用，而且對於農田水利的規劃建設、江河湖泊的治理，以及礦產資源和其他資源的開發，也發揮了十分重要的作用。據《周禮　地官　大司徒》記：「大司徒之職，掌建邦之土地之圖，與其人民之數，以佐王安擾邦國。以天下土地之圖，周知九州之地域廣輪之數，辨其山林、川澤、丘陵、墳衍、原□之名物，而辨其邦國都鄙之數，制其畿疆而溝封之數。」漢鄭氏注云：「土地之圖，若今司空郡國輿地圖。」唐賈氏疏：「《釋曰》案：漢蕭何收秦圖籍，以知天下阨塞廣遠。」又，《周禮　地官　遂人》：「遂人掌邦之野，以土地圖，經田野，造縣鄙形體之法。」這說明，在周制中既有關於「九州」即全國疆域的地輿圖，也有明

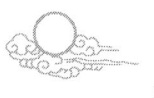
確當時山川、丘陵、湖澤、平原地勢高下的全國地形圖，甚至在地方上還包括有上、中、下農田土壤等差分布圖①。當然按現在所說的地方乃至全國的行政區劃圖自然也是不可缺少的。1973年，考古工作者在故楚地湖南長沙三號西漢早期墓發現了三幅繪於帛上的地圖。其中第一幅屬於地形圖，第二幅為駐軍圖，第三幅為城邑圖②。並且地圖上很明顯地標記出當時的城邑、里（聚落）、山地、平原河流等符號③。這一重大發現，無疑告訴給人們一個資訊，即《周禮》及《管子 地圖》提到地圖的作用與用途不僅可信，而且還可看出至遲在我國春秋中、晚期，地圖的繪製在當時各諸侯國是普遍存在的。不難想見，地圖的出現，對於當時社會政治、經濟、軍事、文化的發展，起到了極大的推進作用。西元前548年即魯襄公二十五年，楚國司馬蔿掩曾在全國範圍內進行了一次較大規模的土地、田畝、物產、丘陵、堤防以及灌溉系統的普查。並且在普查過程中，對於山林所出的一些如金、木、竹、箭、龜、珠、齒、角、皮革、羽毛等特產資源，都要進行全面統計；對於分布在國內的高山丘陵，要進行勘查測量；各地的堰塘陂池，也要進行系統規劃；鹽鹵地要建立標誌；各地所設立的堤防與其周邊農田關係，都要統籌兼顧好。所有這些，都要按規定「量入修賦④」。雖然歷史文獻對楚國這次普查的情況尚未作出很詳細的記述，但它卻仍然可以看出在春秋戰國時期，楚國在對於山川河流、土地與特產資源的開發以及農田水利方面的建設等，是借助了各種級別、各種類型的地圖的。因此，楚國除了在軍事上使用地圖外，在農田水利的規劃建設中，同樣地也使用了地圖。甚至在某些工程建設中，還可能包括使用具體

---

① 《周禮 地官 遂人》。

② 〈長沙馬王堆三號漢墓出土地圖的整理〉，《文物》1975年第2期。

③ 譚其驤：〈二千一百多年前的一幅地圖〉，《文物》1975年第2期。

④ 《春秋左傳 襄公二十五年》。

的施工圖和模型圖。當然，這種推論尚需得到考古新發現的印證。

　　春秋戰國時期，楚國對力學知識也有一定了解。楚國在當時不僅善於造船，而且擅長造車，車、船的製造都少不了應用力學。同時楚國盛產竹箭、羽毛，做箭杆裝飾羽毛，同樣地也少不了要考慮力學的角度和風向。這些問題《周禮　考工記》都作了比較詳細的說明。從應用於農田水利建設方面的力學工具來看，桔槹、轆轤、測量儀等器具，在春秋戰國時期的楚國均已出現，並且得到了廣泛地使用。桔槹，前面提到它是一種減輕人們勞力的提水工具，也是我國古代社會人們最早使用的一種灌溉農田的機械。轆轤，《齊民要術　種葵》云：「負郭良田三十畝，……穿井十口，井製作桔槹、轆轤、柳罐令受一石。」同時元王楨在《農書》卷十八中對轆轤的使用方法和效率也作了記載，他說：「轆轤……或用雙綆而順逆交轉，所懸之器，虛者下，盈者上，更相上下，次第不輟，見功甚速。」這說明轆轤與桔槹雖然在形制結構上有所區別，但其提水灌田的工效還是很高的。轆轤除了能灌溉農田外，它還能夠在其他工程建設方面起到升降起吊作用。1974年，考古工作者在故楚地湖北大冶銅綠山春秋戰國時期古礦井遺址中，發掘出兩件木質轆轤。這兩件轆轤製作與設計都十分講究，並且使用起來也比較靈敏方便[①]。這說明當時楚人對於力學的認識，已經達到了較高的水準。同時楚人在堤防建設中，也同樣運用了物理力學的基本原理。在今湖北襄陽市西北八十里的漢水南岸，即文獻中所說的「大石激[②]」，實際上就是當時人們借用力學治理堤防的一種挑水護岸工程。

　　春秋戰國時期，用於工程和其他手工業製造的水準測量儀器，

────────────

① 〈湖北銅綠山春秋戰國古礦井遺址發掘簡報〉，《文物》1975年第2期。
② 《水經注　沔水》。

269

在包括楚國在內的各諸侯國中已經使用得十分普遍。古人對水準平衡問題早有認識，他們將「平衡」這一原理不僅用於工程建設，而且還應用於人與人，人與事物之間的關係。《管子　國蓄》說：「萬物之滿虛隨時，准平而不變，衡絕則重見。人君知其然，故守之以准平。」這雖然說的是人、事、物要講究平衡，但卻反映出了當時古人對「准平」這個具有物理性原理的認識已較為深刻。同時《荀子　宥坐》在記述孔子論法時也說道：「主量必平，似法。盈不求概，似正。」意即執法者要像以水作為衡量地平那樣直的標準去執法；同時也要像水盛滿了用不著拿「概」去刮平那樣的公正。這些比喻則從另一角度說明：如果當時沒有水準測量器具和人們對其器具的性能、用途和作用不甚了解的話，這類比喻是不可能出現的。實際上，測量器具在我國古代很早就已出現，相傳大禹治水時就使用了「准、繩、矩」等原始測量工具。但是，隨著時代的進步與發展，人們在社會實踐中不斷地總結、觀察自然界發生變化的諸多原理，至春秋戰國時期，各種各樣的測量器具，包括土建工程、田畝丈量、城鄉里程、車輛兵器以及民間手工業物品製造等領域，都已使用了水準測量器、圭尺、鉛垂線和木制丈量等器具。否則，關於城邑、堤防、陂池、河渠的修建以及各種器物製造的品質標準和技術要求，是難以達到的。《周禮　考工記　匠人》記：「匠人建國。水地以縣（懸），置槷以縣（懸），眡以景（影），為規，識日出之景（影）。畫參諸日中之景（影），夜考之極星，以正朝夕。」這說的是匠人在建造城邑時，以帶懸繩的水準平地，樹立標杆；以懸繩校直觀察，分別識記日出與日落時的影子。白天參考日中時的日影，夜里考察極星的方位，用於確定東西南北的方向①。可見，春秋戰國時期人們在建造城邑的過程中，對水準器和鉛垂線

---

① 　參見聞人軍：《考工記導讀　今譯篇》，巴蜀書社1988年版。

的應用，已經十分精通。不僅如此，當時的測量工具在土建工程中的應用，在歷史文獻中亦有反映。據《左傳　宣公十一年》記：楚令尹蒍艾獵城沂時提到的「程土物，議遠邇，略基址」，即可看出楚人在當時營造城邑的過程中，首先要計量築城的長短距離和城牆的厚度、高度，以計算所需用的土方。同時還要考察測量城的基址寬狹、高下、方圓、曲直和取土或用水的遠近，以統籌勞力、費用、工期等築城工程中的計畫[①]。這些都足以說明，春秋戰國時期楚國的各種測量器具，是十分完備的。

　　數學計算法也是當時人們必須掌握的重要知識。春秋戰國時期隨著農業、手工業、商業貿易的發展，以及丈量土地，計算賦稅、製造器械的需要，數學也有了很大的發展。據《管子　地員》記載：「墳延者六施，六七四十二尺而至於泉；陝之芳七施，七七四十九尺而至於泉；祀陝八施，七八五十六尺而至於泉；杜陵九施，七九六十三尺而至於泉；延陵十施，七十尺而至於泉。」這雖然說的是當時掘井的深度與水質間的換算資料，但這個換算法與今天常用的《九九乘法表》（也稱《九九歌訣》）幾乎相同。同時《荀子　大略》中也有：「六六三十六，三丈六尺」這種類似於今《九九歌訣》的記載。這個數學公式的出現，可以說對春秋戰國時期各諸侯國的經濟發展，起到了極大的推動作用。尤其是對於楚國土建工程、農田水利建設、稅賦的預算收支等各個行業的建設與發展，發揮了重要作用。《左傳　宣公十一年》記楚令尹蒍艾獵城沂時，「使封人慮事，以授司徒，量功命日，……事三旬而成，不愆於素。」《左傳　襄公二十五年》記楚蒍掩為司馬時，「書土田，度山林，鳩藪澤，辨京陵，……井衍沃，量入修賦，賦車籍馬，賦車兵、徒兵、甲楯之數。」《左傳　昭公三十二年》記：「士彌牟

①　參見楊伯峻：《春秋左傳注　宣公十一年》，中華書局1990年版。

第九章　楚國水利工程建設的能力

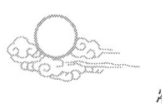

營成周,計丈數,揣高卑,度厚薄,仞溝洫,物土方,議遠邇,量事期,計徒庸,慮材用,書餱糧,以令役於諸侯。」這些史料足以說明,在春秋戰國時期楚國以及各諸侯國皆已掌握了相當廣泛的數學知識並具備了較強的應用能力。1973年至1975年,考古工作者先後對湖北省荊州市紀南城楚郢都遺址的西垣北邊城門和南垣西邊水門進行了發掘。從發掘的情況看,西垣北邊城門由兩個夯土城門垛子與兩端的夯土城垣組成三個門道,中間門道寬7.8公尺,比兩邊的門道(即南門道與北門道)約寬1倍,兩邊門道寬度大致相當,為3.8公尺—4公尺。兩個城門垛各寬3.6公尺,長度與兩端城垣的寬度相當,為10公尺左右,三個門道的方向與城垣基本垂直。中間門道內有路土遺跡,南邊門道路土中央有兩條平行的車轍,兩轍相距約1.8公尺,與紀南城東雨臺山發現的戰國楚車兩輪之間的距離恰好相同。南垣西邊水門係整個木結構建築,呈長方形。南偏東20   ,共發現木柱洞48個,洞內尚存木柱38根,共分成六排,南北成行,每排10根,間距不等,東西不成列。中間的四排形成三個門道,是建築的主體。兩旁的兩排是門洞的附屬建築。三個門道大小相等,長約11.3公尺,寬約3.34公尺—3.40公尺,此寬度比江蘇奄城發現的春秋戰國時代的獨木舟的寬度要寬2倍多,可容船隻通行[1]。通過該城兩道門遺址的發掘,則可看出當時楚人在築城時對城的陸道門、水道門的寬度及其分別與車輛、舟楫的輪距、間距,以及附屬建築物的規格等,都考慮得十分周全。這就是說,當時楚國確實有一些精於數學算理方面的人才。事實證明,在春秋戰國時期楚國不僅發展了數學,而且將數學應用於包括水利工程在內的工程建設中並取得了實際效果。

---

[1] 譚維四:〈楚都紀南城考古概述〉,《楚都紀南城考古資料彙編》,湖北省博物館1980年編印。

第三節　相關工程建設的經驗與技藝

城市建設與河道、排水工程與水利工程建設密切相關，二者在技術上可以相互借鑒和促進。春秋戰國時期的楚國是一個擁有城市最多的諸侯國。這些城市大多都分布在江、漢、湘、贛、淮等流域及其支流河岸的高臺地上。楚人在發展的初期，率先打破了「古之王者，擇天下之中而立國[①]」的常規。楚人自荆山腳下來到江漢平原後，即選擇以「江上楚蠻之地」即以沮漳河流域楚郢都為中心，這一濱江而都的戰略性選擇為後來楚國的強大打下了堅實的基礎。楚人認為，城邑建設必須要與山川河流、土地分布、物產資源、人口密度乃至水陸交通等地理狀況緊密結合起來。因此，當時楚之國都無論是在今荆州市荆州城北紀南城，還是在襄陽市宜城楚皇城，或是在枝江市與當陽市交界處的季家湖古城，楚人都十分注重地理環境尤其是瀕臨交通便利的河流。依託河流建邑築城，這是古人的傳統。《管子　乘馬篇》云：「凡立國都，非於大山之下，必於廣川之上。高毋近旱而水用足，下毋近水而溝防省。因天材，就地利，故地郭不必中規矩，道路不必中準繩。」同時在談到地理形勢與自然經濟資源時，其書又說：「故聖人之處國者，必於不傾之地，而擇地形之肥饒者，鄉山，左右經水若澤，內為落渠之瀉，因大川而注焉。乃以其天材、地之所生，利養其人，以育六畜。天下之人，皆歸其德而惠其義。」楚人在營造城邑的過程中，基本上遵循了這一原則。新中國成立以來，考古工作者先後對文獻中所說的楚國較大且具有影響的楚國郢都荆州紀南城遺址、楚別都鄀郢宜城楚皇城遺址、當陽季家湖楚王城遺址、秭歸鰱魚山楚王城遺址、潛江放鷹臺楚的行宮遺址進行了調查和發掘。從調查、發掘的情況看，這些遺址不是依山臨水，就是地居崗丘高埠而近

①　《呂氏春秋　慎勢篇》。

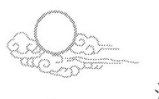
河流。尤其是進入春秋中晚期至戰國早期,楚國對於立都建邑的選址問題,不僅有了更明確的認識,而且有了更豐富的經驗。例如,最著名的春秋戰國時期楚都荊州紀南城遺址即地處紀山丘前階地,西近沮漳河,南瀕長江,東連夏、揚等通江達漢的諸水系;北有陸路通往申、呂(今河南南陽南),進入中原;南經湘、澧,可入粵、桂;順江而下,可至吳、越。楚人不僅對城邑內的水運交通十分重視,而且對城內的排水網路布局與結構也不忽視。實際上,楚城邑中既有內河通達於江河,又分布有排水、排汙系統,這也是當時楚國在南方平原河網地區築城建邑布局中的一大舉措。

在春秋戰國時期,由於軍事上的需要,凡築城邑都必須開挖人工護城河。而人工護城河的確立與設計,則必須依據當地的地勢和河流分布情況來確定。如湖北宜城楚皇城,當陽季家湖楚城、雲夢「楚王城」、荊州紀南城、湖南石門古城堤城、汨羅古羅城等古城遺址護城河的分布,大都與當地自然河流相連接[1]。如據考古資料表明,在荊州紀南城遺址內共勘探出古河道四條,除城東偏南鳳凰山西坡腳下一條古河道今已淤塞變為農田和村落外,其餘三條大都被今朱河、新橋河、龍橋河蓋壓,其河床走向基本與今朱河、新橋河、龍橋河一致。今朱河水源來自於紀南城西北浩林北磚橋丘地一帶,並經楊家灣南、朱家灣北合流,在紀南城北垣東邊水門入城,直接南流至紀南城內中心即板橋遺址偏北處與新橋河相接;新橋河自此南流至紀南城南垣西邊水門出城,與南垣城外護城河連接,此水源又來自於紀南城西北豐店、嶺河一帶的丘地。同時,龍橋河在紀南城內中心即在板橋附近與朱河、新橋河合流後,呈東西走向,並東流至東城垣名為龍會橋的地方出城,匯入今廟湖。然而,今已淤塞的紀南城東部偏南鳳凰山西坡腳下的古河道,係南北走向,南起南垣突出部分高地腳下,北流入龍

---

① 參見《楚文化考古大事記》古城遺址發掘發現部分,文物出版社1984年版。

橋河古河道。這條河道西係今松柏村範圍，故有人以為松柏村即是當時楚國都宮殿區域所在地①。實際上，這條與南垣城外護城河不相通的古河道遺址，也可能與楚宮殿區域內的水碼頭密切相關。但是，根據楚郢紀南城遺址地處西北高、東南低的地理形勢看，楚人將楚都選擇於此，是有科學道理的。因其護城河的水源大都是依西北丘地諸水系而利用，並且排水迅速，無江河水患威脅。這就是說，春秋戰國時期楚人在建都立邑的過程中，對於水之利弊是深有認識的。湖北荊門包山大塚和荊州長湖邊上天星觀楚墓、荊州望山楚墓中出土竹簡分別有大水備玉一環②、舉禱大水一㹖③、舉禱大水一犧馬④、舉禱大水一精⑤、舉禱大水備玉一環的記載⑥，即可看出楚人對於江河不僅虔誠祭祀，而且希望江河能夠造福於人。事實證明，楚人對於河流的認識與利用注重實效，將人與水即大自然的關係協調、處理得十分合理。荀子在《富國》中主張：「量地而立國，計利而畜民。」商鞅提出：「其山陵、藪澤、溪谷，可以給其材；都邑、蹊道，足以處其民，先王制土分民之律。」⑦這些宏觀治理山川河流利於國民的思想，則反映出了古人對於發展水利早已有了很明確的認識。

至於城邑中排水系統的建設問題，雖然歷史文獻中不多見，但有關考古資料表明，楚人根據城邑中集市、作坊、民居、街道以及宮殿區的分布特點，在開發清潔水源、排除污水方面也是作了很大努力和創建的。城市中污水的排除不僅有利於居民生產生活以及市容衛生等人居環境的改善，而且與城市中地下水即人們所用井水的品質也有

① 參見文必貴：〈紀南城考古勘探簡報〉，《楚都紀南城考古資料彙編》，湖北省博物館1980年編印。
② 參見《包山楚簡》第34簡、第36簡、第37簡，文物出版社1996年版。
③ 參見《包山楚簡》第34簡、第36簡、第37簡，文物出版社1996年版。
④ 參見《包山楚簡》第34簡、第36簡、第37簡，文物出版社1996年版。
⑤ 天星觀墓楚簡。
⑥ 望山墓楚簡，均見滕壬生：《楚系簡帛文字編》，湖北教育出版社1995年版，第805頁。
⑦ 《荀子·富國》。

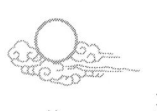

著很大的關係。在當時來說，地下水的開發與利用，是城市居民飲用水的主要來源。因此，城內污水排放也是當時人們在築城建邑時必須要考慮和處理的事情。管仲在《度地》中主張：設置國都要選擇土質肥沃的地方，左右要有河流和湖泊，城內要有「落渠之瀉」的排水系統，害水（即污水）要隨著地勢流入大河①。他這些建國立都必須注重城內污水排放的理念，對於春秋戰國時期包括楚國在內的各諸侯國的城邑營造規劃有著較大的影響。如在湖北當陽季家湖楚城遺址中的城內北部多處夯土臺基範圍內，就有排水管道遺物出現②。荊州紀南城護城河和城內古河道，基本上組成了整個城址的排水系統。城址內東部鳳凰山西坡古河道，從其地勢來看，應是為了排出鳳凰山和南垣突出部分高地的污水而挖掘的。朱河、新橋河、龍橋河三條古河道，為整個排水系統的幹道，各段護城河以及其他古河道的水，均匯流於幹道中，並東瀉出城注入鄧家湖（又可入廟湖進入長湖）③。從某種程度上講，在城市中興建地下給排水系統的難度要大於在野外興建農田水利排灌管道，楚人既然能勝任前者，建設後者的能力與技術就自不待言了。

---

① 參見《管子選注　度地篇》注釋，吉林人民出版社1984年版。
② 參見〈東周各國都城遺址的勘查〉，《新中國的考古發現和研究》，文物出版社1984年版。
③ 文必貴：〈紀南城考古勘探簡報〉，《楚都紀南城考古資料彙編》，湖北省博物館1980年編印。

參 考 文 獻

1. （漢） 司馬遷：《史記》，中華書局1959年版。

2. （漢） 班固撰，（唐）顏師古注：《漢書》，中華書局1962年版。

3. （晉） 杜預注：《春秋左傳集解》，上海人民出版社1977年版。

4. 上海師範學院古籍整理組校點：《國語》，上海古籍出版社1978年版。

5. （漢） 劉向集錄：《戰國策》，上海古籍出版社1985年版。

6. （清） 孫詒讓撰，王文錦、陳玉霞點校：《周禮正義》，中華書局1987年版。

7. （北魏） 酈道元著、（清）楊守敬、熊會貞疏：《水經注疏》，江蘇古籍出版社1989年版。

8. （清） 顧棟高：《春秋大事表》，中華書局1993年版。

9. （清） 顧祖禹：《讀史方輿紀要》，上海書店1998年版。

10. 《中國大百科全書》編委會：《中國大百科全書　水文科學卷》中國大百科全書出版社1987年版。

11. 《中國水利百科全書》編委會：《中國水利百科全書》，中國水利電力出版社1990年版。

12. 《中國水利史稿》編寫組：《中國水利史稿》（上冊），中國水利電力出版社1979年版。

13. 《中國水利史稿》編寫組：《中國水利史稿》（下冊），中國水利電

力出版社1989年版。

14. 周魁一：《農田水利史略》，中國水利電力出版社1986年版。

15. 唐文雅、葉學齊、楊寶亮：《湖北自然地理》，湖北人民出版社1980年版。

16. 《湖北農業地理》編寫組：《湖北農業地理》，湖北人民出版社1980年版。

17. 陳鈞、張元俊、方輝亞主編：《湖北農業開發史》，中國文史出版社1992年版。

18. 中國社會科學院考古研究所編：《新中國的考古發現和研究》，文物出版社1984年版。

19. 國家文物局主編、湖北省文物事業管理局編制：《中國文物地圖集　湖北省分冊》，西安地圖出版社2002年版。

20. 《楚都紀南城考古資料彙編》，湖北省博物館1980年編印。

21. 王國維：《觀堂集林》，中華書局1959年版。

22. 徐旭生：《中國古代的傳說時代》（增訂本），文物出版社1985年版。

23. 陳橋驛：《水經注研究》，天津古籍出版社1985年版。

24. 楊寬：《西周史》，上海人民出版社1999年版。

25. 楊寬：《戰國史》，上海人民出版社1980年版。

26. 史念海：《河山集》，三聯書店1978年版。

27. 童書業：《中國古代地理考證論文集》，中華書局1962年版。

28. 任乃強：《華陽國志校補圖注》，上海古籍出版社1984年版。

29. 石泉、張國雄編：《中國歷史地理專題》（油印本），1985年。

30. 石泉：《古代荊楚地理新探》，武漢大學出版社1988年版。

31. 張正明：《楚文化史》，上海人民出版社1987年版。

32. 張正明：《楚史》，湖北教育出版社1995年版。

33. 張正明主編：《楚文化志》，湖北人民出版社1988年版。

34. 張正明、劉玉堂：《湖北通史　先秦卷》，華中師範大學出版社1999

年版。

35. 劉玉堂：《楚國經濟史》，湖北教育出版社1995年版。

36. 高介華、劉玉堂：《楚國的城市與建築》，湖北教育出版社1995
    年版。

37. 陳偉：《楚東國地理研究》，武漢大學出版社1992年版。

38. 徐少華：《周代南土歷史地理與文化》，武漢大學出版社1994年版。

參考文獻